6

六次 NBA 總冠軍

30.

123

NBA 歷史個人場均得分最高紀錄

10

十屆 NBA 得分王

THE MICHAEL JORDAN ERA

麥可・喬丹
與他的時代

張佳瑋　著

五南圖書出版公司 印行

最初，開始…

　　最初，那棕色的球旋轉著，在木地板上敲出「咚咚」之聲，加上球鞋摩擦地板的吱吱聲，在空蕩蕩的球館裡顯得尤其寂靜。我坐在場邊地上，看著他們跑來來去，有時是我爸爸和他的同事，有時是體育老師。球飛向籃框，一次又一次。那時，我覺得籃框像一個碗，每個人都在朝碗裡扔一個乒乓球。有時進了，有時沒進，球彈到碗邊緣，高高蹦起來，會有手抓到球，再把它投進去……然後，一切周而復始。

　　這就是我對籃球最初的記憶。

　　後來，我摸到了這個棕色的球。拍在地上，它能彈起來，厚實，柔軟，結實，順手。拍熟之後，它像身體上多長出來的一部分。投出去，穿過籃網，「唰」的一聲，很難形容的滑順爽脆。你會想聽第二遍，第三遍。離得越遠，投進的聲音越響亮明快。你會願意長時間地玩這個遊戲，就像吃花生一樣，唏嚓、唏嚓，一次又一次。

　　後來，我看電視，看影片，看到了投進一個球可以有多麼的不容易。又看到一個球穿過籃網、耳邊聽到「唰」一聲之前，需要有多麼艱難的努力；我看到世上有那麼多人，跑

那麼快，跳那麼高，可以用一隻手指就給球賦予靈魂，指揮它飛來飛去，有些人可以飛在籃框之上，把球、框和自己的手三位一體、萬無一失地接合在一起。

後來，我知道了「麥可·喬丹」這個名字，並且看到他打籃球的樣子。在那個時代，喬丹意味著許多事：23號；紅色的芝加哥公牛隊標；憤怒的牛眼；一個身材健美的黑人籃球員；陽光燦爛的週末上午，電視裡播放的籃球賽；戰無不勝；以及「籃球原來是可以這樣好看的呀」！

這就像，你認識了一個人，然後逐漸了解他的一切，但他給予你的第一印象，以及你對他的最初記憶，總是會念念不忘，在時光深處不斷迴響。

目　次

6次NBA總冠軍：1991, 1992, 1993, 1996, 1997, 1998。

第一章　少年

　　詹姆斯‧喬丹是個農民的兒子，在北卡羅萊納州長大。他有美國中部農民那種奮鬥不息的勤奮，而且聰明到能想方設法，找到一個與他一樣勤奮聰明，而且生下偉大兒子的老婆：荻洛絲。詹姆斯做修車工，慢慢當上機械師、發貨商、部門主管，他工作時聚精會神，下意識地會伸出舌頭；荻洛絲則是做出納，然後做到出納總管，直至卡羅萊納的聯合銀行客戶總監——當然那是之後的事了。再說到一九六三年，詹姆斯正在紐約布魯克林參加一個學習課程，二月十七日，他太太荻洛絲在布魯克林，生了他們的第四個孩子，三兒子：麥可‧喬丹。

　　麥可降生的家庭和時間，都不算太美好。他出生於馬丁‧路德‧金死去的前五年，眾所周知，那時美國情況微妙，白人看每個黑人都是黑奴，黑人看每個白人都是3K黨。舉個例子，麥可誕生的年份，正值波士頓塞爾提克統治NBA，但還是有激進的白人球迷衝進NBA史上第一的防守球員比爾‧羅素的私宅，在床上拉屎。麥可的家在北卡羅萊納威明頓一帶，種族關係冷淡得像過期的牛奶。他上學時，學校還沒完全變成混合制，黑人與白人涇渭分明。

　　然而麥可的父母不是故步自封的傳統農民。他們拍拍麥可的肩，允許他和一個叫大衛‧布里奇的白人男孩來往。

「重要的不是膚色，而是這有益身心健康。」很多年後，麥可回憶起老媽荻洛絲的話：「許多父母都覺得，把孩子養到一定年齡就盡完義務，可以放手不管。我不同意。我永遠在這裡。」詹姆斯‧喬丹則相信：體育有益身心。二十世紀六〇年代，運動員，尤其是黑人運動員，還不是百萬富翁的代名詞，純粹為了讓孩子成長，並未想到未來的億萬美元。老詹姆斯在屋後破土動工，給小麥可和他的兄弟們，建了個籃球場。鄰居都知道：喬丹家的男孩都有運動細胞，尤其是麥可。

但在運動細胞兌現為偉大之前，這孩子還是挺讓人頭疼的。

一九八九年，麥可──那時他已經把「喬丹」這個姓氏，上升到一個星球的王族地位了──說起他兩歲的故事。他爸爸在後院檢查車子，麥可手癢去玩電線，被電出一公尺遠，險些喪命。五歲時，他父母不讓他玩斧頭，他偏要去把玩，傷了腳趾。他騎摩托車把自己摔進水溝裡。詹姆斯‧喬丹總結說：「如果我們告訴他爐子很燙，不要碰，他就會去碰碰看……他老是在考驗我們。」

是的，麥可‧喬丹就是這麼個「不讓我幹什麼，我偏幹什麼」的孩子。

讓詹姆斯和荻洛絲想不通的是，這個孩子明明精力充沛，卻沒繼承他們賴以生存的勤奮。兄弟姐妹們夏天收割菸草，麥可就抱怨背拉傷了；老爸安排他做家務，他拿點零用錢雇別的孩子代勞。他厭惡瑣碎的家庭作業，上高中前成

績總在B到C之間。農家子弟從小就把自己當少爺，如何得了？老媽給他找了個旅館清潔工的暑假兼職，他自作主張辭了。麥可討厭朝九晚五，而且，麥可討厭站在人行道上，被朋友看見。

麥可·喬丹就是個精力充沛，但不願意做瑣事出苦力的孩子。

麥可小時候不算英俊——這麼說算比較客氣了。他耳朵巨大招風，是哥哥賴瑞百說不厭的笑柄。他髮線靠後，許多人都預言他會很早禿頭。再加上他遺傳了爸爸的聚精會神吐舌頭和黑皮膚，這並不適合在中學裡勾搭女伴。很多年後，他承認自己常被男孩嘲笑。他偶爾去參加舞會和派對，然後跟其他沒女朋友的男生一起靠在牆邊，對舞廳中央的人指指點點。

如果那時你是老詹姆斯的朋友，去拜訪他家，一進門就會看到一個中學生，身高不到一米八，在家裡手持吸塵器打掃衛生、整理衣物。你會驚訝：呵！一個很上進懂事的中學生嘛！然後，麥可會告訴你：那是因為他選修了家政課。他打算就這樣打理自己一輩子，因為他斷言：「我找不到女孩喜歡我。」

於是，他的人生樂趣，只剩下運動了。

老媽回憶，麥可7歲時就跟他說，自己將來要參加奧運會。他棒球打得不錯，美式足球也嘗試過四分衛，但是籃球是另一回事。哥哥賴瑞和他一起升上了蘭尼高中，還是常拿他的招風耳開玩笑，但麥可很喜歡哥哥。一九八四年，喬

5次NBA最有價值球員：1988, 1991, 1992, 1996, 1998。

丹說起他哥哥時一臉敬仰：「他能做360度扣籃，而他只有170公分！他總是給我打球的靈感！」賴瑞穿45號，喬丹就要穿23號：「23號差不多是45號的一半！」

那時侯，賴瑞和麥可當然都不知道，這個孩子氣的選擇會如何影響「23」這個數字在籃球界的歷史地位。

麥可‧喬丹高二時，發生了一件多年後仍被反覆炒作的傳奇。傳說中，那是一九七八年十一月的事。蘭尼高中校隊教練，26歲的克里夫頓‧赫林，宣布了校隊名單。傳說中，喬丹被裁出了校隊，然後激發了他的怒火——在他漫長的偉大生涯中，有無數對手激發了改變他命運的怒火，而赫林顯然是第一個。

但是，赫林有別的說法。

赫林後來說，他當時手寫了兩張名單，一隊、二隊各15名成員。一隊的十來個人是赫林的老部將，而且球隊偏矮，沒有一個球員高過191公分。赫林認為15歲的麥可‧喬丹球技出色，但投籃僅僅「勉強接受」而已，防守平庸，而且他只有178公分。赫林決定把勒羅伊‧史密斯，201公分的高二生，選進一隊。麥可‧喬丹，二隊。但在後來的許多傳記和傳說裡，喬丹被逐出了校隊——他自己實際上也很願意這麼說。

這個故事在多年後還是被反覆提起。二〇〇九年九月麥可‧喬丹站在世界之巔提起那些念念不忘的宿敵名字時，還提了一句「勒羅伊‧史密斯」。這個高中大個子什麼都沒做過，除了被校一隊選中，但這個名字永遠被喬丹記住了。喬

丹哭了，喬丹生氣，他後來承認自己希望校隊輸球。他每天早上六點就起來訓練，一天訓練六個小時。從此以後，喬丹變成了一個魔鬼般的「復仇者」。他把一切攻擊和想像中的傷害轉化爲燃料，讓自己飛翔。滿載著憤怒，他成了二隊的明星。二隊喧賓奪主，成爲蘭尼高中的偶像團隊。一年後，他身高猛竄13公分，長到191公分。

然後，一切都不一樣了。

他成了當地的明星。在北卡羅萊納大學（以下簡稱「北卡」）的籃球夏令營，他認識了布茲・彼得森，成爲好友。他參加了匹茲堡的一個五星訓練營，連著兩個星期成爲MVP。他回憶說，當時的感覺就像被點石成金，上帝希望他成爲明星。所有教練都停下來，反覆看他打球，目瞪口呆。高三時，開始有大學的邀請找上門來。老詹姆斯和荻洛絲夫妻一邊厭煩著突如其來的採訪和漫長的談判（這將伴隨他們之後的人生），一邊謹慎地爲兒子選擇。這是第一次，他們發現：這個愛偷懶的兒子，可能會變成一個超出他們想像的人。

當然，許多年後，喬丹會不時吹噓：他少年時期的最大成就，是隨棒球隊拿下北卡州冠軍，他本人當選MVP。喬丹無數次說道：他當時的打擊率「好像達到了0.5」，他「在7場比賽中擊出了5支全壘打」——但是，幸虧，老詹姆斯沒讓他把棒球當職業。

喬丹高四畢業時，場均得28分。但他到底沒能列進高中年度前三百名最佳籃球員。喬丹的家人向超級名校UCLA

（加州大學洛杉磯分校）寫了封信，看他們能否給喬丹一份
籃球獎學金，無回音；維吉尼亞大學則客氣些，寄來了張普
通學生的申請表——這意思是：獎學金嘛，您就算了吧。
最後，喬丹一家想起本地的北卡。

　　那麼，試試北卡？

　　北卡是美國最偉大的籃球學府之一。一九八一年喬丹
入學前，這裡已經出過34位NBA球員。包括後來成為NBA
五十大之一的比利‧康寧漢，三屆得分王鮑伯‧麥卡杜，八
屆NBA年度防守球員的鮑比‧瓊斯。多年之後要和喬丹針鋒
相對的名帥喬治‧卡爾，則是北卡一九七八年的畢業生。

　　實際上，喬丹高三時，蘭尼高中的體育主任布朗，已
經給北卡的助教羅伊‧威廉姆斯打過電話。電話裡，他像兜
售核武的軍火商一樣興奮而小心：「我這裡有個不得了的傢
伙。」

　　羅伊‧威廉姆斯——現今他是北卡的教練了——和赫
林教練聯繫，再請了喬丹到北卡來。試訓結束後，他回辦公
室，對同事艾迪‧福格勒說：「我看到了所有193公分的高
中球員裡最好的一位……麥可‧喬丹，一個從威明頓來的孩
子。」

　　然而，荻洛絲沒那麼短視近利，把眼睛貼在籃球履歷表
上。她認為北卡很好，是因為「雖然體育出色，但也重視文
化學習」。文武不可偏廢，北卡又確實學術了得。總之，詹
姆斯和荻洛絲再次試探了北卡的意向。北卡點了頭。

　　時為一九八一年秋天，18歲的麥可‧喬丹去北卡了。

一九九七年夏天，麥可・喬丹在NBA總決賽第一場末射中一記絕殺，然後回身、抿嘴、握拳。對看球的我和朋友們而言，那經驗無比奇妙──比賽勝負如箭在弦上，你聽得見心跳：在胸口和太陽穴，跳得很是沉重。一秒之後，你就開始狂歡。

當這樣的體驗逐漸多了之後，你會覺得絕殺沒什麼了不起──只要是麥可・喬丹親自來投。在最關鍵的時刻，籃球總會找到籃框。你好像根本不願多去思考：這傢伙也有可能會失手。你彷彿相信，只要你不去想壞事，壞事就不會發生。

實際上，年輕時的一切都是這樣。彷彿一切都來得輕鬆自在，理所當然。要等時光流逝，你才發現：最初那樣的盲目信賴，是多麼的天真。

第二章 「那個球」

　　北卡的23號麥可·喬丹看了看計時器，還有32秒。計分牌，61比62。北卡落後喬治城大學。61612名球迷的噪音像百萬蜜蜂，螫耳朵，刺皮膚。

　　這是一九八二年三月二十九日，NCAA（National Collegiate Association，美國大學體育總會）年度決賽。這時候的他，在他自己，抑或是教練迪恩·史密斯眼裡，都還只是一個北卡的普通新生。

　　迪恩·史密斯先生從一九六一年開始執教北卡，一九六七～一九六九這三年連進全國四強賽，一九六八年甚至進了決賽，敗北。一九七二年，全國四強賽敗北。一九七七年，全國亞軍。一九八一年，喬丹來之前這個夏天，北卡剛又輸掉了一次全國決賽，被印第安納大學的精靈後衛以撒·湯瑪斯幹掉了。一九八一～一九八二球季，上屆全國亞軍北卡保留了上季的王牌陣容：中鋒山姆·帕金斯；前鋒詹姆斯·渥錫和馬特·多赫蒂；四年級後衛吉米·布萊克。他們的目標很簡單：NCAA冠軍。

　　新來的那個人呢？196公分的新人後衛麥可·喬丹呢？

　　一九八一年的秋天，喬丹步入北卡訓練場時，所有人都窒息了。的確，這時他肩還很窄，略顯瘦弱，投籃時脖子前伸，防守技巧還很粗糙，但他突破對手時如水銀瀉地，逼近

6次NBA總決賽最有價值球員：1991, 1992, 1993, 1996, 1997, 1998。

籃框時如橫雲過空。北卡的老大哥們技藝純熟，可以編制精巧堅實的防守圍欄，可是喬丹縱橫飛躍如大鵬行空。渥錫非常坦率地說：「我從沒見過比他更快的籃球運動員。」

在那些歲月裡，渥錫作為老大，肯定想不到九年後喬丹會親手掐滅他最後一個NBA總冠軍的指望。他只是極力鼓勵喬丹打球。一九八二年一月，北卡對肯塔基上半場，麥可‧喬丹3投全失。中場時，詹姆斯‧渥錫跟他說：「繼續投！」下半場，喬丹殺氣流溢，7投5中，16分。渥錫全場17分。教練迪恩‧史密斯把細節都看在眼裡：「喬丹能融入我的體系，而且不減其風流本色……防守端嘛，隊裡五個人，他排第四……但那不是說他差，而是因為其他四個人真的太棒了。」

融入史密斯教練的體系，不是很容易。北卡的體系要求球員全面機動，限制單打獨鬥。多年之後，在NBA推廣北卡球風的賴瑞‧布朗教練，就曾和史上最快最靈氣的巨星艾倫‧艾佛森，為了體系風格發動了漫長的爭論——這是另外的故事了。喬丹的大一賽季就這樣在史密斯教練的團隊體系裡度過，場均13.5分，4.4籃板。兩位老大哥，帕金斯是場均14.3分，渥錫是場均15.6分。校隊27勝2負，進入一九八二年春天的64強錦標賽。他們險勝了麥迪遜大學，幹掉了阿拉巴馬。擊敗維蘭諾瓦大學後，他們晉級四強。準決賽，喬丹和他的兄弟們遭遇了休士頓大學。

休士頓大學的王牌是三個人。一個是休士頓本地的籃球王子、斯特林高中出來的克萊德‧崔斯勒，二年級生。他在

12歲前是個胖男孩，為了排除這種自卑，他腳踝綁沙袋跑步，跳繩，終於擁有了匪夷所思的飛翔能力。雖是如此，他在大學裡依然是個冷靜溫和的青年。所以，他才能夠和另兩個王牌成為好友——賴瑞・麥寇斯，以及羅伯特・威廉姆斯。

但對北卡來說，最麻煩的是休士頓那個大個子：奈及利亞來的歐拉朱萬。

那時的歐拉朱萬，還沒有日後聞名遐邇的「大夢」綽號，一如崔斯勒還不叫「滑翔機」，喬丹也不叫「飛人」——這些都是後來的事。歐拉朱萬和喬丹同年，一九八〇年秋天從奈及利亞飛到紐約，然後去了休士頓。他在奈及利亞打手球、當足球門將，然後在休士頓一邊學習籃球，一邊每天從崔斯勒送的冰箱裡掏霜淇淋出來吃。

一九八二年的準決賽，崔斯勒、渥錫、歐拉朱萬和喬丹相遇時，還不知道此後他們的恩怨離合。這一晚，北卡以華麗的14比0開局。詹姆斯・渥錫意氣風發，來了一個神龍擺尾式快攻：過半場後轉身晃過一人，殺到禁區前再過一個，罰球線起跳，滑空拋籃得分。多年後，歐拉朱萬在傳記裡描述這劃在記憶裡的一刀：「渥錫比其他同樣206公分的人快兩倍。」

然而休士頓很頑強。崔斯勒、麥寇斯、雷登・羅斯開始施展職業籃球裡才有的快攻突破打法。半場休士頓29比31僅落後2分。球迷開始唱了：「迪恩・史密斯又要把勝利一個噴嚏嗆走啦！」

　　沒錯，他們就是在揭史密斯教練進過六次全國四強，卻沒一個冠軍的瘡疤。

　　但是北卡三劍客殺氣太盛：帕金斯控制籃板得分如風，全場25分10籃板；喬丹防守起來捨生忘死，18分外加4犯規。北卡的團隊防守把休士頓明星後衛威廉姆斯喉管掐住，呼吸不能。威廉姆斯看著自己的統計表發呆：8投0中，0分。「我這輩子從沒得過0分，哪怕是小時候在後院打球！」北卡68比63取勝，打進決賽。吉米‧布萊克——大學期間，他經歷了母親去世、自己車禍、仍蒙受史密斯教練的關愛，敬重如父——對媒體怒吼道：「每個人都說教練一到四強就沒戲唱了，但我們可以把這結束了！我到這兒四年都聽煩了，教練肯定也煩了！」

　　他當然也知道，要讓所有人閉嘴，最簡單直接的辦法：拿到一九八二年的全國冠軍。

　　但並不容易。

　　對手是華盛頓來的喬治城大學，成立那年（一七八九年）恰逢法國大革命，順便沾染了一點啟蒙主義和政治思想。全美歷史最悠久的天主教大學，學生必須修讀兩個學期的哲學和神學。政客的樂園，外籍學生的舞臺。教練是約翰‧湯普森先生，在這裡當教練已有十年。湯普森先生有如鐵塔一般，當教練還保持著前NBA球員的身段，208公分，打球時有123公斤。六〇年代，這是一副銅筋鐵骨的身材。他在波士頓塞爾提克度過了一九六四～一九六六兩季。眾所周知，那正是波士頓隨心所欲包攬冠軍的王朝年份。他作為

籃球史上最偉大人物之一、最傑出防守球員比爾‧羅素的替補，在籃球史上最偉大主帥紅衣主教奧爾巴赫座下聽旨。

　　他信奉紅衣主教的塞爾提克籃球哲學。堅硬、扎實、迅速、窒息的防守，靈活變通，不擇手段。他是個善於控制隊員情緒的教練。後人回憶起八〇年代的喬治城，都還心有餘悸：「那就是十二個饑餓的黑人！」喬治城膽大包天，防守不間斷施壓令人窒息，而進攻則充滿侵略性和衝擊力，奔走如火焰。坐居火焰中心煽風加柴的，就是湯普森教練。湯普森教練最喜歡營造的氛圍就是：「我們去對抗那個充滿誹謗者的世界。」他，一個黑人教練，深明弟子們的心理：他們所承受過的種族歧視，他們內心的絕望和憤怒。他將這一切引導到了球場上。他是史上第一個把球隊帶進全國四強的黑人教練。他曾是史密斯教練的副手 —— 一九七六年奧運會，他們為美國奧運隊效力。他們是朋友，電話來往熟悉到彼此太太都認得口音。「我是史密斯教練的終身粉絲。」湯普森說，「你們別胡扯什麼進了六次四強賽卻沒得過冠軍的陰影 —— 我還想要那個陰影呢！」所以他認為，跟史密斯教練對壘，對他而言是雙贏 —— 或者他贏冠軍，或者是他熱愛的偶像贏得冠軍。而史密斯教練直接回了句：「約翰是個好教練，而且人格出色。也許他有一天去競選總統也說不定。」

　　但是湯普森教練手下的孩子未必能這麼溫柔敦厚，自顧自的摩拳擦掌。比如全美第一陣容後衛艾瑞克‧佛洛伊德，比如一年級的派屈克‧尤英。

尤英生在牙買加，13歲前沒碰過籃球──那時他已有185公分。過早長高，他總被周圍的人當怪物。高中時他常低著頭，為自己覺得尷尬。高中畢業時他已有213公分，體重103公斤，是個巨人了。他從小就長得像隻猩猩，說話時常有習慣性的嘲諷。揮肘子，青面獠牙，怒目圓睜。他是霸王龍般的巨人，且兇惡殘忍。這是他打球的風格，和約翰‧湯普森教練一樣，他帶著對周遭的憎恨打球。一九八二年三月，他根本不知道對面北卡那個23號的後衛會多少次橫在他的命運之路上，他只想拿個冠軍，把北卡完全撕碎，吃掉。

一九八二年三月二十九日，決賽開始。一如史密斯教練之前所說，喬治城是「獵人」，北卡是「獵物」。喬治城進攻端靠巨大的尤英壓制帕金斯，防守端壓迫夾防。尤英在禁區像電風扇葉，劈碎一切闖入的物體。北卡前8分全部是尤英揮動巨靈掌在籃框以上干擾球所得，鑒於他滿頭噴火，湯普森教練只得先把他換下稍微冷靜一下。比賽到第8分鐘，北卡才真正投進第一個球，然後渥錫開始加溫，得分隨心所欲。喬丹每次突襲籃框，都會遇到尤英的火雲掌。直到上半場尾聲，他搶到進攻籃板補進，才得到半場第4分。尤英扣籃、帕金斯罰進、雙方你來我往，半場32比31，喬治城領先1分。北卡那邊，渥錫上半場已得18分。

喬治城當然看在眼裡。

下半場，北卡用全場壓迫防守，對付佛洛伊德；喬治城則不斷讓尤英單挑帕金斯；喬治城開始限制渥錫接球，喬丹則開始用中距離投射接管比賽。北卡再用包夾和換防，干擾

10次NBA得分王：1987, 1988, 1990, 1991, 1992, 1993, 1996, 1997, 1998。

喬治城的傳球，於是雙方進入混戰。佛洛伊德上籃得分讓喬治城領先到49比43，但隨後北卡再由帕金斯還以跳投、渥錫急速奔襲，還以顏色。比賽還剩五分半，北卡59比56領先。史密斯教練一揮手：他著名的「四角散開，王牌單挑」戰略可以出場了。

可是喬治城，一如湯普森教練，有不死的意志。

喬丹優美如彩虹的左手上籃讓北卡61比58領先，但尤英還以一記翻身跳投，然後對多赫蒂犯規，趁他兩罰不中，佛洛伊德再來一記跳籃。喬治城以62比61反超。布萊克運球到前場，叫暫停。

北卡的23號麥可·喬丹看了看計時器，還有32秒。計分牌，61比62。北卡落後喬治城大學。61612名球迷的噪音像百萬蜜蜂，螫耳朵，刺皮膚。

這是一九八二年三月二十九日，NCAA年度決賽。這時候的他，在他自己，抑或是教練迪恩·史密斯眼裡，都還只是一個北卡的普通新生。

北卡需要投中一個球來挽回冠軍，問題是要由誰來出手？渥錫已17投13中得到28分，但顯然，尤英霸王龍的雙眼正惡狠狠凝望著他——如果渥錫能吸引尤英的注意力，帕金斯就空出來了？但湯普森教練顯然會料到這一招。史密斯看著兩個王牌，又看了看喬丹：他是個大一生，但下半場手感正熱。而且，全場沸騰如一鍋湯，燙得北卡其他球員汗出如漿時，他還輕鬆自在地嚼口香糖。

「麥可……」史密斯把喬丹拉到一邊。

　　開球。湯普森用了區域聯防，以控制北卡的突破。布萊克和多赫蒂企圖高位配合未遂，但喬治城已把防守重心傾向了右側。渥錫正被死纏，時間急速流逝。布萊克做出傳球假動作，準備把球揮給低位的帕金斯。佛洛伊德中計，保護中路。布萊克看向左翼：麥可‧喬丹正在北卡板凳席前站著，無人防守。

　　喬丹接球，面對籃框，17英呎遠。很多年後，他說，從酒店出發到球場的大巴上，他常常想像這一刻。地點一模一樣，場合一模一樣。61612名球迷齊聲呼嘯，喬丹起跳，出手。球在天空旋轉時無比緩慢。喬丹賽後自己說：「我沒看到球進，我都不敢去看。我只是祈禱。」

　　然後，他聽到了祈禱的回聲。是一記墜落的「唰」聲。北卡63比62反超。比賽還剩18秒。

　　之後的故事驚險刺激，但已被世界大多數人遺忘。喬治城急速推進，弗雷德‧布朗持球，佛洛伊德在底角等候，艾瑞克‧史密斯空切。剩8秒，布朗看到一個身影在右後方，以為是佛洛伊德。他傳球，然後，「如果我有橡膠手，我一定會把球勾回來！」

　　但是他沒有橡膠手。在他右側的是渥錫。渥錫斷球，被犯規，雖然罰失二球，但喬治城已經沒有時間了。比賽結束，北卡63比62擊敗喬治城。迪恩‧史密斯教練終於拿到自己第一個NCAA全國冠軍。然後，一如他常年以來的紳士風度，史密斯承認：「湯普森臨場指揮比我出色。我並不覺得我多了個冠軍就比他好。我們還是同一個級別的。」

　　這晚的主角是史密斯，是拿到了四強賽最佳球員的渥錫，但很多年後，世界回望這場比賽時，只剩下喬丹，以及那最後一球。喬丹很快樂。喬丹知道自己投籃的那一刻被無數照相機拍下。他還不知道這一刻會在多年後，成為多麼偉大的傳奇──史上最偉大的決賽之一，最激動人心的結局之一──被傳誦，但是第一年就拿冠軍，很棒的感覺。最重要的是，他贏得了信任。教練相信他，把球交給了他。他投中了。命運選擇了他。那一年就這樣結束了，一九八二年，他進大學後第一個賽季，第一個終場絕殺，第一個冠軍。黃金般璀璨的前程在他那記跳投中展開，而他甚至還沒意識到，這次準決賽，他、渥錫、帕金斯一路與崔斯勒、歐拉朱萬、尤英的決鬥，在往後的命運中顯得多麼意味深長。他只是在疑惑，但未宣之於口。要到九年後的夏天，他才會說出當時的想法：「為什麼渥錫、布萊克、帕金斯這些老大哥們奪冠後，哭得這麼稀哩嘩啦的？我們打球、奪冠，不就是這樣嗎？」

　　因為小時候觀看喬丹的緣故，喬丹退役之後的籃球員，很容易讓我和朋友們覺得：不夠簡潔，過於瑣碎。很多年後，我才明白過來：那是他，以及老一代許多巨星，保持的學院派習慣。我們習慣於觀看喬丹的飛翔、扣籃、花式運球擺脫跳投，但他到一九九七～一九九八球季35歲時，依然可以成為得分王，依靠的卻是少年時的基本功：背身步伐、無球走位、進攻機會的選擇。那些最自在灑脫的飛翔，建築在最枯燥無味的學院派基礎之上。

第三章　明星

　　一九八二年這個紙醉金迷的夏天，詹姆斯・渥錫拿了大學冠軍，又在NBA選秀大會上被總冠軍洛杉磯湖人選中，成為魔術師身邊的隊友。他即將和史上最偉大組織後衛魔術強森一起，開啓了史稱「表演時刻」的史上最華麗進攻時代。帕金斯和喬丹留了下來，支撐北卡。一九八二～一九八三球季，二年級的喬丹長到了198公分。整個夏天，世界忙於討論他那記跳投，和他突破時伸出的舌頭，而他去歐洲轉了一圈。他練出了個新招：「試探步＋突破」。一如渥錫所說，他是世上最快的球員之一，他不能枉費了這個英名。

　　然後，他還記著史密斯教練一九八二年一月的那句話。「防守端嘛，隊裡五個人，他排第四……但那不是說他差，而是因為其他四個人真的太棒了。」他不會像恨高中教練赫林那樣，把老史密斯當成假想敵蹂躪，但這句話他記在心裡了。

　　一九八三年一月，北卡對雪城大學。當北卡36比40落後時，喬丹從異度空間顯影。四分鐘間，北卡反超到51比43。雪城把分差縮小到5分時，喬丹底角射中，澆熄了雪城球迷的歡呼。北卡連續四球得手59比46，完敗雪城。喬丹全場18分，多赫蒂15分9籃板──這數據並不是重點。關鍵的是：防守端。

　　喬丹從後方淩空飛過,蓋掉了雪城大學沃爾德隆的跳投;然後看到全國頂尖彈跳布魯因起手投籃時,喬丹把球蓋掉,然後在空中把球抓走。他單防勞丁斯,帕金斯對付布魯因,結果這兩個雪城首席進攻手合計21投4中。

　　大二這年,他36場比賽進了34記三分球、斷了78球、蓋了28球。一年前隊裡第四的防守者,成了全國最好的防守後衛。馬里蘭的馬克‧佛基維爾說:「喬丹跟個瘋子一樣掃蕩全場,到處放火!」進攻端,大一時還被認為「不會跳投」的他,大二場均54%的命中率得到20分,三分球射出45%的命中率。當然,「試探步＋突破」的「晃＋刺」,居功不小。大二結束的夏天,他和帕金斯入選了美國隊,拿了泛美運動會金牌。美國隊教練哈特曼驚歎:「喬丹突破上籃之堅決無與倫比。我有時覺得執教他簡直是作弊。他有無數招式,我都恨不得不當教練,回家看電視,這樣至少可以看重播鏡頭。」

　　但喬丹不太快樂。大二的北卡未能蟬聯冠軍,他們被喬治亞早早地幹掉了。喬丹的偏執又發作了,「失敗讓我嘴裡發苦。我想我第一年就拿了冠軍後,有點被寵壞了」。暑假,他回威明頓,老媽被迫出手,沒收了他的汽車鑰匙。

　　「省得你再到處去打球!」

　　升到大三後,並肩走過來的隊友多赫蒂看出了區別。喬丹比大一時多出了5公斤肌肉,基本在肩上;40碼衝刺速度從4.6秒長進到4.3秒。多赫蒂只能搖頭。「我從紐約來,看見太多有天賦的球員虛擲光陰……只有喬丹,他把每一盎司

的天賦都兌現了。」

　　簡單說吧：他不只是看著、想著去做最好的球員，他就是要做最好的球員。

　　一九八二年的那記投籃永遠地改變了他。在那之前，他是個「不敢看那記投籃，只是祈禱」的少年。在那之後，他承認一年之內，看那一球重播不下30遍。他第一次看到自己，在那麼偉大的舞臺上，在六萬多人的注視下，決定了北卡的命運。

　　他依然有殘存的不安全感，但在那一夜之後，他變成了「北卡那個麥可‧喬丹」。那個被上帝微笑指點過的人，他相信這個。他的勤奮努力，彷彿就是為了無限逼近那個時刻，那個輝煌時刻，無所畏懼，把握命運的自己。

　　他開始成了個瘋狂的勝利愛好者。大二時，他跟羅伊‧威廉姆斯助教打撞球，輸了。他氣到不跟教練說話，不肯說晚安。次日早上，他殺氣騰騰上大巴，福格勒助教過來問他：「麥可，怎麼啦？昨天你打撞球輸給羅伊了？──不不不，羅伊什麼都沒說，你的臉上什麼都寫著呢。」

　　大三時，喬丹和帕金斯成為了全國級明星。他們並肩作戰的第三年，迪恩‧史密斯先生忍不住讚美：「從所有角度來說，山姆和麥可都是那種你夢寐以求的球員。」帕金斯，出身一個破碎家庭、被祖母養大的孩子，從紐約布魯克林來，直到高中四年級前都沒怎麼打過團隊籃球。他性格不太合群，尤其對著外人。當記者問他「對奧克拉荷馬的大學明星韋曼‧蒂斯代爾有何看法」，他粗魯直率地回答：「蒂斯

連續7屆NBA得分王：1987-1993。

代爾是誰？」

他是這麼個懶於表達的漢子，以至於泛美運動會美國隊教練哈特曼會問喬丹，「你這哥兒們是不是老這麼，嗯，看上去很懶？」只有喬丹理解他。他會跟記者解釋：「我去跟蒂斯代爾他們說了這事，讓他們知道，山姆對他們沒有惡意。」

比起帕金斯，喬丹的天賦更顯而易見。帕金斯搖著頭咕嚕咕嚕地認為，「我的天賦就是我的胳膊」，嗯，就是他那雙投籃時像希臘托水甕姑娘似的長胳膊。喬丹的天賦則如電光石火，灼人眼目。名宿湯姆・紐維爾——那時在勇士當球探，還負責維吉尼亞大學的籃球解說——只看了一場就記住了他：「大學籃球界現在有個匪夷所思的小子……他叫做麥可・喬丹。」

大三時，他的防守被公認為全國最好後衛；他可以從天而降送給對手火辣嗆鍋，搶走進攻籃板。他開始學會控制犯規。他的進攻效率越來越高。整個夏天，他揮灑成噸汗水，用來修練投籃和運球。他在球場上隨時隨地飛舞流動，靈光流溢。杜克的後衛強尼・霍金斯說：「喬丹能完全壓倒對手。不只是身體上擊垮你，智商上也要玩弄你。這裡一個後門空切，那裡一個接吊傳。又來一個漂亮的防守。他總在你眼前閃耀。」對北卡羅萊納州立大學（以下簡稱「北卡州大」）時，喬丹從西德尼・洛維頭頂直接飛了過去。跟喬治亞理工交戰時，喬丹來了一記罰球線起跳扣籃，給喬治亞中鋒提姆・哈威留下了人生陰影。哈威一句話總結了全隊的想

法：「我以為我在看超人！」

　　更可怕的，是喬丹的可能性。迪恩・史密斯教練閱人無數，但他認為，喬丹是他見過最勤奮的怪物。他知道喬丹的過去，知道他高二時還是個校二隊成員、進大學時還不在全美最好的三百名高中生之列，而在大三就逼近了全國最頂級人物，他的進步幅度像改裝機器人。同時他老人家深謀遠慮，已經想到了其他可能：「如果喬丹在職業籃球界打後衛？很有趣哦⋯⋯」前NBA球員傑夫・穆林斯則在一九八三年就做了一個被許多人遺忘，但如今看來極其準確的預言：「我們總在說，奧斯卡・羅伯森和傑瑞・衛斯特是史上最偉大的後衛。但喬丹出現之後⋯⋯我們可能得改變這種想法了。」

　　奧斯卡・羅伯森，辛辛那提大學三年平均34分15籃板7助攻，三次入選全美第一陣容。196公分高的控球後衛，NBA經歷曾打過辛辛那提皇家隊和密爾沃基公鹿隊。史上第一代胯下運球大師。十四年NBA生涯十二次全明星，一九六四年拿下例行賽MVP——在威爾頓・張伯倫和比爾・羅素兩大巨人統治的六〇年代，他是唯一從巨人夾縫中撈到例行賽MVP的人。七度NBA年度助攻王，六個場均30分賽季，一九六一～一九六二賽季打出傳世的單季場均30.8分12.5籃板11.4助攻，即所謂「賽季大三元」。一九七一年在公鹿隊，輔佐天鉤賈霸——那時還叫做阿爾辛多——奪冠。在當時紀錄還不完全的年代統計：他打出過181場大三元。他一九六〇年初登NBA賽場時，七屆助攻王鮑勃・庫西

總結道：「這小子比我們平時對位的傢伙都高一截，體格超群。每次運球附帶四個假動作，看到隊友切向籃框時總能第一時間妙傳。」在魔術強森出現之前，他是無爭議的史上第一控球後衛。

傑瑞‧衛斯特，西維吉尼亞大學三年間場均25分13籃板3助攻，一九五九年大學冠軍賽最佳球員。188公分高的雙能衛，NBA生涯一生效力於洛杉磯湖人。十四年間十四次全明星。一生打過九次總決賽。NBA史上最著名的關鍵先生、投籃手、防守專家之一。人格完美，勤奮、好勝、堅韌且和善。與他交戰多年的波士頓塞爾提克諸位名將都對他推崇備至。一九六九年總決賽，他率領的湖人再度敗給塞爾提克，但他作爲落敗的一方卻被選爲總決賽MVP——這是NBA史上第一個總決賽MVP，也是唯一一個頒給敗隊的總決賽MVP。作爲老對手，羅素、哈夫利切克都曾經對他說過：「你比任何人都配得上一枚戒指，傑瑞。」一九七二年，他終於奪冠。當然，最偉大的一點：他側身運球的影像，至今都是NBA的標誌。僅此一點，已經夠了。

而穆林斯認爲，喬丹可以加入這兩個後衛的行列，這兩個鏖戰整個六〇年代、把榮耀資料刷滿傳記歷史的後衛。

但這並非第一次有人提到這兩個偉大名字。NBA名帥、丹佛金塊的瘋魔教練道格‧莫在一九八一年就對校友唐尼‧沃爾許說過：「這兒有個將來會非常非常偉大的球員，叫做麥可‧喬丹——我說的是衛斯特、羅伯森那種偉大。」

但是喬丹還沒想到這麼遠，他只是得老老實實回答問題。他現在已經有資格對訪談說些不那麼千篇一律的話了，比如他可以公開說：「我從小其實不喜歡北卡……我喜歡北卡州大，因為我喜歡大衛‧湯普森。」──天行者湯普森，北卡州大的英雄人物，七〇年代把「空中接力扣籃」引入大學籃球界的飛天魔王，在大學裡把所有能拿的獎都收藏了一遍，在ABA和NBA都大獲成功、單場得到過73分的超級蝙蝠──當然，那是在他吸毒上癮、自毀生涯之前的事了。

一九八四年春天，迪恩‧史密斯教練遭遇老冤家──一九八一年擊敗他奪冠的印第安納。鮑勃‧奈特再次指揮印第安納幹掉了北卡。大三賽季就此結束，喬丹場均19.6分5.3籃板2.1助攻，外加恐怖的1.5抄截和1火鍋（別忘了，他是個後衛），命中率55%。他拿到了NCAA年度AP球員獎、約翰‧伍登獎、奈史密斯獎，連續第二年入選全美年度陣容。他是公認的大學第一人了。打鐵趁熱，他決定去NBA。一九八四年五月五日，喬丹宣布：「我要參加選秀了。」

理所當然，老媽荻洛絲很不願意。老一輩人知道教育有多重要，覺得孩子能靠獎學金讀完大學，千萬不可荒廢學業。老媽用出納的經濟頭腦對喬丹說了一籮筐的話：大學能學到更多東西啦，別成為純粹的籃球機器啦，一切都可能過時啦，只有學到腦子裡的東西不會丟掉啦……最後，喬丹答應老媽，「我會用暑假業餘時間完成學業」，老媽才嘆了口氣，答應了。

「在北卡這幾年是我人生最美好的時刻，」喬丹說，「但是我得走了。」這是他的告別詞。他揮別了史密斯教練和北卡，去了一九八四年選秀大會。

也就是這一年，許多只屬於那個時代的傳奇巨星，一起降落在一九八四年六月十九日，那個歷史性的夜晚⋯⋯

隨著時間的推移，一個秘密逐漸顯露：我小時候看球時注意到的巨星，比如查爾斯．巴克利，比如卡爾．馬龍，比如約翰．史塔克頓，比如滑翔機崔斯勒，比如派屈克．尤英，比如蓋瑞．裴頓⋯⋯他們似乎越來越偉大。偉大來自於比較，你很容易感受到「這些人物如果放到二十一世紀，依然會縱橫無敵」，但他們在過去的時代，總是喬丹的手下敗將，屢屢功敗垂成。你只能感嘆造化弄人。

但隨後，你又會發現，歷史開的大玩笑是：喬丹、歐拉朱萬、馬龍、史塔克頓、崔斯勒、巴克利、尤英⋯⋯這批人物進NBA也就在前後三年裡，彼此年紀也就差不到三歲。而且越到後來，體育傳媒都在強調，「那是歷史上最偉大的一代」⋯⋯這種感覺就像是，你生在了最富庶的地區，出走流浪，發現所見皆荒蕪，才忽然意識到：

等等，我們曾經那麼幸運，見證了那麼傳奇的所在！

3次NBA抄截王：1988, 1990, 1993。

第四章　一九八四年選秀大會

　　很多年後，世人依然把一九八四年選秀大會定為NBA史上、甚至職業體育史上，最重要的時刻之一。那年，一個矮個子猶太人，大衛·史騰——他會在此後三十年間帶領NBA成為世界上最賺錢的體育機器之一——首次上任NBA總裁，他必須站上選秀大會，念出球員的名字，與他們握手。那時的史騰還沒長出現今那張像蠟一樣面具似的臉。他老人家留著七〇年代風貌的小鬍子，不失風采。

　　選秀前，喬丹沒那麼多時間去關心一切細節。他和帕金斯被選進了奧運會代表隊，只好一邊備戰一九八四年奧運會，一邊豎起耳朵等電話來報告最新進度。

　　就在選秀大會前兩個多月，喬丹的兩位昔日對手在NCAA全國決賽相遇。休士頓大學的歐拉朱萬對上喬治城大學的尤英，一九八二年北卡的難纏對手在這年一決雌雄。結果是喬治城84比75勝出，歐拉朱萬就此——多少有些失望地——結束了大學生涯。一九八二年，全美準決賽；一九八三、一九八四年，連續兩年全美決賽。他和冠軍之間，總隔著一條命運之河。但回頭想想：大三的歐拉朱萬場均17分14籃板6記阻攻外加恐怖的68%命中率，已經讓全美國膽戰心驚。他和尤英的帳可以慢慢算——尤英預計一九八五年參加NBA選秀，全NBA都在等著這條霸王

龍——對歐拉朱萬這個來自奈及利亞的大孩子來說，NBA的前途可重要得多了：感謝上帝，那可是貨真價實的美元。

　　奧本大學的查爾斯‧巴克利，心情則很鬱悶。他、喬丹和歐拉朱萬同樣生在一九六三年，但比起家庭中產的喬丹和父母雙全的歐拉朱萬，巴克利命運坎坷得多。出生時太瘦，輸了半年的血；他和老媽從小被父親拋棄，多虧外婆幫護才被養大。到高三才170公分，只好拼命在後院跳籬笆，還要被外婆扯著嗓子喊「小心弄破褲襠！」。高中四年級時他還不想打職業籃球，「就找份工作老死家鄉吧」。在大學，他遇到一個法西斯般的籃球教練索尼‧史密斯。師徒倆爭吵了兩年，最後史密斯屈服於巴克利的天才：他擁有火焰般的熱情、炸彈般的爆發力、魔鬼一樣的籃板球功夫。

　　但問題是，選秀前，巴克利被一九八四年奧運會代表隊裁掉了。鮑勃‧奈特教練是個注重權威的人，而巴克利最受不了的就是權威。他公開嘲笑教練，然後被踢了出來。可是離開了奧運隊，巴克利還是躲不開全國媒體的窺探。他像個娛樂明星一樣每天被問兩個問題：
A.他198公分的身高是不是灌了水？
B.他體重究竟有多少？是不是傳說中的130公斤？

　　如果他跟喬丹一樣高，卻比喬丹要重30公斤，是不是太可怕啦？一個喬丹背輛自行車才和巴克利等重？——雖然他打的是大前鋒。

　　岡薩加大學的約翰‧史塔克頓則有些忐忑不安。他185公分高，一個唱詩班男孩似的普通白人。他聰明但瘦小，他

的小學教練相信他能當個國際象棋冠軍，但，「他能打職業籃球？」他是個自戀狂，很少微笑，外表謙和但骨子裡有一種可怕的驕傲。他打著最合理的、最精確、最無私、最教科書、最樸實無華的籃球，但卻可以為了贏球不擇手段。

一九八四年六月十九日到來之前，有許多猜測已經開始進行。手握狀元籤的休士頓火箭隊，上一年剛選了223公分高的拉爾夫‧桑普森。可是休士頓一向有熱愛巨人的傳統，多多益善。八〇年代初，他們坐擁摩西‧馬龍，進過總決賽；很多年後，他們將選擇姚明，讓他成為史上第一個外籍狀元……但那是之後的事了。其他球隊或許會想：「內線有了桑普森，那我們來選個其他位置的球員吧……」

可是火箭的思維方式是：「如果桑普森身邊再配一個巨人……我們可以讓別的球隊沒有活路！」

當然，火箭很明白，歐拉朱萬是全美焦點。如果他們沒獲得狀元籤呢？他們給迪恩‧史密斯打了電話，諮詢了喬丹的問題……隨後，當他們獲得狀元籤後，喬丹的問題就被拋諸腦後了。

「選歐拉朱萬！」

一九八四年六月十九日，歐拉朱萬走上台，和大衛‧史騰握手。一九八四年NBA狀元，身屬火箭。從奈及利亞遠道而來的父母熱淚盈眶。歐拉朱萬說：「這是我一生中最快樂的日子。」

隨後，發生了NBA歷史上最著名的「如果上天再給我一個機會，我一定要×××」的時刻：波特蘭拓荒者用榜眼籤，選擇了肯塔基大學的山姆‧鮑威。

很多年後，你可以這麼假設：因為一九八三年，拓荒者已經選中了崔斯勒——一九八二年喬丹的準決賽對手——如果再於一九八四年選上喬丹的話，拓荒者將擁有NBA史上最能飛的兩個怪物。滑翔機崔斯勒加上飛人喬丹？拓荒者的每一次快攻都會像噴射機起飛一樣雷鳴般地啓動，波特蘭的醫院會因爲大賣「讓您永不眨眼藥」而大發其財。NBA會不得不調整籃框高度，以便矯正喬丹和崔斯勒在籃框上喝下午茶的習慣……

但這個假設永遠只能是「如果」了。

山姆‧鮑威是個不錯的白人中鋒。大學二年級，他場均17分9籃板3阻攻。他能得分、抓籃板、蓋火鍋、傳球，罰球也不錯。當然，他左腿受過傷，動過手術。但拓荒者爲他進行過7個小時的檢查，覺得問題不大。拓荒者對長人有天生的鍾愛：七年前，就是史上最偉大白人中鋒之一比爾‧華頓，率領拓荒者拿到隊史僅有的一個總冠軍。拓荒者迷信中鋒，哪怕他們有傷——事實上，華頓奪冠後就因傷倒下了。

此外，如果你潛到拓荒者的管理高層大腦內部，可能看得出這兩個想法：

A.這是八〇年代，NBA依然是長人制霸的時代。鮑威雖然不如喬丹那麼璀璨華麗，但他是個大個子，這就夠了。

B.拓荒者並不太喜歡飛天遁地的球員——前一年，他們選來的崔斯勒，被老派教練拉姆西放在板凳上，納涼做替補。喬丹？嗯，據說他能跑能跳，但拓荒者連崔斯勒都用不到，更不用說是他了……

一九八四年美國奧運隊主帥鮑勃‧奈特明白喬丹意味著什麼。他對斯圖‧英曼——當時為波特蘭拓荒者工作——說：「選喬丹！」

「我們需要鮑威做中鋒。」英曼答。

「那就選喬丹，哪怕讓他打中鋒呢！」奈特說。

可是，拓荒者的手越過了喬丹，指向了鮑威。接下來，探花籤握在芝加哥公牛隊手裡。本來，公牛隊認為喬丹一定會被選走，想保留選秀權到次年去選喬治城的尤英。但此刻？狂歡的忙碌中，他們告訴了史騰，於是史騰宣布：芝加哥公牛隊，用第三順位選秀權，選擇了麥可‧喬丹。

但喬丹不在現場，沒辦法來和總裁握手。第四順位達拉斯小牛選擇了山姆‧帕金斯，但他也不在——他們都在奧運隊集訓。費城在第五順位選擇了查爾斯‧巴克利。馬刺在第六順位選擇了阿肯色大學的阿爾文‧羅伯森。如此一路下來⋯⋯

巴克利為他被費城選中而感到不滿。此前，費城已告訴他：「我們給你的合約是一年七萬五。」而且，「下次體檢前你最好把體重控制在122公斤以下。」巴克利直截了當地回答：「見鬼去！」為了讓費城不選他，巴克利特意把自己吃到132公斤，奔赴體檢前，他還不忘在飛機上一路狂啃披薩⋯⋯結果：他還是被費城選走了。

史塔克頓第16順位被猶他爵士隊選中。他心潮起伏地接電話，聽到電話那頭一片嗚嗚聲。他問爵士的工作人員：「球迷在噓（BOO）我嗎？」對方趕緊回答：「不不不，

他們只是在問：這是誰（WHO）？」無論如何，他還是成了岡薩加大學的英雄。隊友為他開派對，還雇了個脫衣舞孃——當然，以史塔克頓沉靜的個性，他在那姑娘完成工作前，就把她請進了游泳池，讓她在那兒待著了。

喬丹沒有到現場，他是透過電話才知道自己進了NBA——當然換個角度想，NBA從此擁有了喬丹。一九八四年選秀將永垂史冊，但當時的諸人——或者說，諸位神人——沒人猜得到這點。他們還年輕，他們離開學院，進入了職業籃球界。青春熱血，各奔前程。

當然，順便，從這個夏天開始，無辜的一九八四年榜眼山姆‧鮑威，成了喬丹的另一個假想敵。

　　每一代NBA球迷大多如此：因為知道了某個球員——喬丹、鄧肯、科比、艾佛森、俠客、勒布朗‧詹姆斯、姚明，或者其他耀眼的明星——才開始了解某個球隊，了解NBA，了解NBA的歷史，以及其他時代那些偉大巨星。然後知道了資料，知道了球探，知道了教練，知道了交易籌碼、奢侈稅、三分線、比賽規則……當NBA的版圖在你的知識範圍裡日益宏偉之後，你才能多少明白那些巨星的不朽。當NBA在我心目中是座無木之山時，喬丹只是個山大王；但日子漸久，NBA成長為綿延不絕、山木繁茂的巨丘後，我才大概明白過來：站在這峰頂的喬丹，意味著什麼。

第五章　籃球・NBA・
　　　　芝加哥公牛

　　一八九一年，奈史密斯先生發明了籃球。那時侯，他不過是想讓學生們嘗試把一個球投進框。世界上第一批打籃球的人，也與你第一次觸碰籃球一樣，狂熱、慌亂而又緊張。奈史密斯教授站在一邊，看著他的學生們在爭奪並投出世界上第一顆籃球。

　　後來，一切風起雲湧。

　　二十世紀二〇年代，籃球在美國普及開來。跟早年美式足球一樣陣線拉開，二後衛在後場，一中鋒在中場，二前鋒在前場。一九三二年，瓦特・蘭伯特宣導全場攻防，籃球2-2-1落位。位置是二後衛外圍、二前鋒翼側、單中鋒在內線。至此，籃球的基本隊形出現了：後衛主導運球、傳遞、組織、中遠投；翼側前鋒主導內切、攻擊籃框；中鋒則主掌內線。

　　一九四六年，NBA（National Basketball Association，全美籃球聯盟）開始正式營運。和所有草創的體育聯盟一樣，開始幾年，一片慌亂。實際上，一九四六年時，這聯盟還不叫NBA，而叫BAA（Basketball Association of America，全美籃球協會）。最初只有11支球隊參加，分為東西區，例行賽

打完後打季後賽，東西區比出冠軍後再爭總冠軍。一九四九年，BAA吞併了另一個叫NBL的聯盟，才正式叫做NBA。

　　直到一九五四年之前，NBA都是個亂七八糟的聯盟。一九四七年，即將統治NBA的巨人喬治‧麥肯初次進入湖人更衣室時，戴著厚達6毫米的鏡片，披掛著老式風雪大衣和卷邊帽；不知道的人還以為是個阿拉斯加的獵人。和他爭吵了一整個職業生涯、一起統治五〇年代前期NBA的吉姆‧波拉德，看了看他，心中暗想：「怎麼23歲的人看上去這麼老！」相仿的歲月，保羅‧阿里金 —— 後來的兩屆得分王、五〇年代最偉大攻擊手之一 —— 像在戲劇院跑龍套一樣，一夜跑好幾個廳打籃球；在某個廳，地板太滑，為免摔倒，他開始像許多臂力不足的姑娘，耍起了跳投 —— 如果不是他五〇年代的兩個得分王頭銜，我們得誠實地說，他起跳時雙腿的擺動像隻青蛙。

　　五〇年代的NBA，大多數球隊還來不及有自己的球館。好多場地，都是冰球館改造的。想想就知道：場子裡有水氣，戴眼鏡的球員們就苦了：鏡片上常結起白霜。大家都知道，冰球場上，打架的事情特別多，一言不合，就一擁而上 —— 這個壞習慣也在NBA流行起來了。名將唐‧巴克斯代爾的經歷，聽起來像恐怖小說。他說他五〇年代，開始混NBA時，進更衣室發現，咦，怎麼有那麼多小盒子，做什麼用的？打開一看：裡面全是牙齒 —— 倒不是NBA都是變態殺人魔，而是大家都拿來裝假牙。五〇年代中期，一半NBA球員沒有門牙。如果你手肘上沒沾過血，都不好意思說自己

在打職業籃球。比如說，喬治‧亞德利老爺子說自己臉上縫過80針，一輩子搭檔過40個隊友，沒有幾位牙齒完好無缺。六○年代初，NBA球員打一架，只罰款25美元。

五○年代第一巨星，籃球史上第一位巨人喬治‧麥肯，為湖人拿過五個總冠軍，讓NBA擴大三秒違例區的偉人，在這樣的環境下，九年NBA生涯，縫過169針，雙腿都骨折過，眼鏡被打碎無數次。一九五四年之前，一場比賽雙方得分平均不到80。一位義大利後裔比阿松，擔當著錫拉丘茲民族隊老闆，看不下去了，於是和哈里森一起去到NBA總部，設一個新提案：24秒進攻限時。這是NBA開天闢地的重要決定：提高觀賞性、加快比賽節奏。一九五四年夏天「24秒進攻限時」法案通過，喬治‧麥肯立刻退役，湖人王朝立即消逝。

那時NBA的不世梟雄紅衣主教奧爾巴赫，獨自在波士頓租了個單身公寓，拋妻棄子，專打電話，坐火車去全國各地看有前途的大學生，為他的波士頓塞爾提克尋覓人才。一九五○年，後來的八屆NBA助攻王鮑勃‧庫西對他提出一萬年薪時，他不假思索就把價碼壓到了九千——這就是那時的工資：喬治‧麥肯在賽季期統治NBA建立王朝，放暑假了就自學考律師執照。一九九六年他自己承認，一輩子沒有簽過球鞋代言，所以打球歸打球，退役了還指望當律師賺錢呢。他最高的一份年薪，不過三萬五千美元。

一九五六年夏，紅衣主教攬得了史上最偉大防守中鋒比爾‧羅素，然後創立了空前絕後的塞爾提克王朝。羅素用他

場均22個籃板球、上帝才知道有多少次的火鍋、每場比賽前都要激動緊張到嘔吐的鬥志，13年NBA職業生涯拿到11個總冠軍，包括一九五九到一九六六年空前絕後的八連霸。

　　一九五八年埃爾金‧貝勒來到湖人，成為NBA史上最偉大攻擊得分手之一。一九六一年傑瑞‧衛斯特——那個成為NBA logo的西維吉尼亞大學畢業生——來到湖人，和貝勒組成空前絕後的雙刃劍，同年奧斯卡‧羅伯森被皇家隊（編註：國王隊的前身）選中，開始拼命拿大三元。但最可怕的故事還是一九五九年，216公分的威爾頓‧張伯倫入行：這個後來號稱睡過兩萬美女、大學時十項全能無敵、國際象棋、桌球、撞球都是天才的外星人怪物，職業生涯第一年就拿到例行賽MVP，場均接近38分28個籃板球。此後，「張伯倫的攻擊 VS 羅素的防守＝史上最偉大的中鋒決戰」，要綿延一整個六〇年代。

　　一九六二年三月二日，面對稀稀疏疏的四千名觀眾，威爾頓‧張伯倫得到NBA空前絕後的單場100分，然後拿著一張寫著「100」字樣的紙片對鏡頭傻笑；然後，他和隊友們繼續坐火車和大巴在全國遊蕩，無聊地玩牌，等待著和下個對手對戰，那個賽季他場均50.4分。而埃爾金‧貝勒在那一年一邊服兵役一邊場均轟下38分，在一九六二年總決賽第五場裡拿到了創NBA季後賽紀錄的61分。而他不在時，洛杉磯湖人的球迷與傑瑞‧衛斯特的隊友們，總是在終場前若無其事地收拾衣服，等待他完成絕殺一擊，然後一起回家。幾乎每年夏季，貝勒和衛斯特帶領湖人進到總決賽，然後被

波士頓塞爾提克擊敗，看著羅素按時領走冠軍獎盃。直到一九六六年秋天，禿鷲漢娜姆對張伯倫說：「如果你不服我的教練思路……那咱們去體育館外練練怎麼樣？」張伯倫屈服了，放棄了連續七年的得分王頭銜，開始開心地傳球和防守。結果一九六七年，他的費城76人結束了塞爾提克的八連霸，總決賽擊敗了瑞克・巴里帶領的勇士，拿到了總冠軍。但隨後，羅素捲土重來。一九六八年羅素帶領塞爾提克擊敗張伯倫的費城76人和衛斯特加貝勒的湖人。之後，張伯倫西奔洛杉磯，和貝勒、衛斯特組成史上最偉大的三巨頭──那時，他們是NBA史上場均得分最高的三大攻擊手──但是一九六九年總決賽，羅素和他的隊友們經歷七場決戰，還是把湖人送回了家。13年，11枚戒指。至此屬於巨人羅素的戰役就此結束。

　　一九六九年羅素退役，同時另一個偉大中鋒盧・阿爾辛多──幾年後他會改名叫卡里姆・阿布都・賈霸，並被世界以「天勾」的綽號銘記──加入NBA。一九七○至一九七三這四年是張伯倫＋衛斯特的湖人、天勾賈霸＋羅伯森的公鹿、團隊至上的紐約尼克這三國鏖戰。紐約拿了一九七○和一九七三年總冠軍，天勾在一九七一年二年級就帶隊奪冠並開始統治七○年代，但一九七一～一九七二球季的湖人打出了創紀錄的例行賽69勝13負，總決賽擊敗紐約後，張伯倫終於拿到自己第二枚總冠軍戒指。

　　球員的收入在發生巨大變化。五○年代NBA球員，窮到要打零工。球員們買車都得量入為出，窮些的球員得合租

睡地板。六〇年代中期，張伯倫獲得了劃時代的十萬美元年薪，羅素要賭一口氣，喊價到十萬零一美元。可是一九六三年前後，老闆們已經嫌球員們拿太多錢了：「居然喊價十萬美元？是瘋了嗎？」緊繃的情勢終於到了一九六四年全明星賽，張伯倫、羅素、衛斯特、貝勒、羅伯森集體罷賽，才幫球員們賺來了退休的養老金。一九六九年，史賓瑟‧海伍德簽下了三年45萬美元的大合約，但實際上每年只拿到5萬——其他的錢，是在他40歲後才分期付給他的。所以在六〇年代，底特律活塞的超級得分手、後來的NBA五十大球星之一的戴夫‧賓，每逢暑假就要去進修商業班、去銀行兼職。他老人家後來利用在底特律打球的人脈，成了鋼鐵鉅子。

六〇年代末七〇年代初，另一個籃球組織聯盟ABA（美國籃球聯盟）開始和NBA互搶球員，喊價成風。瑞克‧巴里、J博士和衛斯特這樣的巨星，每年也就二十萬美元上下。一九七四到一九七九年，NBA進入亂世。華盛頓子彈的昂塞德＋海耶斯組合、比爾‧華頓支撐的拓荒者、天勾的湖人、哈夫里切克和考文斯支撐的塞爾提克輪流奪冠。一九七六年ABA和NBA合併，把他們狂放潑辣的風氣帶到NBA。NBA球員開始有綽號，開始在更衣室裡整理鬍鬚，隨著爵士樂扭腰擺臀，在場上異想天開地玩一個華麗轉身，對著話筒編造一些美妙的招式名稱。七〇年代流逝，天才們在更衣室裡偷偷嗑藥，散場後豎起高領，駕車鑽入夜色去尋找美人。NBA第一代飛人「J博士」朱利斯‧歐文在

一九七六年的扣籃大賽上，完成了傳奇的「罰球線起跳扣籃」。同年，達里爾‧道金斯一記怒扣震碎籃板，然後無奈地整理頭髮中殘餘的玻璃碎渣。

一切在一九七九年發生了轉折。

一九七九年春天，世界見證了美國大學籃球史上最經典的決賽之一。擁有魔術強森的密西根大學在決賽中擊敗了擁有賴瑞‧柏德的印第安納大學。同年夏，低迷的湖人隊以狀元籤選秀得到魔術強森，這個206公分高、笑容甜蜜、熱情花俏的年輕人的新秀合約是50萬美元。隨後，波士頓塞爾提克以60萬年薪簽約了柏德。要知道：那年聯盟年薪最高的賈霸和J博士也不過65萬。

賴瑞‧柏德和魔術強森，從他們進聯盟第一天起，就被當作對手塑造——這甚至不是他們自己的願望，而像是愛當媒人的媒體、愛看熱鬧的群眾自覺的配對。他們似乎也不自覺的，沿著人們希望的軌道前進。一樣的身高（206公分），一樣的聰明（他們可能是NBA史上最聰明的兩個球員），一樣的全能（魔術強森可以打五個位置，也的確打過五個位置；而柏德，用一九八六年紅衣主教的說法，「他來到世間是爲了給籃球的所有技巧制定新標準」）。在他們的第一季，各自讓球隊完成61勝和60勝；賴瑞‧柏德作爲新人入選賽季最佳陣容；魔術強森則在一九八〇年總決賽第六場，代替受傷的天勾賈霸出賽，轟下42分15籃板，幫助湖人奪冠，以20歲之齡成爲歷史上最年輕的、唯一的新秀總決賽MVP。然後是一九八一年，賴瑞‧柏德的塞爾提克擊敗火

箭奪冠；一九八二年，魔術強森再次奪冠；一九八四年，柏德拿到自己第一個例行賽MVP，然後帶領塞爾提克七場奪冠，成為總決賽MVP。

重要的是，他們使聯盟重生。八○年代初，NBA開始進入電視轉播時代。206公分的魔術強森打控球後衛根本是前無古人，而跑不快、跳不高的白人賴瑞‧柏德能夠完全靠投籃和傳球統治賽場。但是，魔術強森的視野、想像力、長傳功力，柏德全面到毫無瑕疵的進攻技巧、未卜先知的判斷力和意識，這些不屬於身體天賦的才華，讓他們可以打出漂亮的籃球。魔術強森的華麗和柏德的聰慧，追根究底是出於他們對籃球的共同認知：你幾乎看不到他們做出錯誤的選擇，他們都擁有指揮官的決策能力。他們的對決，加上J博士、天勾、摩西‧馬龍這些偉大人物的存在，讓一九八四年的NBA冉冉上升。這是世界第一次相信：籃球比賽在電視上還蠻好看的；除了中鋒們（麥肯、張伯倫、羅素、天勾、華頓、昂塞德）這些巨龍，籃球還是有其他很好看的，比如魔術強森和柏德。

但是一九八四年的芝加哥公牛，情勢不算太好。

公牛隊成立於一九六六年，在六○年代後期總是季後賽首輪一飄而過。逢七○年代亂世，他們威風過那麼幾年，甚至進過兩次分區決賽。但他們沒什麼偉大球員。一九八四年喬丹入行時，公牛球館頂棚掛著一件4號球衣：那是他們曾經的偉大藍領草根傑瑞‧史隆，一個四歲喪父、農家出身、高中每天四點半起床、在NBA打了十一年、兩次全明星、四

次年度第一防守陣容、喜歡逛二手店、綽號「蓋世太保」和「電鋸」的藍領硬骨頭防守專家。

　　一九八三～一九八四賽季，公牛27勝55負，連續第三年缺席季後賽。他們隊最好的球員是206公分、能跑能跳的前鋒奧蘭多‧伍爾里奇，但他有個怪習慣——你可以從中窺見他的作風——喜歡去記錄台瞄一眼自己的數據統計。

　　選中喬丹時，他們期望什麼？——總經理羅德‧索恩說：「我們想要個中路霸王，希望他有七尺高，但他沒有。喬丹不是來拯救公牛的，我們也不會這樣要求他，不想給他施加這樣的壓力。」遠在北卡的迪恩‧史密斯教練則認為，指望喬丹像魔術強森或J博士一樣使公牛脫胎換骨，太難為他了。

　　「這對麥可並不公平，他更像西德尼‧蒙克里夫那類型。」

　　西德尼‧蒙克里夫，阿肯色大學出產的雙能衛，一九八〇年入行。NBA史上最好的外圍防守者之一，八〇年代NBA最全面的後衛之一。一九八三～一九八四季，他剛打出場均21分7籃板5助攻的漂亮數據，而且蟬聯了NBA年度防守球員。說喬丹像他，當然是種讚譽，但依然意味著以下意思：喬丹是個很好的後衛，但不一定是超級巨星。

　　至少在一九八四年夏天之前，芝加哥對外的口徑是這樣的。

　　當然，他還是選擇了芝加哥公牛的23號。他肯定想不到這會如何影響此後二十年的球衣銷售市場，這只是一種延

續：他還是那個北卡出來的、仰慕哥哥的少年。

　　二十世紀九○年代時，電視上的喬丹是個上身健美、光頭略髭的芝加哥公牛隊23號，是飛人。每逢他在電視螢幕上翱翔天際，我們就會歡欣一片。事實上，在那個時代，真有球迷會討論：「喬丹能不能空中漫步？」、「喬丹在廣告裡扣了那個一百公尺高的籃框，是不是真的？」
　　但後來，直到目睹了八○年代末喬丹的錄影帶，我才大概明白了飛人是什麼意思。那時的喬丹留著寸頭短髮，雙肩削瘦，投籃時脖子前伸。但他每次雙腳離地，都是一次飛翔：他真的能夠在空中自由擺舞，而非直上直下。那真的不是跳躍，而是飛翔。

第六章 「我希望自己職業生涯，至少進一次全明星賽」

一九八四年夏天，喬丹、帕金斯、尤英、克里斯‧穆林（那時他還只是個出色的左撇子白人射手，還沒獲得上帝之左手的美譽）代表美國參加了奧運會，過程並不驚險：美國隊輕鬆奪冠，每場都有二位數領先。喬丹以場均得17分領先全隊。一九八四年秋，他到了芝加哥公牛，看著這支前一年只有27勝、老弱病殘的隊伍，發現隊友們經常搞些爛醉如泥的派對，他搖了搖頭。

這是他職業生涯頭幾年的情況：他是北卡出來的，他習慣了嚴謹端正的訓練風氣，他完全無法接受和這批打球不盡心的傢伙一起混日子。一九八三～一九八四球季，芝加哥主場每晚只有6365個觀眾。他們皺著眉，看著公牛被對方踩踏，偶爾靠奧蘭多‧伍爾里奇的扣籃提提神。

就在這樣，一九八四～一九八五球季開始了。

例行賽第一戰，公牛109比93輕取華盛頓子彈。喬丹初登板16分6籃板7助攻。第二天，對密爾瓦基公鹿，對位他的人是西德尼‧蒙克里夫 —— 剛蟬聯兩屆年度防守球員、史

上最好的防守後衛之一。

　　一開場，喬丹在右側後場鬼魅般斷球，運到前場，踏進三分線就起步，從兩人之間滑過，上籃得手。然後是一記左翼底線突破，彷彿化身成一張紙，劃過底線，反身上籃。接下來是左翼拿球，一步晃過對手突破到籃下，起飛，空中低頭，浮在空中，滑過防守者，繼續浮在空中，到達籃框另一側，起手擦板——這是公鹿隊第一次見識到喬丹之後在NBA縱橫無敵的凌空挪移，一時泰瑞‧卡明斯、蒙克里夫茫然不知所措，公鹿後場發球的三位球員相顧失神，滿眼睛都是：「你看到剛才那一下了嗎？見鬼了！」然後是下一回合，喬丹從身後蓋掉蒙克里夫的上籃。確切的說，不是蓋掉，而是像抓籃板球一樣飛起、從對手手裡把球「摘—了—過—來」。解說員一片驚呼：「你看到了嗎？！你看到了嗎？！」再下一回合，他空中接力扣籃得分後，解說員開始怒吼：「喬丹終於駕臨NBA了！」

　　這一場，喬丹得了21分，公牛最後輸了2分。喬丹記上了仇。兩天後，再戰公鹿。他空切到翼側，跳投得分；他切到籃下接吊傳，上籃；他右翼突破，空中滑過防守者左手上籃；他切出右翼接球，突破，急停跳投；他在罰球線斷球，快攻前場，大搖大擺單手抱球，一記頭頂齊籃框的揮臂砸扣，直接打到公鹿暫停。他從身後蓋掉了223公分的布魯爾；他切到左翼跳投得分；他在籃下接球，扛著高他半個頭的對手滯空上籃；他抄球，疾飛前場，在蒙克里夫的追擊下上籃得分；他弧頂直接運球突破到左腰，翻身跳投得分；他

突破到右腰急停跳投得分；他快攻中突破前場，過罰球線起跳，在空中懸停，在三人包圍中把球一拋，點到籃板，得分。連裁判都隨著球迷一起瘋狂起來：得分有效！加罰！比賽剩34秒，他中路直進，再一次穿越公鹿三人防守，強行上籃得分——全場37分4籃板5助攻，其中第四節得到22分。

　　他的對手是兩屆年度防守球員、史上最偉大防守者之一蒙克里夫。

　　而這僅僅是他第三場NBA比賽。

　　例行賽第九場，公牛對陣聖安東尼奧馬刺，喬丹對位的是「冰人」喬治‧葛文，四屆NBA得分王，史上最好的得分後衛之一，至今NBA單節33分的紀錄還由他保持（編註：此記錄已於二〇一五年一月二十三日被金州勇士隊的克雷‧湯普森的單節37分打破）。而喬丹在場上的回應是：他開場第一球就是抓到籃板、快攻前場、起飛、在被撞出底線前把球一拋，然後全場看著球滾進籃框。然後一記假動作後投籃得分，隨後是右翼三分球遠射得手爲第一節收尾。前場抄球，扣籃。右翼急停跳投。快攻中在馬刺211公分長人奧澤爾‧瓊斯頭頂強行劈扣。隨後是一記空中接力扣籃，一個翻身後仰跳投，一記空切接球，懸空，被犯規後調整身型，繼續懸空，跳投得分。隨後，他罰球線跳投，他後場搶到籃板後行雲流水越過馬刺全隊後一記飛翔扣籃。他可以輕鬆地跳投得手，變向突破後隨意上籃。馬刺已成驚弓之鳥，全隊都在被他的投籃假動作耍弄。第四節關鍵時刻，他切出後跳投得到第41分打破僵局，再快攻上籃，用冰人最擅長的繞指柔

11次NBA最佳陣容：1985, 1987, 1988, 1989, 1990, 1991, 1992,
1993, 1996, 1997, 1998。

上籃得到第43分，讓公牛115比111領先基本鎖定勝局。兩記罰球後，他得到第45分。公牛贏球。職業生涯第一場單場得分超過40分。

全美國轟動了。

很多年後，許多傳記都直言不諱地說，一九八四～一九八五球季的芝加哥公牛並不比前一季改頭換面許多。希尼‧格林、奧蘭多‧伍爾里奇和大衛‧格林伍德有打球的天賦，但他們——尤其是賽後愛去瞄數據統計的伍爾里奇——職業程度都不如喬丹這個大學生；大衛‧科辛不知道怎麼打比賽；在公牛裡算是可靠的全能球員，也只有羅德‧希金斯而已。

但是有了喬丹，一切都變得不一樣。

一九八四年十一月十三日，喬丹得到45分後，公牛完成7勝2負的開局。之後是一波1勝7負，但隨後又是一波5連勝。11月底，公牛去到洛杉磯客場打球。喬丹得了20分——這時候，能把他防到20分，已經是非常驚人的成就了。喬丹在比賽開頭，面對史上最偉大中鋒之一比爾‧華頓，玩了個「右晃、左晃、懸在空中，右側出手投籃」；隨後是一個「起跳，身體已經在籃板後面，滑過尼克森，左手上籃」。然後，比賽最後時刻，喬丹又一次鬼魅般擺脫了防守球員。最後時刻，快艇100比98領先公牛，喬丹一記18尺跳投扳平比分，然後閃電手抄下快艇的球，急奔前場。快艇的戴瑞克‧史密斯追上，用一記熊抱勒住已經起跳的喬丹，裁判響哨：犯規。

但一切還沒結束。

喬丹依然懸在空中未曾落地，他的胳膊還來得及揚起，把球拋向籃板。球進，得分進算，加罰。喬丹罰中球，103比100反超。洛杉磯的球館裡飄蕩著這麼一種聲音：唏噓、讚美、感歎，以及「我們的球隊落後，但那又怎麼樣？這球真是棒到難以置信了」的感覺。史密斯，作為這一球的背景人物，賽後感歎：「匪夷所思。被我那樣抱住，別說得分了，絕大多數人連球都沒辦法拋出手！」

兩天後，在洛杉磯，喬丹得了20分，帶領公牛幹掉了湖人——上季西區冠軍、賽季最後的贏家、不可一世的湖人。事實上，喬丹在另一個舞臺上也擊敗了湖人——在喬丹擊敗快艇那晚，快艇球迷多到了14366人——而湖人，「表演時刻」的湖人，王者之師，對國王的觀眾人數是12766。公牛隊醫馬克·普菲說：「喬丹在底特律比賽時，當眾在泰瑞·泰勒頭頂扣了個球——底特律那些穿西裝的球迷都在為他擊掌慶祝！」

好了，問題在於：他怎麼從一個大學時場均20分的後衛，輕鬆過渡到NBA，每場得25分卻連眼睛都不眨一下的？

首先，是他驚人的運動能力。奧運會決賽被他擊敗的西班牙隊球員費南多·馬丁，一聽到喬丹的名字就眉飛色舞，操著不流利的英文念道：「跳！跳！跳！非常快，非常快，非常、非常棒！跳！跳！跳！」

底特律的「微笑刺客」以撒·湯瑪斯，史上技術最靈巧

的小控衛說：「喬丹……也許他能發明一個新位置。」

韋曼‧蒂斯代爾——那個被帕金斯問「那是誰」的大學明星，奧運會喬丹的隊友——說：「跟喬丹打球就像去馬戲團。你永遠都不知道他下一步會幹嘛。」

他究竟有什麼呢？

他匪夷所思的速度和運球。他大學時苦練的40碼內4秒3的衝刺速度。他大一到大二那年暑假練出的「試探步＋突破」。他大二時幾噸汗水苦練的控球能力，左右手均衡的運球。他喜歡伸出一步作為試探，或是向右側做一個極細微的、三公尺外看不清突破的假動作，然後是向另一側起步。壓低重心，第一步快如閃電，你回過身，他已經起飛了。溜馬隊的吉姆‧湯瑪斯這麼總結：「我不知道他第一步有沒有違例——太快了，我根本看不清楚！」

他那超乎常人的彈跳。他能飛。隊友羅德‧希金斯簡單總結：「賴瑞‧南斯（NBA首屆扣籃王）單腳起跳出色，奧蘭多‧伍爾里奇雙腳起跳出色。喬丹？他單腳、雙腳起跳都能突破天際。」

如果你跟上他的速度、跟他一起飛翔？他可以在空中翩然起舞隨意戲耍你。奧運會上，西班牙隊教練安東尼奧‧迪亞茲‧米格爾說：「他不是人——他是個橡皮人！」紐約的達雷爾‧沃克補充：「最驚人的是，他出手總是那麼柔軟！」

喬丹自己的看法是：「在北卡，我在體系裡打球，許多球迷喜歡看我打球。所以如果我任其自然發揮，可以很輕鬆

地讓球迷高興。現在是我職業生涯最放鬆的時段。比賽來得很快，我來不及去想那些糟糕的發揮。」

的確，在史密斯手下，他是一個團隊成員。而在NBA，他可以飛。當然，對手根本不知道這些。劣質的球探報告害慘了喬丹的對手們。「有些球探說我只會突破，而且不會用左邊換手突破。他們根本不知道我的第一步突破、我的跳投和我的其他招式。」

一九八四年十二月，喬丹的職業生涯僅開始五週，世界已經朝波特蘭張望。選了鮑威放棄喬丹的拓荒者，看到了嗎？喬丹很紳士得體地回答了這些問題：「鮑威對他們更合適吧。他們已經有一大堆高個兒後衛和小前鋒了。」

對芝加哥人來說，重要的是，他們有了來現場看球的理由。對公牛隊來說，亦然。喬丹說，他剛到公牛時，希金斯和伍爾里奇跟他聊過：「這個隊好多人都是，一旦領先10分，就開始憂心忡忡對手會追上來。」喬丹帶來了新東西：對贏球的渴望。他像瘋了一樣想贏得每場比賽，每個球。公牛以往在客場總是得過且過，但喬丹在客場沐浴著所有球迷的鼓掌，只想盡全力贏得每一場比賽。伍爾里奇總結：「他的態度像一種，嗯，良性病變，在球員之間傳染。」

那他有什麼缺點呢？

雖然他抄截和阻攻資料驚人，但他自己承認：「防守穩定性是我的第一目標。我希望能每晚都封殺對位進攻者。」他在大學裡打了太多的戰術、包夾、協防，要適應NBA還需要時間──但是，這已經足夠了。

他還有什麼願望呢？

一九八四年十二月，21歲零10個月的喬丹被問到他的職業生涯會如何結束。他想了半天，回答：「我希望我到時候能說，我盡了自己的努力，完成了許多事情，拿到冠軍。」然後他斟酌了一下 —— 他那時根本不知道，今後自己會有多麼偉大的職業生涯，只是琢磨著自己的願望，又補了句：「我希望，自己至少打一屆全明星賽。」

　　一個數字：在離開籃球十年之後，喬丹的商業帝國，依然能保證他的年收入超過4000萬美元。

第七章　危險的，邪惡的，紅色

　　一九八四年入冬，麥可‧喬丹已經成了芝加哥天空飛翔的神話。芝加哥的孩子都相信，超人、蝙蝠俠、蜘蛛人、閃電俠加起來，都不如麥可偉大。可是對喬丹自己，雖然芝加哥給了他五年400萬美元的合約和王族般的禮遇，他還是對北卡念念不忘。那是夢開始的地方，他從一個北卡招風耳小孩起飛的所在。

　　所以在芝加哥，每場比賽前，他都得換上北卡的球褲。NBA球員普遍迷信，喬丹也不例外。他對北卡招牌的藍色念念不忘，而對芝加哥的紅色略有微詞。

　　「紅色是地獄的顏色，而藍色是天堂的。」

　　可是，他即將慢慢遠離清冷明澈的藍色，陷入地獄的、危險的、邪惡的紅色。

　　NBA的明星們得應付數以百萬計的美元和排隊上門的商人。詹姆斯‧喬丹夫婦雖然精明，畢竟不是此道中人。荻洛絲覺得大衛‧法爾克不錯：他是個鐵腕經紀人；他關心喬丹的長期形象經營，而非急功近利為一兩個短期合約斤斤計較；他在一九八二年成了喬丹師兄詹姆斯‧渥錫的經紀人，也不算是個外人；最後，黑人父母會在意關懷的細節：法爾克——一個白人——任用的助理是個黑人律師。

　　「嗯，很好，他不歧視黑人！」

　　法爾克不歧視喬丹。恰恰相反，他欣喜若狂。渥錫是一九八二年的狀元，喬丹是一九八四年的探花，但法爾克嗅到了喬丹身上無可限量的部分。他聯繫了Nike——一九七二年成立於奧勒岡的一個品牌，當時並不算成功。然後，Nike請喬丹去奧勒岡的波特蘭簽約。

　　喬丹不太願意。他對Adidas有好感，他對Nike——那時還遠非球鞋龍頭——印象普通。但是父母深明商業之道，勸他：「孩子，這很重要。」他去了，踏進Nike的會議室，看到所有的Nike老總都在裡面。老大羅伯特‧斯特拉塞建議：「每年25萬美元，約期五年！」

　　喬丹並不太積極。

　　事實上，只有法爾克在一開始就堅信他會成功。他跑去找Nike時，Nike正為他們的股價跌到只有6美元而尋死覓活。法爾克的口氣猙獰無比，但不是出於傲慢，而是激動。他怒吼：「喬丹應該有他自己的鞋子，拿到分紅！」Nike的人認為他吃錯了藥，他們警告法爾克：這是二十世紀八〇年代，所有擁有球鞋品牌的人都是網球選手、高爾夫球選手，總之，是那些中產階級以上有閒錢的人接納的白領偶像。

　　而且，他們大多是白人。

　　法爾克對這些論調充耳不聞。他知道球鞋品牌公司都固執地相信，白人市場無法接納黑人，他只是張牙舞爪地說服Nike，把所有的資金押在喬丹身上。Nike認為太冒險了，不能把所有雞蛋放在同一個籃子裡。嗯，把資金分配一些給查爾斯‧巴克利和派屈克‧尤英如何？不，不行。巴克利太胖

了，尤英長了一張大猩猩被死神附身的臉。好吧，好吧，法爾克說服了所有人，Nike決定投資喬丹。

而喬丹是怎麼接受Nike的呢？

法爾克給喬丹看了宣傳的錄影帶。此前，喬丹只關心Nike會送他一輛什麼新車，但在看到這捲錄影帶時，他震驚了。他同年的好友弗雷德‧惠特費爾德後來說：「我想這是他第一次對自己感到震驚。」

法爾克認為，該給喬丹的鞋起個名字：Air Jordan——美麗動人的雙關語，「氣墊喬丹」或「飛人喬丹」。「喬丹可以飛」，這就是法爾克的概念。在那捲錄影帶裡，喬丹的球場動作被剪輯了，特技效果被大量採用。在慢動作裡，喬丹看上去不再像是在打籃球。他在飛。

在此之前，他無數次看過自己那一九八二年著名的絕殺。那個23號主宰了大學籃球的命運，強大到令人不可置信。但這個廣告裡的23號是另外一回事。他脫離了人間，他像神。他在飛翔。

第一代Air Jordan出產了。紅色＋黑色。地獄的顏色，邪惡而豔麗，張揚得幾乎不該容身於NBA這個還古樸端莊的賽場。NBA總裁大衛‧史騰很生氣：新官上任三把火，他得震懾一下球員。他宣布：禁止球員穿彩色鞋子。喬丹在場上穿Air Jordan？不行！

如你所知，美國人通通一生不羈愛自由。現在放在他們面前的，是這麼雙鞋：代言的是個能飛的傢伙，是個黑人；顏色豔麗而邪惡，彷彿地獄般危險；很昂貴；還被聯

盟禁掉了 —— 太刺激了！一年後，喬丹被告知：Nike靠Air Jordan，一年達到了13億美元的銷量。

一九八五年到來，喬丹臨近他22歲生日。他拿了一九八四年十一月的最佳新秀，在一九八五年也拿到了每月的最佳新秀。歐拉朱萬在火箭呼風喚雨，巴克利在費城搶籃板跟在喝水一樣容易，但誰都比不上喬丹的風光。他被球迷選進了NBA全明星賽先發球員。當然，在全明星賽的前49場比賽，他場均得到恐怖的27.4分，但最重要的是，這是球迷的選票：他獲得了全美國的愛。他提早完成了自己的目標：至少進一次全明星。

接下來的事就不太美好了。

很多年後，關於一九八五年全明星賽的「凍結事件」有太多不同的說法，有心理學、社會學、哲學等多種學科的解讀，但最可靠也最樸實的一種敘述是：喬丹去了一九八五年全明星週末，那是一年一度NBA明星饗宴、給觀眾上演派對晚會的場合；喬丹穿著一身邪惡而豔麗的紅色，Nike的標識幾乎要刺瞎人眼。喬丹還戴著金項鍊，就像個 —— 事實上他也是 —— 剛發財的小地主青年；喬丹在電梯裡看見了以撒・湯瑪斯。

以撒・湯瑪斯，比喬丹大兩歲，道地的芝加哥人。一九八一年NCAA決賽，他帶領印第安納大學幹掉迪恩・史密斯的北卡，榮膺冠軍，然後成了一九八一年榜眼，加入底特律活塞。185公分高的他是NBA史上最好的小個子精靈後衛之一。他頑強、堅韌、技術完美、好勝如狂、銳利、靈

動，愛微笑，但連他的隊友都承認他表裡不一。「微笑刺客」，這是他的綽號。一九八三～一九八四球季他是三年級生，他場均21分11助攻。一九八四～一九八五球季，他職業生涯第四年，連續四年被選為東區明星隊先發控衛。他也是個明星，確切地說，明星中的明星。

而喬丹沒有和他打招呼。

當然，其他的說法是：微笑刺客看不慣這小子的「紅」——無論是他張揚的球衣顏色、他的金鏈子，還是他在例行賽讓全美國球迷癲狂的鋒頭；微笑刺客討厭喬丹穿戴Nike的裝扮。總之最後的結果是，喬丹聽到小道消息，微笑刺客決定聯手「冰人」喬治·葛文，給喬丹一點顏色看看。一九八五年全明星賽，喬丹感受到了所謂的給顏色看看：微笑刺客不傳球給他，或者只在窘迫情境下給他球；防守端，微笑刺客不去協防喬丹，任他丟人。喬丹被刻意孤立，22分鐘內9投2中7分6籃板，就此結束了他第一次全明星之旅。

屋漏偏逢連夜雨。他報名參加了一九八五年的灌籃大賽，和「人類電影精華」多明尼克·威金斯、史上第一代飛人J博士、老對手崔斯勒、一九八四年扣籃冠軍賴瑞·南斯——被羅德·希金斯認為單腳跳無敵的大傢伙——一同列名。他進了決賽。但第二扣失誤了。大他三歲、以暴力美學見稱的威金斯拿到了灌籃王。

在喬丹一帆風順的職業生涯裡，這是第一次陰影。微笑刺客刁難了他，這尚在其次；他感受到了其他人的敵意：喬

14次NBA全明星球員：1985, 1986, 1987, 1988, 1989, 1990, 1991,
1992, 1993, 1996, 1997, 1998, 2002, 2003。

治·葛文的，魔術強森的，所有人。這個聯盟的明星球員有
自己的圈子、團體和行規。而他是個危險的傢伙，豔麗的、
危險的紅色，而且能飛，而且——在明星球員眼裡——非
常、非常，傲慢。

　　未來生涯的腥風血雨，忽然提前在他的人生裡出現了。
NBA不是課堂，你勤奮學習，獲得好成績，就能獲得老師
的讚美。這裡有人會對你捅刀，會落井下石。那個被扔進校
二隊的、深覺自己被羞辱的年輕人復活了。一九八五年二月
十二日，全明星賽後的第一場比賽，公牛就在主場對陣底特
律活塞。

　　太完美了。

　　喬丹抓到防守籃板，招牌的吐舌，一條龍突破上籃；
喬丹右翼晃動後跳投得分；左底線連續變向後上籃得分；抄
截後直奔前場，空中懸停扣籃；罰球線接球翻身跳投得分；
晃倒微笑刺客後急停跳投得分；抓到防守籃板後快攻前場，
變向晃人後在三人包圍下上籃得分；變向突破後被犯規低手
拋射得分兼製造犯規；半場結束前起速突破劈開防守，在活
塞防守合攏前扣籃得分；下半場一開始就是切出接球突破
內線，高飛之後等對手落地才拋射得分，快攻中一記罰球線
前一步起飛扣籃；投籃失手後把對手的傳球像排球攔網般擋
下，再強行上籃得分。第三節末，微笑刺客運球突破，喬丹
低頭俯衝割草機一般把球抄掉，第四節開始又是一記快攻中
身上掛著一個防守球員上籃得分兼製造犯規。延長賽最後讀
秒階段，他抓到自己全場第15個籃板球，鎖定勝局。

　　公牛139比126加時取勝，而他31投19中、13罰11中轟得49分15籃板5助攻。微笑刺客則15投5中19分，6次犯規出場：喬丹就這樣，讓刺客在他自己的故鄉芝加哥，聽到家鄉球迷為另一個人擊敗他而震天歡呼，還有比這更完美的復仇嗎？賽後，微笑刺客跟喬丹有過一次會談，他道歉了，但直到兩年後談起這事，喬丹還是沒完全原諒他。這段冤仇，就此結下了。

　　這是喬丹新秀球季例行賽最高得分，最好的表現。這也是第一次，NBA略微感受到，那個前蘭尼高中校二隊男孩，殘忍的報復之心。他並不是一個藍色的天使，而是，一如芝加哥公牛的隊標一樣，皺眉的，紅色的，地獄火焰般的復仇者。

　　一九九七年十月三十一日，衛冕冠軍隊芝加哥公牛作客波士頓塞爾提克，85比92敗北。當晚，喬丹手感不佳：雖得了30分，但23投僅7中。而對面陣中的安東尼‧華克26投13中31分。此外，塞爾提克替補板凳上坐著布魯斯‧包溫和一九九七年探花新秀控衛昌西‧畢拉普斯。那時喬丹當然不知道，這兩個年輕人，一個會是二十一世紀前十年最好的防守球員之一，一個會是二〇〇四年總決賽的MVP。

　　但這就像命運的咒語：公牛以一場在波士頓花園廣場的敗北，開始了一九九七～一九九八球季，喬丹最後一個作為神的賽季。而他開始成為神，也是在波士頓花園廣場輸掉一場球之後。只是，那是遙遠的一九八五～一九八六球季了。

第八章 「上帝」

　　一九八四～一九八五球季結束，公牛38勝44負，較前一季進步了11場。喬丹出賽全部82場，場均28.2分聯盟第三，僅次於紐約的伯納德・金和例行賽MVP、塞爾提克的賴瑞・柏德。場均2.4抄截聯盟第四，此外每場還有漂亮的6.5籃板、5.9助攻。全面完美的資料。此外，因爲金和柏德都有缺陣，喬丹總得分2313分聯盟第一。雖然歐拉朱萬也有偉大的場均21分12籃板表現，但喬丹還是當選了年度新秀。

　　事實上，喬丹還入選了聯盟第二陣容，和蒙克里夫並列聯盟第二隊後衛。第一陣容是魔術強森、柏德，以及微笑刺客的舞臺——喬丹憎恨微笑刺客，但對微笑刺客那年以場均13.9助攻拿下助攻王也無可奈何。

　　季後賽，公牛遭遇公鹿。過程談不上什麼驚喜：喬丹在季後賽處女秀得了23分10助攻，第二場回過神來30分12助攻但有7失誤。公牛二連敗。第三場他發威35分8籃板7助攻4抄截率領公牛扳回一城，但第四場他的29分也無可奈何了。擊敗公牛的是公鹿，限制喬丹的正是蒙克里夫。

　　這是蒙克里夫最後一個巔峰賽季。從來沒人眞正把蒙克里夫稱爲「喬丹阻擋者」，但在這一年的交鋒中，喬丹在他面前得了職業生涯第一個20分、第一個30分。喬丹的第一

3次NBA全明星賽最有價值球員：1988, 1996, 1998。

場敗北，喬丹的第一次季後賽，都是由他見證的。他第一次採用了聰明的「堵塞喬丹突破，允許他跳投」的策略對付喬丹。而關於他的防守最有名的一段評價，也是喬丹給予的：「與蒙克里夫打球，就註定是一整晚的全方位對決。他像一條獵犬，無論在進攻端還是防守端，他都會竭力撕咬你。」

喬丹的新秀賽季就此結束。有偉大開始，有壯麗傳奇，也有全明星賽開始的血紅陰影。然而芝加哥人歡欣鼓舞，樂不可支：他們比前一季進步了11勝；他們打進了暌違三年的季後賽。最重要的是，喬丹挽救了芝加哥籃球。每場觀眾人數從一九八三～一九八四球季的6363人翻倍到了11887人；公牛的客場號召力幾乎可與湖人、塞爾提克媲美。一九八五年總決賽湖人擊敗塞爾提克奪冠，但是芝加哥人已經不羨慕了：他們有年度新秀喬丹，有這個星球上最迷人的球員之一。

一九八五年夏天，公牛發生了一些意義深遠的變動。公牛老闆傑瑞·雷恩斯多夫，雇了一個肥胖的芝加哥人、前棒球員、籃球球探為公牛總經理：這傢伙時年46歲，叫傑瑞·克勞斯。從此開始，公牛的「兩個傑瑞」管理團隊開始上架。這倆人一拍即合的類似處在於：他們都是控制狂。

一九八五年夏天，公牛來了兩個俄亥俄球員。一個是選秀會上選來的俄亥俄鐵漢，鐵骨金剛查爾斯·奧克利。很多年後，他會成為NBA史上最有名的直性子粗魯猛男。一個是聖安東尼奧來的俄亥俄白人射手約翰·派克森。他是個非常聰慧、看戰術板如電腦掃描的射手，大學績點有3.17。當

然，和絕大多數聰慧、射籃精準的白人一樣，他遠算不上一個跑跳怪物。

最後，還有一個人：四屆得分王、四年前還被傑瑞‧衛斯特感歎爲「他是我唯一願意花錢買票去看的球星」的「冰人」喬治‧葛文來公牛了。

很多年後，一九八五～一九八六球季會被譽爲史上最壯麗的賽季之一：煙花如瀑布般橫陳夜空。群星奔湧，妖魔橫飛。J博士逐漸飛不動了、摩西‧馬龍統治籃板近十年後也開始老去、天勾更是烈士暮年，正打算把湖人大權完全交給魔術強森。「人類電影精華」多明尼克‧威金斯在這一年奠定了他的綽號，讓世界相信他打比賽就是爲了錄製高潮集錦；一九八四年入行的歐拉朱萬——這時他已經打響了「大夢」的綽號——以及查爾斯‧巴克利急起直追。偉大的賴瑞‧柏德在這年完成了例行賽MVP三連霸，而二年級生大夢和巴克利，則名列MVP選票的第4和6位；底特律活塞隊的惡漢流氓頭子比爾‧蘭比爾這年拿到籃板王。這賽季的年度第一陣容是：天勾、柏德、魔術強森、微笑刺客和得分王威金斯；第二陣容則是大夢、阿爾文‧羅伯森、蒙克里夫、英格利許和巴克利。一九八五年的新秀同樣震儡人心：喬治城的大猩猩派屈克‧尤英終於入行加盟紐約尼克隊，而且不負眾望得到年度新秀。

另兩個名氣略小的新秀則是活塞隊沉穩早熟的後衛喬‧杜馬斯，以及猶他爵士隊選中的路易斯安納州肌肉魔怪卡爾‧馬龍。

　　但這個賽季的真正高潮，要到一九八六年四月，喬丹親手推波助瀾、燃放至頂──雖然，例行賽這些名單裡，沒有他的事。

　　因為他受傷了。

　　一九八五～一九八五球季第三戰，喬丹左腳骨頭受傷。CT檢查證實有骨裂。喬丹不敢相信：他正在鋪開遠大前程，卻被傷病擊倒？父親從北卡趕來，安慰痛哭的兒子。公牛隊很謹慎：他們非常清楚，對喬丹這樣能飛的怪物來說，腿骨意味著什麼。

　　喬丹休養了七週，已經急不可耐。醫生推三阻四，說裂痕尚未癒合，然後說了無數誇張後果。喬丹氣瘋了。他剛為世界劃出一道彩虹，可是傷病陰雨，正在把他的偉大傳說褪去。可是公牛隊醫告訴他：腿傷痊癒前，別指望比賽──訓練都不行！

　　一九八六年二月，喬丹回了北卡羅萊納州。他說他答應過母親，要趁空閒修完學業的──反正現在也是閒著嘛！克勞斯經理很天真地相信，喬丹真的是回去念書了。然後，當他聽說喬丹回了北卡、喬丹開始恢復訓練、喬丹開始找哥兒們一起練球時，克勞斯氣瘋了。讓他不安的不只是喬丹受傷的可能，還有一個更可怕的事──一如微笑刺客看見喬丹那危險的、難以馴服的紅色一樣，克勞斯感覺到了喬丹的可怕：

　　這傢伙很可能無法控制。

　　一九八六年三月喬丹回到公牛，要求出戰。他狀態恢

復得很好，醫生也承認他傷過的左腿簡直比右腿還結實，但還是強調：喬丹依然有10%的可能性傷勢復發。克勞斯聽到10%就如驚弓之鳥：「我們不能冒這個險。」

喬丹看著兩個傑瑞，兩個精於計算的生意人。他想打比賽想到發瘋。他生氣了。「如果有一個投資，獲利機率90%，你們難道會不幹嗎？」

兩個傑瑞電腦般的頭腦開動了。不是考慮喬丹給出的算式，而是權衡喬丹的態度。他們發現喬丹真的想比賽。的確有受傷的風險，但這個小子不太好控制，如果他真的生氣了呢？既然如此，好吧……

一九八六年三月，喬丹重新出賽。但為了讓10%的陰影不要重現，公牛限制了他的出場時間，開始是每半場不超過7分鐘，然後慢慢擴展。就這樣，喬丹慢慢熬完了15場例行賽。公牛以東區第八進了季後賽。

對手是正值賴瑞・柏德巔峰期、史上最強的塞爾提克。

一九八五～一九八六球季的塞爾提克是史上公認最佳球隊之一。賴瑞・柏德在這一年三連霸例行賽MVP，而塞爾提克例行賽打出了傳奇的67勝15負，主場40勝1負。柏德在這年被讚譽為「他來到世間，就是為了讓一切籃球技巧制定新標準」。他在巔峰時寂寞到跟人打賭，用左手打滿全場比賽；他無聊到了全明星三分球大賽前，特地去更衣室對其他人說：「你們決定好誰拿第二了嗎？」然後輕鬆奪冠。隊上有四個NBA五十大球員（柏德、麥克海爾、帕里許、華頓）。

　　以及八度NBA防守陣容成員，被柏德贊爲「我搭檔過的最好球員」的一九七九年總決賽MVP丹尼斯‧強森。

　　193公分的丹尼斯‧強森和蒙克里夫一樣，史上最好的防守者之一。比起蒙克里夫，他更全面，可以防守任何206公分以下的球員，比如一九八四年總決賽，他就搞定了魔術強森。他翹著屁股伸著腦袋的防守姿勢配著那矮短的身材，觀賞效果相當不佳，只有被他盯防的傢伙才對他的可怕心知肚明。他視防守爲樂趣，能夠在整整48分鐘內都集中注意力與對手周旋──他的運動能力並不是最佳，但這不妨礙他對進攻方的閱讀──對他的對位者、對進攻方全部隊員的跑位意圖，他都可以猜得八九不離十。想要欺騙他相當困難：他就像一個談判桌上縮著腦袋、一毛不拔的守財奴，而且整整48分鐘都在琢磨怎麼修理你。實際上，一九八五年一月二十一日，強森缺陣，喬丹對塞爾提克得到32分後承認：「我占了他缺席的便宜。」

　　而這次，一九八六年四月，喬丹躲不過了。

　　四月十七日，在NBA的傳說之地波士頓花園廣場──頭頂掛著14面冠軍旗──公牛104比123大敗給塞爾提克。但這晚的主題卻是喬丹：他打了43分鐘；他終於掙脫了牢獄；他像和時間賽跑一樣瘋狂得分，根本無視對面派來盯他的是丹尼斯‧強森、丹尼‧安吉還是賴瑞‧柏德。他扣籃，他拋射，他遠射，他轟下了49分。塞爾提克主帥K. C.瓊斯，自六十年代一路對壘過張伯倫、衛斯特、貝勒，見過無數風雲人物，到此不免感嘆：「我只能站在那兒，說，哇

嗚！直接說吧，這是場不朽的演出。」

塞爾提克替補傑瑞・西奇汀很多年後回憶說，丹尼斯・
強森——如許多人所知，一個高傲不凡的防守者——默默
洗完澡，把比賽數據單釘在牆上。他看著喬丹的49分發呆。
他最後說：「好消息是，我們贏了。麥可不會再來這麼一場
比賽了。」

可是，偉大的丹尼斯・強森，沒想到命運會這麼玩弄
他。

三天後，第二場。

公牛以奧蘭多・伍爾里奇、查爾斯・奧克利、凱利・馬
西、戴夫・科茲尼先發，對面塞爾提克則是強森、安吉、柏
德、凱文・麥克海爾、羅伯特・帕里許（後三位全是NBA
五十大球員）。公牛派奧克利對位帕里許，用科茲尼對付
擁有史上最華麗內線步伐之一的麥克海爾，伍爾里奇對付
柏德。塞爾提克則用柏德防科茲尼，麥克海爾對付伍爾里
奇——當然，那年的柏德實際擔當的角色，被比喻為美式
足球安全衛：他到處遊蕩，依靠曠世無雙的聰慧和判斷，為
塞爾提克全隊防守護航。

公牛的策略很直接：喬丹第一節就直接運球過半場，
靠科茲尼的高位掩護，電光石火，直刺塞爾提克內線。這是
他對蒙克里夫打出來的經驗：許多球隊都懂得，用高個後衛
對位喬丹簡直是拿木偶人堵野馬，所以乾脆放小個後衛，依
靠速度卡住喬丹的突破。而對付小後衛，掩護和擋拆最妙不
過。喬丹用掩護隔開強森，突破。塞爾提克的內線保護籃

框，不讓喬丹扣籃，而喬丹的策略是：近框拋射 —— 反正都是2分。科茲尼25年後總結：「我們就是全場在玩掩護擋拆！」

公牛以33比25領先第一節，第一節末丹尼‧安吉接替強森去對付喬丹。波士頓媒體後來自豪地認為，他任務做得不錯，「至少喬丹上半場只得了23分」。安吉自己後來開玩笑：「我防守喬丹的策略，只是對他犯規，然後等我犯規夠多了，就會有其他人來替我幹這苦差事啦！」上半場，公牛58比51領先。

下半場，公牛以小陣容開局，事實證明這招頗糟。塞爾提克開始追分，同時強森已經完全把其他公牛球員置之度外，面朝喬丹，只守他一人 —— 哪怕他手裡沒球 —— 同時塞爾提克其他大個子隨時注意，一旦喬丹拿球，立刻補防。賴瑞‧柏德一看見喬丹翼側拿球，就會過來對他包夾。可是喬丹依然能夠鬼影飄蕩地撕開防守，找到投籃機會。第三節喬丹得到13分，至此已得36分。第四節一開始，柏德一記三分外線讓波士頓花園廣場沸騰。比賽剩七分鐘時，公牛聲勢盡失：派克森被火鍋，安吉上籃，公牛以100比104落後。

但是喬丹發怒了。

喬丹突破，逼得NBA五十大之一的比爾‧華頓6犯退場。單挑麥克海爾，喬丹運球，下一秒就消失不見。麥克海爾轉身，看到喬丹已到底線，一記扣籃。比賽走向最後三分鐘。喬丹空降，蓋掉216公分的帕里許，在比賽剩兩分鐘時投籃得到自己第50分。公牛反超一分。

2次NBA灌籃大賽冠軍：1987, 1988。

剩27秒時，塞爾提克重新得到116比114領先。柏德右翼投失，帕里許抓到進攻籃板，喬丹忽然出現抄掉帕里許手中籃球。還剩6秒，派克森傳地板球給喬丹，喬丹造成麥克海爾犯規。他站上罰球線。波士頓花園廣場在鼓噪。喬丹出手罰球。第一球，第二球。125平，進入延長賽。

第一個延長賽結束時，喬丹得到59分。雙方戰平，第二個延長賽。喬丹享受到了前所未有的待遇：他在後場拿球時，就遭遇塞爾提克雙人包夾。剩一分半，喬丹在安吉頭頂跳投得到第61分。至此，他平了一九六二年總決賽第五場埃爾金・貝勒的NBA季後賽單場61分紀錄 —— 那還是他出生前近一年的事。

但還沒有結束。

喬丹晃過麥克海爾，面對補防的帕里許，一記短距離投籃。雙方131平。喬丹個人第63分。NBA史上季後賽最高單場得分紀錄就此易主。

隨後發生的一切通常被歷史遺忘。西奇汀跳投得分，喬丹投失，柏德助攻帕里許射中跳投，伍爾里奇一記遠射沒進宣布比賽結束。公牛經歷兩度延長，以131比135敗北。世界會談論這場比賽，全是因為23號麥可・喬丹，驚世駭俗的季後賽單場63分紀錄。

「這場比賽證明了：籃球與體育可以有多麼偉大。」25分鐘內得到10分15籃板的比爾・華頓在很多年後說：「喬丹能夠對那支如此強大的塞爾提克，打出如此表現。你知道，那支球隊能贏所有類型的比賽：速度之戰，力量之戰，

投籃之戰，防守之戰，肌肉之戰，智慧之戰。這支塞爾提克夠平衡，有深度，有天才，執教得法，有偉大領袖，由紅衣主教那樣偉大的人物執掌，還有賴瑞‧柏德這樣已成為傳奇的人。」

　　柏德，一九八六年三連霸例行賽MVP的得主，當時聯盟的王中王。對他來說，就是有個小子衝到他的王座前，完全壓倒了他的演出——那場，柏德自己得了36分12籃板8助攻，如此偉大的表現，但對比63分則黯然失色。柏德說：「他任何角度都能投籃，突破上籃。我們用了隊裡所有的人防守他。他用一個又一個匪夷所思的投籃支撐公牛。我們無法阻擋他。我們嘗試把他逼向補防，我們動用一切手段。你談論的是另一種全然不同的天才。」

　　隊友約翰‧派克森在最近距離目睹了神話。他說：「讓人恐怖的是，他之前打的比賽如此之少。波士頓把所有人所有招式都朝他而去，他們把所有防守都指向他，而他獨自面對兩個人、三個人的防守，依舊穩健投進。」

　　偉大的丹尼斯‧強森賽後平靜地說：「如你們所見，沒有人能守的住他。」

　　上一場後說「這是場不朽演出」的K. C. 瓊斯教練，這場後直接說：「我對這場，無話可說。」

　　最後，也是最著名的一句語錄，來自偉大的賴瑞‧柏德。他做了籃球史上最著名的總結之一：「今晚，是上帝假扮成了喬丹。」

　　那一晚證明了許多故事。飛翔的23號心裡，依然是那個

「不讓我幹什麼，我偏幹什麼」的北卡孩子，是那個越面對王者之師，越是被壓制，越是在低谷，越會憤怒、騰飛、摧毀一切對手的偏執狂。他的人生彷彿就是為這種閃電般的戲劇性而生的。當世界都拋棄了懸念時，只有他逆天而行，所有紛然如雨墜落的低看，都是他催動自己騰飛的燃料。

第三場，公牛回到主場，敗北。塞爾提克橫掃公牛晉級。東區準決賽，他們4比1幹掉了威金斯的老鷹隊。東區決賽，他們4比0橫掃了蒙克里夫的公鹿隊。總決賽，塞爾提克4比2幹掉歐拉朱萬 —— 同樣二年級 —— 的火箭，拿到總冠軍。麥克海爾二十年後還念道，如果上帝能給他個願望，他只希望回去一九八五～一九八六球季，再打一遍 —— 就是在如此完美的賽季中，賴瑞·柏德拿到自己第三枚戒指，第二個總決賽MVP，達到他的人生巔峰。但他的這句話，預示了一個時代：「是上帝，假扮成了喬丹。」

也許在那時，他已經看透了命運的真相。

我和我那些朋友在年少時，是道地的被寵壞的喬丹迷。我們理所當然地覺得：「喬丹就該拿得分王，沒有商量的餘地。」這種偏執，最後到了挑剔的地步，比如一九九六～一九九七球季，喬丹得到第九度得分王時，我的第一反應居然不是「他34歲了，還拿第九度得分王，真了不起」，而是「嘿，麥可，你居然沒場均拿30分」。

但在一九九七～一九九八球季，看到公牛開季6勝5

負舉步蹣跚，看到喬丹自開幕戰後到第11場才得了一場
30分 —— 公牛還輸給太陽了 —— 我們才慢慢接受一些事
實，比如：一九九七～一九九八球季，喬丹已經老了。其
他巨星到這個年紀，有轉型去當教練的，有退居二線的，
還作爲首席王牌挑戰得分王的，少之又少。但是，當公牛
對快艇之戰延長賽獲勝時、喬丹得到49分後，我們才又開
始相信了：麥可，會拿到得分王的。

　　實際上，一九九七～一九九八球季最後，喬丹的確拿
到了他個人第十個得分王，但場均只有28.7分，命中率只
有46.5%。那是第一次，我開始想這個問題：麥可‧喬丹
可能是神 —— 可能不是。好吧，他可能是一個會老去的
神，所以他可能會場均得不到30分……但他依然必須是得
分王。

第九章 飛翔

一九八六年夏天，奧蘭多‧伍爾里奇和喬治‧葛文離開了公牛。傑瑞‧克勞斯想辦法把公牛變成了一支年輕球隊：23歲的喬丹，23歲的奧卡利，26歲的約翰‧派克森，24歲的布拉德‧塞勒斯。戴夫‧科茲尼已是老將，但也不過30歲。新教練道格‧柯林斯不過35歲，是個年輕幹才，一九七三年NBA狀元，打過四屆全明星，一九八一年剛從NBA退役。前明星球員最明白：角色球員在NBA門外排隊倒貼錢想進來混口飯吃，而明星球員在NBA有多麼大的價值。

一九八六～一九八七球季開幕戰，公牛在籃球聖地紐約麥迪遜花園對陣尼克。喬丹看到了老冤家，從喬治城大學到紐約始終一張冷臉的派屈克‧尤英。公牛前三節領先，但第四節，紐約反超。柯林斯教練緊張起來，襯衫濕透：這畢竟是他第一場比賽。麥迪遜花園歡聲雷動，刺痛了喬丹。他在暫停時對柯林斯說：「教練，我不會讓你輸掉你的第一場比賽的。」

那個偏執的、好樹敵的年輕人又爆發了。喬丹憤怒到化為火焰，浮在麥迪遜球迷的狂歡聲中，包攬全隊31分中的21分，包括全隊最後11分，全場50分。麥迪遜花園歷史悠久，從未被任何對手砍得這樣狼狽。賽後，紐約人理所當然

問到了他那翼手龍滑翔於雲端之上般的彈跳力。喬丹搖頭。

「我從沒量過自己的彈跳。有時我也思考自己能跳多高。我跳得高時，總喜歡張開雙腿，好像，嗯，可以更晚一些著地……對紐約這場，我最後一記扣籃時，我覺得眼睛齊平了籃框。以前我扣籃是手腕劈上籃框，但這回，是我的肘子以上過了框。」老爸詹姆斯‧喬丹，從北卡特地到麥迪遜花園看這場比賽。在眾聲喧嚷中，爸爸問他：「你究竟是浮在觀眾之上打球，還是在地板上？」

「我一直浮在觀眾頭頂打球。」喬丹說。

第二天，他繼續浮在天空。公牛造訪克里夫蘭，喬丹第一次遇到朗‧哈潑：一九八六年第八順位新秀，騎士的4號，選秀時被譽為「很像喬丹」。他和喬丹身高、打法都相似，但喬丹最不喜歡有人像他。哈潑全場23投10中23分5籃板4助攻，作為職業生涯第二場的新秀，堪稱優秀發揮——可是喬丹得了41分，包括最後8分，公牛94比89解決掉了騎士。兩天後，公牛新賽季主場開幕戰對陣馬刺，他前三節18分，第四節16分，全場34分。之後對底特律活塞，他只得了33分。敗給微笑刺客實在太讓人憤怒了，於是第二天他對鳳凰城太陽隊轟了39分。

當他如此行雲流水地刷滿數據時，世界已經對數據麻木了。世界感嘆他的滑翔扣籃，感嘆他在空中變換一次、兩次甚至三次的動作，感嘆他可以單手抓球像拿蘋果哄小孩般戲耍對手，感嘆他可以有華麗的轉身、在空中騰挪過三個人。他總是在扣籃時伸舌頭？喬丹於是還得解釋：「我爸幹活時

習慣伸舌頭，我遺傳了這個。史密斯教練要我別這麼幹，但這可真的改不了……」然後他警覺起來：「孩子們可千萬別學，會咬傷舌頭的！」

他談到他的北卡短褲，談到他喜歡短褲下襬更長一些，這樣疲倦時可以彎腰揪住短褲下沿喘氣。他的鞋子把全世界染成紅色。他的一切都在被模仿。公牛總經理傑瑞‧克勞斯說：「他身上有許多埃爾金‧貝勒，還有許多厄爾‧孟洛……貝勒有那種飛騰能力和緊張度，而沒人比孟洛更能讓觀眾歡樂了。」

埃爾金‧貝勒，六○年代和衛斯特一起支撐湖人的名將，史上最能得分的前鋒之一。職業生涯場均27.4分，在一九八六年，這是歷史第二的效率，僅次於張伯倫。在一九八六年四月二十日，喬丹得到63分前，他保持著NBA季後賽（也是總決賽）單場61分的紀錄。

「珍珠」厄爾‧孟洛，NBA史上最優美的舞蹈家之一。191公分的後衛，他像上帝捏造的橡皮一樣，柔軟，帶有舞蹈家那樣的細膩彈性。胯下運球、背後運球、突破收球之後的趁勢欺進。他是NBA第一個如此放肆地面對對手，做體前換手運球的球員。大幅度搖擺，然後用半轉身的假動作誘惑你，須臾立刻衝向另一邊，就像一個黑色圓球。他在任何地方都可以後轉身，半場、罰球線、底線、禁區。一九七一年他自己說：「連我自己都不知道下一個假動作或轉身是啥……當然，對手就更不知道了。」所以，沃爾特‧弗雷澤，紐約史上最偉大組織後衛、和傑瑞‧衛斯特大戰三

次總決賽的防守大師，在和孟洛成為隊友前曾如此說：「孟洛就是個惡夢！我最不願意防守他！他不僅會在你面前得分，還會耍你，讓觀眾覺得你是個傻瓜！」

爆發力、速度、迅疾、輕靈、柔滑、細膩，加上飛翔。麥可‧喬丹在改變籃球哲學。在他之前，籃球是一項畫地為牢的運動。教練們在2D的戰術板上描繪線條，把球員當棋子用。當喬丹出現時，世界的茫然，正像人類用高牆四面圍堵一隻飛鳥，卻發現他展翅飛走了。他把籃球變成了立體3D的故事。喬丹起跳，在空中決定如何騰挪。正常的籃球教練總是告訴球員：起跳之前，先想好做什麼。而喬丹則說：「我起跳前，完全沒有計劃……我做的那些動作，之前都沒有練習過。我只是隨機應變。」

連他都不知道自己下一秒會飛向何處——對手當然更不知道了。

一九八六年十一月十四日，對波士頓，喬丹又得了48分。一週後，他面對尼克又轟下了40分，第四節他包攬了球隊最後18分，NBA紀錄。這場比賽，紐約的傑拉德‧威金斯——多明尼克‧威金斯的表親——第一次試圖挑戰喬丹。最後33秒，他兩次得分，兩次為紐約扳平比分。喬丹生氣了，在最後一秒，他一記20尺跳投，101比99絕殺了紐約尼克。

隨後是十一月二十八日，他開始了一段漫長旅途。對洛杉磯，魔術強森30分9助攻，老大哥渥錫27分。無敵的湖人隊前三節就領先公牛17分。喬丹大怒，第四節發威，公牛第

四節追襲10分，但終究力不能及。喬丹全場41分10籃板。第二天，轉戰金州，喬丹40分，但球隊背靠背出賽體力不佳，再敗。十二月二日在西雅圖，喬丹打滿全場40分，球隊獲勝。一天後公牛再戰鹽湖城，喬丹45分。兩天後，在鳳凰城，喬丹43分。再隔天，聖安東尼奧，喬丹43分。十二月九日公牛終於回主場戰金塊隊，喬丹40分。十二月十日去亞特蘭大，喬丹抖擻精神41分，但對面威金斯更霸道：57分。兩天後，密爾瓦基，喬丹41分。

在兩星期裡，公牛打了9場比賽，包括8個客場，4次背靠背比賽。如此密集賽程下，喬丹完成了連續9場得分超過40分。

一九八七年二月，他第二次出戰全明星賽，在西雅圖。更讓他快樂的是，可恨的以撒·湯瑪斯落選了全明星賽先發，只好在替補板凳上朝喬丹乾瞪眼……很多年後，這會被公認為史上最偉大的全明星賽之一：J博士的全明星告別戰並得到22分；摩西·馬龍得到27分18籃板；微笑刺客16分9助攻；魔術強森13次助攻；羅奈爾德·布萊克曼29分；比賽最後時刻，西雅圖本土明星錢伯斯完成經典罰球，全場34分攬得全明星賽MVP。但重要的故事是：這一屆全明星賽，三年級的喬丹是東區先發，而西區先發則是同年入行的大夢歐拉朱萬。加上東區替補的查爾斯·巴克利，三年級的一九八四年明星在這裡相遇了。

全明星賽前一天，喬丹參加了灌籃大賽。崔斯勒——這時他已經叫響了「滑翔機」的綽號——再次和他會面。

NBA歷史上總得分排行榜第三：32292分。

首輪，喬丹扣得一般：一記低難度扣籃，滿分50只得41分，一記彈地砸球接扣到第二次才完成，勉強進準決賽。但是，準決賽第一扣，喬丹退到了另一側籃框下，開始做長途助跑。觀眾明白：他們看過類似例子，只有一九七六年灌籃大賽，J博士完成的那記罰球線起跳扣籃。鼓噪聲中，喬丹踏到罰球線，起跳，橫空淩越，在空中做出經典的滑翔，扣中，49分。第二扣，喬丹右側籃下起跳，大手持球，在空中轉體騰挪180度，目視籃框，一個風車扣，再次49分。第三扣，喬丹從左側起跳，雙手持球，身體傾斜幾乎與地板平行。他飛成了一條橫線，直接切向籃框，好像一記重重的親吻——「親吻籃框」，50分。決賽，「親吻籃框」再次奏效。喬丹拿到了灌籃王。

對他來說，這是尊不輕不重的冠冕。輕，因為這畢竟是個半遊戲性質的玩鬧雜耍；重，因為他的飛翔和扣籃，得到了一個半官方的認定。一九八七年，J博士已宣布夏天要退役，而喬丹此時用一記罰球線扣籃為他送行，無疑是完美的交接。當然，唯一的遺憾是：一九八七年灌籃大賽，「人類電影精華」多明尼克·威金斯沒來參加。

進入一九八七年後，喬丹不太滿足於得40分了。一月八日，滑翔機隨拓荒者來訪芝加哥，媒體又習慣性聊起了「一九八四年拓荒者放棄了喬丹選了鮑威」的往事。喬丹，很自然地，被激發了殺戮之氣。開場就以跳投和抄截上籃讓拓荒者措手不及，早早點燃觀眾，然後是左翼跳投，再搶到進攻籃板劈裂拓荒者防守上籃得手。包夾中翻身上籃完成三

分打，下次就換個花樣翻身跳投。右翼接球後繞過三個人直撲籃下低手上籃造成犯規，讓柯林斯教練跳起身來大力鼓掌。切出跳投，弱側禁區邊接球起跳，空中自如地轉了圈手臂再輕盈投中。滑翔機表現出色得了27分，但喬丹得了53分。他拒絕休息，全場打了43分鐘。最後關鍵時刻，拓荒者照例採取雙人包夾：喬丹直接把防守他的柯西和滑翔機都打到犯規纏身，一個人完全無法阻擋他。面對包夾，喬丹連續助攻了三次：塞勒斯、派克森和奧卡利分別得手，鎖定勝局。

拓荒者教練麥克‧舒勒賽後理所當然被追問了，他只好回答：「喬丹在場上，隨時都在製造麻煩。全聯盟都在想辦法防守他。你問我怎麼守他最好？──柯林斯教練把他換下場去的時候！」

二月二十六日，紐澤西籃網來芝加哥打球，又一次成了犧牲品──或者說，試驗品。喬丹玩了左翼跳投，玩了左翼步伐晃動後翻身跳投，玩了右翼滯空跳投，玩了許多次抄截快攻──這場比賽，奧卡利有7次助攻，大半是抓了籃板後想都不想直甩前場。喬丹玩了快攻中後轉身跳投，玩了一記急停後仰投籃，玩了右翼空切後接球揚手假動作騙得兩個籃網隊球員起跳，然後蜻蜓點水地上籃。下半場，一次快攻中，他伸長舌頭，把灌籃大賽的「親吻籃框」玩到了現實比賽裡。他用一記招牌的「起跳，身上掛著206公分的班‧柯爾曼，滯空，拋球，得分，加罰」結束了比賽，全場25投16中27罰26中，58分。

　　他學會了利用對手的恐懼。他知道自己的假動作有多大威力。全聯盟都害怕他，他舉手投足都能讓對手杯弓蛇影。他不再需要每次都起飛了，只要他略振翅膀，對手就會紛紛潰散。

　　三月四日，公牛去底特律比賽。又看見了微笑刺客。又看見NBA史上首席壞孩子比爾‧蘭比爾了。二年級後衛喬‧杜馬斯也打上先發了。活塞第二輪選進的新人10號丹尼斯‧羅德曼則在板凳上盯著喬丹看。這些漫長恩怨是將來的事，當晚，喬丹只是想讓微笑刺客難堪。

　　滯空上籃得分。低位晃肩把對手嚇得飛起後輕鬆上籃。投籃假動作晃飛一個對手後上籃。罰球線出手命中。扣籃兼造成犯規讓比爾‧蘭比爾生氣地捶球。突破、空中晃過四條胳膊的追襲、從籃框另一邊左手上籃。右翼起跳懸在空中、低頭、繞過微笑刺客的胳膊再投籃得手。被喬‧杜馬斯拉住，空中側身、調整、擺好投籃姿勢，出手。比賽剩14秒時射中關鍵一球。全場他39投22中，61分。個人例行賽最高分。這年稍後，他承認這是他個人最愛的一場比賽。

　　「因為我們贏了。因為我在最後時刻去換防了阿德里安‧丹特利。」

　　阿德里安‧丹特利，這場得了32分。事實上，他是歷史上最好的得分機器之一。閃電第一步，招牌的晃腦袋假動作，試探步，投籃假動作，精準命中，全方位得分機器。他職業生涯獲得兩次得分王，包括連續四個賽季場均得分超過30分。而喬丹防守他的成果是：「我抄到了三次球，而且在

我防守他期間他連一次投籃都沒進。這是防守的勝利。」

賽季尾聲，他再次讓全聯盟顫抖了。四月十二日對溜馬，他用了一種更聰慧精緻的打法。比如，開場面對包夾，他就助攻派克森投籃。他左翼切出後乾淨地跳投得分；他在翼側面對包夾時聰明分球；他抄截後急奔前場扣籃；他原地持球後做完晃球假動作後直接跳投；他切出到罰球線後直接跳投；就這樣一個接一個的跳投，夾雜以若干匪夷所思的快攻扣籃，他以恐怖的27投19中高效率得到53分。

他很早就明白，全聯盟都忌憚他的速度，所以用小個子防守他，試圖跟上他的腳步。一九八六年的63分大戰，他是用無數掩護牆擋住對方小個子來突破；而一九八七年，他已經學聰明了。對拓荒者53分那戰，他的跳投無比犀利。因為他知道：「對手都後退一步，因為他們忌憚我的第一步突破。」

而他，一直在努力圓熟著自己的跳投。

第二天，面對密爾瓦基。喬丹連續第二晚得到超過50分，31投16中22罰18中50分。老對手蒙克里夫大傷後，只能坐在板凳上看他胡作非為。賽後，公鹿主帥、NBA史上最熱情奔放胸襟坦蕩的教練之一唐‧尼爾森，把他著名的魚形領帶呼啦一聲扯下來，刷刷寫上「偉大的賽季，偉大的人」，然後遞送給喬丹。三天後對老鷹隊，喬丹再次61分。至此，繼前半季連續9場超過40分後，他又完成了連續三場超過50分。

一九八六～一九八七球季例行賽結束時，喬丹打滿82

場，場均37.1分成爲得分王——實際上，單季場均37.1分在整個NBA歷史上是第五高，而前四名，都是張伯倫在喬丹出生前的六〇年代初創造的。與此同時，喬丹單賽季得到3041分，歷史第三高。至於他全季出賽3281分鐘聯盟第一、罰球972次罰中833次、投籃2279次投中1098次這些聯盟第一，或是差點成爲抄截王，都已經沒有那麼可怕了。

　　他被選進了NBA年度第一陣容（並且從此霸佔此位置）；雖然公牛只有40勝42負，但例行賽MVP的選票榜，喬丹排到第二。當年例行賽MVP被魔術強森拿走——湖人65勝，魔術強森職業生涯最好的場均24分6籃板12助攻演出。

　　季後賽，公牛再次遭遇塞爾提克。這一次，丹尼斯‧強森和他的隊友們不會再讓喬丹爲所欲爲了。喬丹三場比賽平均36分，但無力回天。公牛三敗被淘汰。

　　但對他來說，這依然是一個成功的賽季：第一個得分王，而且是如此歷史級的表現。自從一九八六年那場63分後，他已成爲全美偶像，而這個賽季則繼續奠定他的偉大。對自己的票房號召力，喬丹甚爲明白：「客場球迷買票進場，是希望看到我得50分，然後他們的主隊贏球。」

　　他已經被聯盟公認爲當代最強——也可能是史上最強——的個人攻擊手，所以他在一九八七年夏，開始在意些別的。跳投、傳球、防守。一九八六～一九八七球季，他有一個被低估的資料：世界只注意到他場均37分，忽略了他有236次抄截和125次阻攻——NBA歷史上第一次有人單季

NBA歷史上平均得分排行榜第一：30.1分。

做到200抄截＋100阻攻，忽略了他關鍵時刻封殺丹特利的表現。

公牛隊史最偉大的防守者、被退役的4號球衣傑瑞‧史隆，這時還在猶他爵士做助理教練。作為七〇年代最好的防守者之一，他認為，「喬丹並不把你招到死，但他太快了。他可以防守任何人」。國王隊助教傑瑞‧雷諾茲認為：「問題是，每次你看到喬丹，總覺得他會做點什麼別的。比如你先去看威金斯和滑翔機，覺得他們和喬丹一樣棒；然後你再去看喬丹，你會說，唉，比不上喬丹……」

雷諾茲頓了頓，說：「如果你整晚只用一個人防守喬丹，他會每場給你60分。其他人當然也能呈獻華麗演出，但喬丹在另一個級別獨舞。如果他專注於防守，他就是個偉大的防守者，不輸於聯盟任何一人。如果他每場的進攻任務只需要得15分，他就能省出體力成為聯盟最好防守者。」

最後，是偉大人物的親自總結。一九八六年，柏德包攬例行賽MVP、東區冠軍和總決賽MVP，封王天下，於是他那句「上帝假扮成喬丹」顯得如此擲地有聲。一九八七年，魔術強森拿到了例行賽MVP、西區冠軍和總決賽MVP，在和柏德漫長的對決中勝出一籌後，他如此總結：「人人都說這是我和柏德對壘。事實上，NBA只分為麥可，以及其他人。」

實際上，魔術強森少算了一件事。一九八六～一九八七球季，入選NBA第一陣容的除了喬丹，還有大夢歐拉朱萬：他取代天勾，成了天下第一中鋒。而查爾斯‧巴克利以場均

14.6籃板（以及驚人的23分），加上天知道是否準確的198公分身高，成為史上最矮的籃板王，入選聯盟第二隊。

換句話說，聯盟最強前兩陣容的十個球員，有三個是來自一九八四屆的三年級生。

回到一九八六年十一月，喬丹坐在世界談論之聲的中心，微笑。「我也許永遠都不會長大。我不喜歡人們叫我『喬丹先生』什麼的。我想永遠年輕。所以我還保留著一點小男孩髮型。我臉上只有一點小鬍子，一點，不過，嗯，那可花了23年才長起來。」

很多年後，世界會注意到，那時他剛取得了一個偉大勝利。他說服了公牛的兩個傑瑞，別阻撓他的「熱愛比賽條款」——這樣，在夏天，他也可以打球。在Nike和NBA眼裡，他手腳的價值都已達上億美元，但他還是願意在夏天，在那些不是用來賺錢的場合冒險。就像他打牌、打桌球一樣，他隨時都想贏。兩個傑瑞的阻撓，只會讓他更想贏。

那種對少年時期的留戀，不斷渴求勝利和安全感的渴望，是支撐他不斷飛翔的雙翼。

　　最初，我並不知道喬丹的敵人是誰。在九〇年代的漫長歲月裡，我先相信查爾斯‧巴克利是他的敵人，後來發現他倆是朋友；然後是蓋瑞‧裴頓，以及卡爾‧馬龍，最後咬定是派屈克‧尤英……直到我開始明白，場上的對手與私交是兩回事，而喬丹確實曾經有過一個長期對手。他

有一個非常動人的綽號，「微笑刺客」——嗯，聽上去非常、非常、非常酷。

或者說，這是他真正的、有形的對手。而在他的一九九七～一九九八球季，他在重新征服自己已經征服過的世界時，我總是願意相信媒體的一句套話：「麥可‧喬丹唯一的對手，只有他自己。」

也許到最後，這句話才是真理。

事實上，一九九七～一九九八球季，公牛前11戰6勝5負，前15戰8勝7負。一九九七年冬天，我的信仰開始動搖：也許芝加哥公牛無法拿到冠軍了？——唯一支持我信仰的，是這個信念：史考提‧皮朋還沒有出來。一旦他出來了，公牛會重新無敵於天下的。

當然，直到後來，我才知道皮朋遲遲不為公牛出賽的背後，有多少旋渦：一九九七年，喬丹的薪水是3000萬美元，皮朋不到喬丹的1/10；而一九九七年六月二十四日，公牛總經理傑瑞‧克勞斯打算把他交易掉。他甚至沒問過教練菲爾‧傑克森，就下了決定。交易最後沒能實行——公牛的老闆雷恩斯多夫希望保持比賽的勝率，所以對《芝加哥論壇報》說，「我們得保住公牛的主力陣容，爭奪第六個總冠軍」，但那時，皮朋已經被激怒了。喬丹則在給菲爾‧傑克森的電話裡說：「我們被出賣了。」

是的，皮朋和菲爾‧傑克森，都是喬丹的盟友，而喬

丹最後的、最大的敵人，也許是芝加哥公牛的管理階層。
這場看不見的戰爭，才是一九九七～一九九八球季，芝加
哥公牛的真正難題。

第十章　敵友

　　一九八七年夏天，喬丹在全世界的廣告裡神出鬼沒。他穿Nike鞋。他大口吃麥當勞，喝著可口可樂。他開著雪佛蘭車，手裡把玩著籃球。他好像能把白宮搬到北卡、把帝國大廈舉到芝加哥，然後滿天亂飛⋯⋯而真實的那個他在聖地亞哥、匹茲堡、夏洛特到處溜達，Nike把他的每次出場都當成天神降臨。當然，有人不樂意。

　　「得了吧，現實點。穿Air Jordan籃球鞋的小孩可不會真的變成麥可・喬丹。」

　　「的確不會。」喬丹回答，「但他們會有優勢。我告訴他們：別嘗試著像我，要嘗試比我好 —— 那是他們的目標。」

　　事實上，世上已經有了兩個麥可・喬丹。一個在一九八二年春天六萬現場球迷和全國電視觀眾眼前射中了絕殺球，然後一路飛進了NBA，對塞爾提克時彷彿上帝降臨人間得到63分，然後拿到得分王。他一邊做到這些，一邊像一個理想的美國青年一樣，喝可口可樂、吃麥當勞、坐雪佛蘭車、微笑，彷彿一切都如此隨心所欲。

　　而另一個他，在七〇年代的北卡，揮汗如雨地訓練。在一九八二年的北卡，他揮汗如雨地訓練。在一九八七年的夏天，他依舊揮汗如雨地訓練。他像隻大象一樣，永遠不會忘

記那些讓他痛苦的名字。所有的自如飛翔，都來自於這些瘋狂訓練。而事實上，世界見到的通常是第一個喬丹——就是第一個喬丹，掛著金項鏈、身披Nike，讓微笑刺客覺得他藐視比賽。

事實上，他的確沒有那麼多朋友。

遠在一九八四年夏，一支職業球員混合隊和喬丹的奧運代表隊進行訓練賽。熱身時，一個球滾到了柏德——那年剛拿到自己第一個例行賽MVP和第二個冠軍——腳邊。喬丹走過去，以為柏德會把球交給他。而柏德用一個動作展示了他的傲慢：他把球一腳踢飛。他的潛臺詞很明白，「歡迎來到我的世界，這就是我處理的方式」。

喬丹如此總結：「柏德在告訴我，現在是真正的鬥爭。我沒有忘記。」

實際上，哪怕到了一九八七年，哪怕柏德已經公開讚美過「上帝假扮成了喬丹」，他還是對喬丹的比賽風格頗有微詞。作為和魔術強森並列史上最聰明球員的他公開說，「我不喜歡看到同一個球員投每個球。籃球不該是這樣的。」喬丹則回答：「我身邊並沒有一堆明星級別的偉大隊友。魔術強森身邊有天勾和渥錫，柏德身邊有丹尼斯‧強森和麥克海爾。」

而魔術強森的思考方式，則是另一種。

雖然他說過「NBA只分為麥可，以及，其他人」，但一九八七年成為天下第一人的魔術強森，和喬丹並不友好。眾所周知，他和微笑刺客是好朋友——那種賽前會互相親

吻的好關係。許多人謠傳，一九八五年全明星賽，微笑刺客
蓄意「凍結喬丹」那一戰，魔術強森有參與。喬丹並沒把微
笑刺客事後的道歉當回事，「道歉更像是場表演」。至於魔
術強森？喬丹更沒看法：「我不想針對魔術強森。我只能
猜，他單純不喜歡北卡來的球員。」

　　可能的確如此。魔術強森和刺客交好，也包括微笑刺
客的哥兒們馬克‧阿奎利。有報導說，魔術強森試圖促成阿
奎利和喬丹的北卡老大哥渥錫交換 —— 當然，魔術強森自
己否認了這事。喬丹的看法是：「對魔術師來說，渥錫太強
了。」

　　然後，他拒絕了魔術強森發起的一次慈善明星賽。他和
魔術強森的不和開始擺上臺面了。

　　至於微笑刺客與喬丹的不和，則透過各類細節逐漸
放大。紀錄片《天堂是個球場》的製片來跟喬丹談請他出
演，開價5萬美元。經紀人回答：「拿筆六位數的美元來再
說。」製片惱火了：「微笑刺客只要5萬就搞定了。」「好
啊！那你們去請微笑刺客吧！」 —— 最後，喬丹談下來的
價碼是40萬美元。

　　你可以想像微笑刺客知道這一切時，是何種心情。

　　在喬丹眼裡，公牛當家的兩個傑瑞，當然也是他的敵
人。他們曾試圖讓他打不了比賽。他們發現喬丹已經無法控
制，於是越發想控制他。一九八六年，喬丹想要公牛選擇杜
克大學的強尼‧霍金斯做隊友，而公牛找來了布拉德‧塞勒
斯。甚至在一開始，他還覺得道格‧柯林斯教練到任，也是

兩個傑瑞派來刺探控制他的。他給愛吃甜甜圈的傑瑞‧克勞斯起了個綽號：麵包屑。

也許在這支公牛裡，他真心信賴的朋友只有查爾斯‧奧卡利。一條魯直的鐵漢。一個23歲就長了63歲煤礦工人老臉的內線，一九八六～一九八七球季籃板聯盟第二，而且他是喬丹的完美保鏢。當聯盟其他隊心想「給喬丹來那麼一下，他今晚就別想飛了」時，奧卡利就準時展現出那副青面獠牙，擺出一身鋼筋鐵骨，嚇退眾人。一九八七年夏，喬丹指望傑瑞‧克勞斯能把他的北卡舊友喬‧伍爾夫和肯尼‧史密斯搞來，結果克勞斯再次讓喬丹失望了：他搞來了一個阿肯色州青年。喬丹生氣了：「我和『麵包屑』……得保持距離！」

但是，喬丹不知道，這個阿肯色來的叫做史考提‧皮朋的青年，會在多年之後，與他成就一段傳奇的奇怪友誼。

史考提‧皮朋生於一九六五年，小喬丹兩歲。南部鄉村出身，家境貧寒，上面還有十二個哥哥。美國南方的種族歧視比北方殘忍，老皮朋只能在造紙廠拼死工作。然後在史考提高二時，老爸中風癱瘓。到高中三年級，史考提還只是個175公分、腿細如鉛筆的孩子，只能負責給球隊看守毛巾。

那時他最遠大的理想是：成為一家造紙廠廠長，再有輛二層房車——完美！

高三時他才加入籃球隊，瘦到一陣風起就會被吹走。他打控球後衛，表現一般。高中畢業時沒有大學給他籃球獎學金。最後，阿肯色中部大學問他肯不肯去，他覺得天上掉下

來禮物了：皮朋一家終於有人能上大學了！

　　他大一時根本沒考慮過NBA。校隊兩個球員受傷，他才幸運地加入球隊。他決心讀完大學，找份工作，給家裡寄點錢。之後上帝眷顧了他：大二的他比高中時長高了15公分，多了36公斤體重。201公分，99公斤。

　　一切都變了。

　　他有後衛出身的技巧、速度和靈活，但他有了大個子。他開始打得有自信了。大三時，他場均23分。傑瑞‧克勞斯動了心，派助理比利‧麥金尼去了阿肯色。麥金尼帶回的評價是：手臂伸展長，跑得快，大手。唯一的疑問：皮朋是否能接受NBA級別的壓力？

　　克勞斯猶豫時，皮朋完成了大四賽季，場均24分10籃板4助攻，命中率是恐怖的59%，每場還有3個抄截。每到一個訓練營，他就讓所有人震驚。皮朋很清楚：上帝給他開了命運之窗，但只開了一點點。他可以擺脫貧窮，還可能完成他的理想——一個造紙廠！

　　一九八七年選秀大會，傑瑞‧克勞斯和西雅圖談妥了。西雅圖第五順位選擇皮朋，然後拿來交換公牛第八順位選中的奧爾登‧波洛尼斯。連皮朋自己都震驚了：如此高的順位被選中？

　　喬丹更震驚：「麵包屑」選的這個人是誰？根本沒聽過！

　　皮朋接受了公牛的33號球衣。皮朋簽了一份六年510萬美元的合約。皮朋的媽媽在一九八七年夏天承認，這孩子當

初並不是特別愛打籃球。他如今簽這份複數年合約，是爲了保障之後的人生。皮朋把大多數薪水寄回來，剩下的小心翼翼存進銀行。他是百萬富翁了，他看中了一輛保時捷，但他不敢買。他窮怕了。

首次參加公牛訓練時，皮朋主動要求去防守喬丹。就像一個剛進軍隊、被老兵們挑剔懷疑的小子，決定獨自去打一頭猛虎。他得證明自己配得起第五順位選秀權。第一次訓練後，皮朋這麼說：「麥可沒在其他人身上完成的事……在我身上也沒完成嘛。」

一點試圖壓制驕矜之意的謙虛，一點試圖獲得認同感的炫耀。33號史考提‧皮朋與23號麥可‧喬丹並肩作戰的歲月開始了。

一九八七年選秀會，公牛的第二收穫是排第十順位的大前鋒賀瑞斯‧格蘭特。這條大漢生在喬治亞州，在克萊姆森大學讀了四年。在他之前，這大學一共出過四個NBA球員，兩個是鐵錚錚的防守硬漢：大樹羅林斯和一九八四年成爲灌籃王的賴瑞‧南斯。格蘭特到大四才打響名聲，場均21分9.6籃板，能傳球，會控制犯規，有208公分的身高和極好的骨架，但總有球探認爲他「不太成熟」—— 對一個讀到大四的內線來說，這可不是什麼好消息。公牛選了他，是因爲奧卡利需要個替補，而且指望他能打替補中鋒。

最後一個新來者，比較不那麼引人注意：公牛多了個助理教練，42歲的菲爾‧傑克森。當時誰能想到，這個在NBA邊緣混跡多年、終於在NBA謀到份工作的瘦長教練，

會在此後二十年間統治NBA呢？

他出生在一九四五年九月，二戰結束的秋天。那時歐洲固然是一片廢墟，美國卻樂得恢復日常生活的秩序。查爾斯和伊莉莎白夫婦，在這年秋天有了個叫做菲爾的兒子，以繼承傑克森的姓氏。在蒙大拿，恪守教義至今仍是美德，何況這對夫婦在福音教會任職，父親甚至是一個教會監督員。菲爾·傑克森與他的兩個兄弟以及妹妹一起，在嚴謹的父母、不斷默誦的教義、嚴格準時的祈禱聲中長大。

父母深知聲色犬馬的壞處，生怕孩子們與二戰歸來、身心疲憊的大兵們同流合汙，於是嚴格控制著一切。蒙大拿多雲的天色下，菲爾·傑克森度過了自己的童年——猶如中世紀宗教畫一樣晦暗的色調，沒有電影、沒有電視、沒有舞會。少年的生活比寡婦更沉悶。於是，當他去北達科他州的威利斯頓高中讀書時，這個毛髮旺盛、雙臂奇長的青年才第一次在聲光變幻的電影院中看到電影，第一次——羞澀地——參加了舞會。在此之前，和所有教會家庭的孩子一樣，讀書佔據了他生活的大部分時光。

高中時，菲爾骨瘦如柴，和所有憋壞了的美國年輕人一樣，多餘精力無處發洩，棒球場、田徑場、籃球場到處鑽。入了北達科他大學後，運氣頗佳，遇上了比爾·費奇——八〇年代，此人和賴瑞·柏德一起為塞爾提克攢下過幾尊冠軍——於是獲得了很好的調教。20歲，菲爾長到了203公分身高，胳膊長如猿猴。靠著這點天賦，在大學裡很是風光。離開了父母，青年叛逆情緒一犯，就開始跟隨潮流：留起大

鬍子，學騎摩托車，假模假樣地找小酒吧喝酒抽菸。對於一九六七年的NBA而言，這些都不算什麼大事。費奇對菲爾鍾愛有加，到處跑腿向球探介紹菲爾。介紹方式如下：

他指揮菲爾坐在一九五〇年產的別克轎車後座，兩手向兩邊伸展，同時開車門——「看，他胳膊就這麼長。」

一九六七年大學畢業，菲爾被紐約尼克選中。紐約的老大雷德・霍爾茲曼，六〇年代除了紅衣主教和禿鷲漢娜姆外首屈一指的人物，論起獨斷專橫來不遜色於前兩位，在球隊理念上又格外偏執。霍爾茲曼信奉防守立隊的方針，招來一群鐵匠，把麥迪遜花園鑄成一座堅城。菲爾不是天才籃球手，但他有長臂，有在那個時代不算差的身高，還有一身橫練筋骨，不怕死的勁頭。霍爾茲曼熱愛這種氣質：他重用的人物是嘴裡垃圾話不停、蓋瑞・裴頓的前世沃爾特・弗雷澤，是瘸著腿上陣打總決賽力抗張伯倫的威利斯・瑞德，是NBA歷史上最不屈的硬漢德布歇。菲爾・傑克森愣頭愣腦，舞起胳膊如壯漢弄棒，正符合紐約風格。於是，他在紐約站住了腳，身披18號，在板凳上觀看比賽，一待召喚便生龍活虎蹦上場去，與數條比他壯碩的大漢互相推擠。這種不要命的精神為他謀得了飯碗，但也早早損害了他的健康。一九六九～一九七〇球季，25歲的他躺在病床接受脊柱手術，眼睜睜看著尼克打出隊史最偉大的一季，撂倒湖人摘下總冠軍——當然，他也沒閒著。這一年養傷時光他編制了一本尼克奪冠圖集，記錄了奪冠的歷程——從他之後的故事來看，這些圖片編輯成書籍的勾當，只是牛刀小試。

NBA歷史上總罰球數排行榜第四：7227個。

　　重歸尼克隊後，他繼續不遺餘力地為紐約觀眾提供具有視覺衝擊力的場景：飛身魚躍救球、衝撞、蹦跳、貼身防守、兇猛的犯規。每場比賽前飛駕自行車或摩托車氣勢洶洶殺入球館，與弗雷澤一起留蓬勃的大鬍子，嗑藥喝酒，離經叛道地信奉禪宗，不亦樂乎。他趕著時代潮流，成了一個道地嬉皮。這一切的叛逆行為，似乎是為了彌補在那沉重的宗教氣氛中度過的少年時光。一九七三年，他隨著紐約拿到了一枚總冠軍戒指。身著18號的他熱情地跟防每個湖人隊員，從比他矮半個頭的17號派特‧萊里──當時顯然沒多少人能料到，這兩個毛茸茸的傢伙會在日後成為所處時代最偉大的兩名教練──到比他高半個頭的威爾頓‧張伯倫。

　　懷著這寶貴的戒指，他退役了，那是一九八○年。他跑去做了一年評論員，但那顯然不合乎他的個性──這個宗教家庭出來的小子身體裡有無窮無盡的過剩精力。一九八二年，他去CBA聯盟當了教練，如此玩了五年，略有小成。早在一九八五年，傑瑞‧克勞斯就想讓他來公牛當助教，當時的主帥史坦‧阿爾貝克抬眼一看：這廝鬚髮蓬亂，頭戴一頂巴拿馬草帽，帽上一根羽毛，身穿一件花俏運動衫──這什麼呀，走！到一九八七年，他才終於到來。菲爾‧傑克森自己承認，催促他當教練的是紐約的雷德‧霍爾茲曼老爺子──七○年代為紐約拿下隊史僅有的兩個戒指那位。霍爾茲曼很追根溯源：「籃球有啥麻煩的，又不是火箭科技。進攻時找空檔隊友，防守時盯著球，就可以了。」所以很簡單，菲爾在意的是球員，是人心。

　　傑瑞・克勞斯最初安插傑克森的想法很簡單：菲爾，我給了你份工作，你得站在我這邊。你在隊裡，要經常給我控制場面啊——比如那個23號，他經常叫我「麵包屑」！

　　當然，此後禍福，遠非克勞斯所能料及。

　　對我來說，喬丹和J博士是一類人，有別於其他扣籃手。對其他扣籃手來說，重要的是起飛的結果；而對他們倆來說，重要的是飛行的過程。他們也許不是最好的扣籃手，但他們心有靈犀：罰球線起飛開始，到扣籃結束，他們考慮的不是花樣，而是如何在球進框之前，讓自己在天上飛久一點，更久一點……那段時光被我們用攝影器材錄下來，然後無限延長。於是就成為了記憶中的飛翔。因此，後兩者的慢動作往往更美。你盡可以忘記他們的扣籃，把他們定義為「飛翔者」。

第十一章　飛翔的對決

　　芝加哥公牛的一九八七～一九八八球季開始了，芝加哥公牛繼續扮演夢劇場的角色。他們有可以飛的超級巨星（喬丹），有滿臉橫肉嚼碎鋼鐵的機械怪物（奧卡利），有一個尚待檢驗但身段出色的年輕人（皮朋），而且他們年輕，他們愛笑愛鬧，他們可以讓比賽變成——雖然老派球迷未必會喜歡——華麗的雜耍場。道格‧柯林斯只有一點奈何不了喬丹：「他不喜歡賽前出來熱身投籃。他認為自己得新鮮活跳地上場。」

　　一九八七年十一月，賽季開始。第一戰對費城76人，沒有了J博士，這裡已是查爾斯‧巴克利的天下。喬丹25投15中拿到36分，奧卡利添上12分21籃板，巴克利則回敬34分10籃板7助攻。皮朋在他的第一場比賽裡發揮一般：4次罰球中了2次；助攻了4次但也失誤了4次。他又犯了高中時的怯場：他敢在訓練中挑戰喬丹，但真正的NBA賽場，迅速、兇猛，大家都像在玩賽車一樣快，他有些發愣。

　　這場比賽喬丹最可怕的並非得分，而是驚人的6次抄截和4次火鍋。他不一定知道雷諾茲說過「如果他每場的進攻任務只需要得15分，他就能省出體力成為聯盟最好防守者」這些話，但是，「喬丹只會得分」之類的話題，他聽膩了——他長了雙敏於批評的招風耳，批評有一分，他就會

渲染成十分。

　　一星期後，公牛勝紐約。喬丹36分7籃板5助攻外，又順手送上6次抄截。一天後對溜馬，37分4抄截。十一月二十日對老鷹隊，33分7籃板7助攻4抄截4火鍋，把數據表格填得滿滿當當。十一月二十一日，公牛遭遇底特律活塞。喬丹照例抖擻精神，砍了49分6籃板8助攻6抄截。雖然輸了，倒也沒太著急：公牛前9場7勝2負，十一月二十五日晉升到9勝2負。戰績優異。

　　十一月二十七日對達拉斯，喬丹20投8中只得25分。他那天的對手是羅蘭多‧布萊克曼——這位先生並非丹尼斯‧強森、蒙克里夫那樣的一流防守大師，但他是個優秀單打球員，通曉各類單打得分的陰謀詭計。他能夠用一個單打球員的讀心術，去解讀喬丹的心態。一個殺手，總是易於想像另一個殺手的心理世界。他198公分而且偏瘦，有足夠的靈巧。他能把每場比賽轉化為一對一的戰局，與喬丹玩對戰遊戲。他會刻意挑釁喬丹，進攻喬丹，逼迫喬丹消耗體力，變換節奏。他能像附骨之疽般貼著喬丹上籃，然後一派洞悉喬丹心思的用陰險的小招數破壞最後一擊。

　　帶著怒氣，喬丹第二天在休士頓面對213公分的大夢歐拉朱萬＋223公分的拉爾夫‧桑普森，盡情轟了34分7籃板6助攻4抄截2火鍋。

　　賀瑞斯‧格蘭特這場替補大有發揮，19分12籃板4抄截。十二月二日，公牛客場到了鹽湖城，遇到了猶他爵士隊，遇到兩個不一樣的人：鹽湖城的先發大前鋒32號卡爾‧

馬龍，先發控球後衛12號約翰‧史塔克頓。

　　卡爾‧馬龍，和喬丹一樣生於一九六三年。母親綺麗兒比男人更Man，她被男人拋棄後，獨自在伐木廠開卡車、在禽類加工廠砍雞肉、為鄰居做飯，養活了八個漢子。她動肝火時嚼菸草，親自釣魚打獵，活得威武雄壯。她拒絕領社會福利，「照顧孩子是我的責任，這是我份內的事」。她嫁了另外一個男人，一起開個日用品店兼餐館過日子，做了條皮鞭恐嚇孩子們。

　　就是在這樣剛毅霸悍的環境裡，卡爾變成了一個籃球鐵漢。他拿了三次高中州籃球冠軍。高中成績太差，他延了一年才上了路易斯安納理工大學。三年級時，206公分的他離開了學校想進NBA，指望被達拉斯選中──那樣離家近──可是他被猶他州的爵士隊選中了。當著全國觀眾被採訪時，他哭了。

　　很多年後，卡爾‧馬龍說，剛去鹽湖城時，他曾環視周圍，仰天一嘆「天哪，我做錯了什麼……」。他的嘆惋不無道理。爵士隊最初在聲色犬馬的爵士樂故鄉新奧爾良，搬到這西北苦寒、民風獷厲的鹽湖城，真是名不副實。這裡猶如初得開闢的天地，萬物都很缺乏。娛樂、傳媒、燈紅酒綠，一律欠缺，只有一群愛上教堂、神情肅穆的白人在盯著你。十二年後，亞特蘭大的電視評論員麥克‧格雷恩補充說：「我還在打球時，教練們經常威脅球員：『不好好打，就把你扔到猶他去。』」

　　在這裡等候他的，只有早他一屆來的一九八四屆第十六

順位白人後衛，約翰‧史塔克頓。

　　他職業生涯第二年時，爵士隊主帥雷登要求馬龍做爵士的領袖。馬龍以他老媽那樣的剛直承擔了下來。練舉重、跑步，變成了一個兇猛的怪物。他逐步成為NBA史上最健美的肌肉怪，他強壯、快速、粗暴、兇惡。二年級，他場均21.7分10.4籃板。三年級，他正在成為明星前鋒。世界開始談論：嗯，同為一九八五屆的，他似乎比紐約的派屈克‧尤英表現更好呢！

　　當然，令他得益的除了自己那殘暴的訓練態度，還有12號約翰‧史塔克頓。

　　一九八四年夏，和喬丹同年入行的史塔克頓，在鹽湖城日子不好過。喬丹風雲縱橫的三年間，史塔克頓坐了三年替補。直到一九八七年，他才坐上先發位置。然後就是山呼海嘯的助攻。雷登教練發現，史塔克頓＋馬龍是足以成為傳奇的絕配：他們倆一個聰慧精確，一個粗暴兇猛。史塔克頓傳出，馬龍終結，完美的擋拆組合。

　　就在這晚，史塔克頓送出11次助攻僅1次失誤，馬龍呼風喚雨，轟下33分，獲得15次罰球機會，外加14個籃板。公牛第三節結束時還落後3分，全靠喬丹挽救全場。這一晚喬丹27投17中轟到47分9助攻3抄截3火鍋，而且留下流傳後世的一球：當198公分的喬丹在185公分史塔克頓頭頂灌籃後，鹽湖城球迷大叫：「麥可，有種去扣個大個子的！」

　　喬丹聽到了。喬丹在下個回合飛龍在天，朝211公分高的長人梅爾文‧特賓 —— 一個無辜的大個子 —— 當頭一記

扣籃,熄滅全場鼓噪聲。然後他朝場邊球迷放話:「這傢伙
個子夠大了嗎?」

於是那一晚,特賓成了話題中心。媒體沒顧及到,這是
史塔克頓、馬龍、喬丹和場邊替補板凳上的皮朋第一次彼此
凝望。在場邊,爵士的助理教練、前芝加哥公牛偉大球員史
隆,當然也想像不到,多年之後,他們會在爵士主場,遭遇
如何詭異的命運。

一九八七年十二月十二日,喬丹44分9助攻5抄截5火
鍋,幫助公牛再次幹掉火箭。五天後對騎士,他得了賽季第
一個超過50分,41分鐘得52分,外加6助攻4抄截。騎士很
大膽地用白人後衛埃洛一個人對付喬丹,於是喬丹也不便太
客氣。他越發精純的走位和兩翼接球後迅速投中,讓他的得
分流程愈加順暢。下半場,他開始把苦練的「左腰位背身單
打晃動+後仰跳投」秀給主場球迷看。偶爾他還是會上演扣
籃、滯空穿越兩人投籃、終場前大步突破在三人合圍下空中
換左手上籃之類,但他知道:對他而言,這些更像是讓騎士
隊保持恐懼,「只要喬丹願意,隨時都可以終結我們」。

一九八八年前夕,這種恐懼如病毒般在全聯盟蔓延。

公牛就繼續這樣贏著球,靠喬丹每場35分以及恐怖的防
守,靠奧卡利恐怖的籃板球。格蘭特出色的替補籃板球,皮
朋卻很讓人擔心。他偶爾能得兩位數的得分,能抄截,但他
犯規驚人。他每場只打喬丹一半的時間,犯規數卻和喬丹相
去不遠。

十二月的另一個消息是,公牛搞比賽試驗,把208公分

的格蘭特、206公分的奧卡利和218公分阿蒂斯‧吉爾摩三大內線一起放進先發。這套路線打了3勝3負後黯然收場，之後年老的吉爾摩被換下，科茲尼重上先發。一九八八年一月，206公分的大蠻牛麥可‧布朗和老將洛瑞‧斯派羅進了先發。把派克森、皮朋和格蘭特列進先發後，喬丹的攻擊任務重了，但公牛的厚度和韌性並不差。

轉眼間，一九八八年全明星賽到了。

喬丹這一年心情不差。公牛以27勝18負進入全明星賽，戰績顯赫；他自己在全明星前場均33.6分5.3籃板6.7助攻，還有恐怖的3.6次抄截、1.7次阻攻。世界嘖嘖感嘆他攻防俱佳，領袖群倫。何況，一九八八年全明星之夜在芝加哥。雖然站在他身旁的東區先發控衛是微笑刺客，但微笑刺客也不能不給面子。全場比賽，喬丹23投17中得40分，最後半節，他在芝加哥的山呼海嘯中騰飛，一口氣飆到16分，東區以138比133取勝，喬丹當選全明星賽MVP——單場40分也是NBA全明星史上第二高的成績。

更美妙的，是前一天發生的事。

NBA三分球大賽，賴瑞‧柏德完成了三分球大賽三連霸，而且是以一種匪夷所思的方式：以穿著外套的方式表達對其他人的輕蔑，最後關鍵時刻連續投中，球在空中時他就抬起手指宣布勝利。世界為柏德歡呼，但比起稍後的灌籃大賽，柏德又稍遜一籌：

「人類電影精華」多明尼克‧威金斯和「飛人」麥可‧喬丹，終於又要對決了。

　　首輪，170公分高的一九八七年灌籃王斯巴德‧韋伯發揮失常被淘汰；次輪，崔斯勒不負滑翔機之名，最後一擊完成360度回轉扣滿堂彩，但他的第二記「打板空中接力雙手扣」相當普通。論視覺效果，比不過威金斯雄渾壯麗的風車扣籃、力拔山兮的空中360度回轉砸扣，也不及喬丹的「親吻籃框扣」和「俯視籃框扣」。

　　於是進入了決賽，威金斯 VS 喬丹。

　　而他們恰好是扣籃風格的兩極。

　　扣籃在七〇年代，被賦予了更多意義。與NBA先對立後合併的ABA，一向以華麗頭帶、襪子、髮型、奔放風格和扣籃做賣點。籃球可以從學院書生氣的點線面戰術板上超脫出來，變成玲瓏浮凸的性感運動。史班瑟‧海伍德，在NBA留下過若干華麗的滑翔空中接力動作的前鋒，吹噓自己在ABA時扣壞過籃框，「玻璃片留在我的頭髮裡」。同代的「黑鷹」康尼‧霍金斯，和他的情況類似：身姿矯健的大前鋒，能跑能跳，一九七二年NBA全明星賽上扣籃時儼然鶴立雞群。「天行者」大衛‧湯普森使世界開始認真討論「空中接力」這個詞。一九七六年，ABA充滿末日氣氛的灌籃大賽將這一切推到頂點：喬治‧葛文的360度風車扣、阿蒂斯‧吉爾摩的底線戰斧扣，都未敵過他的360度轉身扣。為了擊敗他，J博士送出雙手反扣、小回環滯空扣和回拉反扣。最後，J博士被逼出了傳奇的罰球線扣籃。從那之後，扣籃成為了一門神奇的藝術。一九八四年的灌籃大賽上，J博士輸給了賴瑞‧南斯。後者祭出了暴力、剛猛、使人窒息的反

臂大風車。一九八七年J博士退役，把舞臺讓給了新的年輕人。

　　多明尼克‧威金斯的扣籃充滿了剛勁雄渾暴力的顫慄美感。他能夠以種種折磨自己的繁雜絢麗方式把球扣進。而喬丹則更接近J博士：他更重視飛翔的舒展和靈動。他們是華麗巴洛克和寫意水墨的區別，一繁複一清空。一九八八年灌籃決賽，終於這兩極要完成對決。

　　威金斯持球，丈量步伐，起跑，拋球打板，罰球線前一步起跳，接到彈回的球，以恐怖的腰腹力量身體對折，一記飛鷹凌空滑墜的轟然砸扣。50分。毫無疑問。

　　喬丹出場，左翼助跑，側面踏進禁區，起跳，側身，把球往籃框放去，收縮身體，然後，他停了一下，收球，把身體完全打開，張腿，再一次揮舞雙臂砸去──一記空中收球拉伸版本的「親吻籃框」。這一扣漂亮到這種程度：第一次扣完，太快了，球迷甚至沒來得及看清楚發生了什麼。大螢幕第二遍重播時，全場才開始山呼海嘯的讚美。50分。

　　威金斯第二扣，底線助跑，踏進禁區，起跳，揮臂、送肩，先把球舉到頭頂，然後收回，下垂，從肩後掄起，完美的滿月風車，從天而降居高臨下一扣劈落──又是50分。

　　喬丹第二扣前猶豫良久，最後右翼起跑。側面滑過籃框，空中右轉體，張開雙腿前後擺，雙手扣籃──他跑過威金斯身旁時，威金斯甚至緊張得沒回頭看他扣籃的細節。芝加哥球迷先歡呼，然後咆哮不滿：評委只給了47分。兩輪下來，威金斯領先3分。

最後一戰。

威金斯左翼起跳，雙手掄圓籃球，上升中把球扭到身體右側，繼續朝籃框滑翔，把球揮出滿月風車到最高點，一砸劈下——依然漂亮，但只得45分。很多年後，這一扣依然被認為深有爭議：是嫌這一扣和第二扣差別不大，還是芝加哥球迷影響了評委的判斷？總之，在最後一扣前，局勢一目了然：喬丹必須扣到49分以上，才能在主場奪冠。

喬丹在中場拍球。芝加哥全場球迷陸續起立。喬丹後退，再後退，再後退，直到另一側底線。球迷明白了：世界上只有一種扣籃需要全場助跑。J博士就在場邊，十二年前他完成了NBA史上首個公開罰球線扣籃。而這次：喬丹第一扣失手。他搖頭。還有一次機會。喬丹退到底線後，威金斯搖頭微笑，喬丹再次助跑，過半場後加速，四大步邁到罰球線，左腳起跳，起飛。在空中，他拉了一下舉球的右臂，邁動雙腿。從側面看去，你能看見他斜斜地向籃框橫空墜去，在空中踩著不可見的臺階，飛翔——

球扣進。評委毫不猶豫給出50分。一九八八年灌籃王，麥可・喬丹。

　　一九九七～一九九八球季結束時，喬丹拿到了個人第五個例行賽MVP。NBA史上，只有天勾賈霸的六個例行賽MVP比他多。如果你做一個數字遊戲的話，一九九○～一九九三的公牛三連霸，他拿了兩個例行賽MVP；

一九九五～一九九八的公牛三連霸，他拿了兩個例行賽
MVP；而奪走他例行賽MVP的兩個人——一九九三年的
查爾斯・巴克利和一九九七年的卡爾・馬龍——都被他
在總決賽復仇了。

　　而他唯一一個沒有以冠軍為結尾的例行賽MVP，
則是他開始獲得全NBA敬畏的那個賽季：一九八七～
一九八八球季。他的第一個和最後一個例行賽MVP，其
間長達十年。

第十二章　巔峰

　　一九八八年全明星賽把世界所能想像的榮耀、讚美和華麗都演出一遍後，喬丹心滿意足，繼續屠殺全聯盟。二月十九日，他用一個49分3抄截3火鍋幹掉國王隊，慶祝了自己25歲生日。

　　但公牛的情形並不算好。皮朋的表現依然隨心情起伏。麥可‧布朗的一身橫肉有效期限只到二月底。進入一九八八年三月，公牛又擺出了文森特＋塞勒斯＋喬丹＋奧卡利＋科茲尼的陣容，喬丹又進入了得分癲狂期。二月二十六日對拓荒者，52分。三月十八日對塞爾提克，50分5籃板9助攻5抄截。一九八八年四月三日，公牛去底特律比賽。喬丹前兩天剛在波特蘭面對滑翔機拿了38分11籃板7助攻，意氣風發，又看見活塞了，又看見以撒‧湯瑪斯以及他手下那批藍領了──他焉能客氣？

　　就在之前的二月十三日，活塞82比73擊敗了公牛，喬丹22投9中得27分。那場最讓人震驚的不是活塞的防守，而是他們的摔跤功力。喬丹一次上籃時，大前鋒里克‧馬洪橫空一揮把喬丹砸倒，惡意犯規。喬丹的保鏢奧卡利大怒，追著馬洪要討回口氣；道格‧柯林斯也急怒攻心過來，可惜柯林斯教練畢竟不是當年的年輕人，被馬洪推到記分桌上，都受傷了。馬洪之後被罰了5000美元，禁賽一場。喬丹賽後

說：「活塞是聯盟最髒的球隊之一。對他們來說，一記狠狠的犯規就能傷到你。」

為了這事，媒體特意開了話題。一部分人認為明星球員理該得到保護，不能任他人對他們拳打腳踢；另一部分人——比如，活塞的總經理傑克‧麥可科羅斯基——就說：「我覺得馬洪被禁賽太荒謬了，如果他犯規對象不是喬丹，根本沒事嘛！」老鷹隊的著名鐵漢羅林斯也說：「我覺得馬洪放倒喬丹的架勢挺溫柔的。」

活塞的態度，代表了聯盟許多球隊的心思：「喬丹在羞辱我們……那他得為此付出代價！」

所以，喬丹格外憎恨活塞。他們既然赤裸裸地挑釁，喬丹於是也惡狠狠地回應：「我們不會退縮的！」現在，他有機會給活塞點顏色看看了。

而且，這還是全國直播。在全國人民面前羞辱活塞和微笑刺客？哼哼！

喬丹從一開場就拉長著臉，狠命嚼口香糖，好像那是湯瑪斯的肉。喬丹籃下接吊傳上籃。喬丹左翼跳投。喬丹罰球線跳投，喬丹反擊中距離跳投。喬丹運球到左翼滯空跳投，喬丹突破中路空中閃過封蓋上籃。喬丹右翼連續體前變向之後後轉身跳投。喬丹單手舉球假動作晃動後跳投。公牛一度領先到55比37，喬丹上半場得分已超過30。但此後，活塞開始追分，比賽變成了喬丹和活塞的對決：投籃假動作後突破扣籃——NBA頭號大惡人蘭比爾都躲了。從第三節後半段開始，喬丹每逢接近禁區就是三人包夾，但喬丹很聰明地

把球傳給空檔隊友，又或是快速空切後接球急速投籃。第四節最後關鍵時刻，喬丹連火鍋帶抄截破壞活塞進攻，自己兩記罰球鎖定勝局：112比110，公牛險勝，喬丹27投21中，賽季最高的59分。復仇成功。

但是，這場比賽造成了另一個深遠的影響。活塞教練查克‧戴利老爹受夠了：「我們決定了，不能再讓麥可‧喬丹獨自周而復始地打敗我們！我們要搞定他！」

當然，喬丹那時還不知道，底特律的陰影正朝他而來。

賽季繼續前進，公牛在三月底到四月十九日打出一波12勝2負，期間喬丹在面對紐約尼克時砍了兩次40分以上。賽季收尾，他在塞爾提克身上砍了個46分，稱心如意地結束了一九八七～一九八八球季。

82場全勤。場均40.4分鐘聯盟最多。場均35分蟬聯得分王，論得分不及上季，但其他極盡完美：命中率54%比之前的48%進步多了，場均5.5籃板5.9助攻的成績也令人側目。最重要的是：他場均3.2抄截1.6阻攻，全季合計259抄截131阻攻。

很多年以後，用他自己的話來說：世界一直在討論他如何還及不上魔術強森與柏德，他先是成為了得分王，然後，好吧，既然魔術強森和柏德的防守都不算超卓，那就試著成為超級防守專家。如果你還記得喬丹如何從北卡大一那個「隊裡防守排第四」進步到大二的「全國頂級防守後衛」，你就知道了。他球路判斷精確、一雙長臂大手、移動迅速可以防守外圍三個位置。他可以輕易洞悉對手的動機，橫飛縱

躍地斷球、補防封蓋。而且最關鍵的是，他有記仇的本質，
不把對手掐死決不撒手。這些資質，讓他成爲了最好的防守
者。

於是榮耀鋪天蓋地而來：他成爲了得分王和抄截
王——還是史上第一個同年包攬這兩項頭銜的人。

然後，他以懸殊票數擊敗了爵士223公分的雷神馬克‧
伊頓和火箭的大夢歐拉朱萬，獲封年度防守球員——這是
NBA至今的紀錄：他是唯一包攬得分王和年度防守球員獎的
人。攻防兩端的個人表現，都達到了最高峰。

最後呢，是他去年沒能獲得的例行賽MVP獎。

一九八六～一九八七球季，喬丹以場均37分驚世駭俗，
但公牛只有40勝。魔術強森以壯麗的場均24分6籃板12助攻
以及65勝戰績奪魁。而這一年，對手依然強勁：同年入行的
巴克利在J博士退役後接掌費城，場均28分12籃板3助攻——
雖然76人只有36勝。

多明尼克‧威金斯灌籃大賽和得分都只輸給喬丹而已，
天下第二，場均31分6籃板3助攻，老鷹隊50勝。

大夢繼續把持天下第一中鋒的地位，場均23分12籃板2
助攻2抄截3阻攻，火箭46勝。

卡爾‧馬龍和史塔克頓則是爆發之年：猶他爵士隊47
勝，馬龍場均28分12籃板，史塔克頓則在第一年正式先發
就場均15分14助攻——還奪走了魔術強森把持多年的助攻
王。這是一個偉大的細節：從這一年開始的漫長歲月，喬丹
和史塔克頓這一九八四屆的一黑一白、一飛揚一冷靜、一得

分一助攻，將長期把持得分王和助攻王的位置。

魔術強森照例是場均20分6籃板12助攻的穩定表現，湖人62勝。

柏德寶刀未老，依然場均29.9分9籃板6助攻，塞爾提克57勝。

但最後，選票還是排山倒海地傾灑給了喬丹。他的數據始終出色，這一年很大程度上，是因為公牛最後17場贏了13場，最後50勝32負的成績幫了大忙，使聯盟許多批評家也得承認「喬丹表現出色，同時還能為球隊贏球」。就這樣，一九八七～一九八八球季例行賽MVP，芝加哥公牛的四年級後衛，麥可‧喬丹。加上得分王、抄截王和年度防守球員，一九八八年25歲時，他就成為了NBA個人攻防最完美的球員。

但遺憾的是，兩個一九八七年的新人例行賽表現不佳。皮朋場均21分鐘裡得到8分4籃板2助攻，格蘭特場均23分鐘裡8分6籃板。雖然柯林斯教練試圖找些新花樣，但公牛大體上，依然是喬丹得分、奧卡利抓籃板的球隊──雖然他們都比去年成熟多了。季後賽首輪，他們要對陣的是克里夫蘭騎士隊。

話說克里夫蘭騎士，是支和公牛一樣年輕的隊伍。一九八七年他們在選秀大會上選了白人後衛馬克‧普萊斯，但到一九八八年二月，他們覺得陣容有問題：有擅長遠射、組織和罰球的普萊斯（後來普萊斯是NBA史上罰球王），後場又有射手庫里和小喬丹朗‧哈潑，堪稱人滿為患，放著

七號新秀閃電控衛凱文・強森，實在無處安置。內線方面，自家中鋒布拉德・多爾蒂是個典型的偉大白人中鋒：高大嫻熟，白嫩綿軟——怎麼才能給自己的內線補補鈣呢？

另一邊，西區的鳳凰城太陽，隊上有一九八四年灌籃王、208公分的風車怪物賴瑞・南斯，外帶艾迪・強森、沃爾特・戴維斯、何納塞克這一大堆射手，可是獨缺一個控衛。看騎士多個控衛，於是雙方對送秋波，立刻成交：強森換南斯！

騎士得到賴瑞・南斯後，陣容頗為完美：哈潑雖然在這賽季中途受傷，但普萊斯、桑德斯、埃洛、南斯和多爾蒂，陣容整齊。首先多爾蒂和南斯發生了完美的化學反應：前者是意識出眾、216公分的白人中鋒，但移動略慢；後者是208公分、封蓋晴天霹靂、移動迅疾的大前鋒。這對「白麵包＋黑巧克力醬」的組合堪稱完美。另一方面，南斯是條純粹的西部好漢：愛車，愛速度，愛狂飆，愛扣籃和封蓋這些乾脆俐落的勾當。每次和人聊天，他都聊車——事實上，後來他退役時還改裝汽車參加職業比賽，那是之後的事了——他爽直乾脆，沒有爭當老大出風頭的心思。打好籃球，做好本分，改裝車，談論車，這些都適合騎士這支平民防守球隊的本色。所以看到騎士這檔交易完成後，魔術強森都驚歎：「騎士是屬於九〇年代的球隊！他們很平衡。等他們集體成長起來的話，會非常可怕。」

好吧，九〇年代的球隊，來試試吧。

騎士隊人如其名，甚有騎士風範。他們不用其他球隊

各類蠅營狗苟的手段，而是派克雷格‧埃洛或朗‧哈潑單防喬丹，你來我往決個勝負。當然，此舉被證明不算聰明。第一場，喬丹35投19中，50分。雖然皮朋在他首場季後賽表現不佳5投0中，但喬丹一個人足以解決問題了：公牛104比93獲勝。然後是第二場，騎士依然不包夾喬丹。好吧：第二場，騎士方面普萊斯19分、南斯27分8助攻、多爾蒂21分13籃板，加上哈潑出場，騎士已盡全力，但喬丹變本加厲地殘忍：45投24中，55分。公牛106比101再勝，2比0。

但騎士依然相信，他們可以搞定公牛：因為公牛只有喬丹一個人。傑瑞‧克勞斯經理最不愛聽這話：「我聽見『一人球隊』這詞，耳朵都要燒起來了！」但事實是：第三場，埃洛和傷癒的哈潑輪番死纏喬丹，而喬丹因為連續作戰——從一九八八年四月開始，他只有三場出賽時間少於40分鐘，實際上，四月十四和十五日連續兩個客場，他已經獲得了所謂「休息」，還是在96分鐘裡出賽了77分鐘。到五月，他的體力終於出問題。第三場喬丹只得了38分，雖然有9次助攻，但他背部、膝蓋都因疲倦而酸痛。騎士贏球。第四場，喬丹44分，但騎士五名先發得分上雙，哈潑更飆到30分，騎士再勝，2比2。一個警訊是：這兩場，喬丹無一扣籃。

就在這場後，奧卡利生氣了。他公開嚷道：「我拼命打球，可是球隊不給我設計戰術。我是聯盟最好的籃板手，我每晚在籃下拼命，我肯為球隊做任何事，但球隊對我毫無回報！」柯林斯教練無法回應，喬丹只好出來圓場：「教練一

直在努力，讓球隊不要太依賴我。我們的進攻裡，每個人都有均等的機會得分。但有時其他人就是不習慣自己接管。我們得需要更多的隊友站出來。」

第五場，生死之戰。柯林斯做了個重要調整：33號史考提‧皮朋先發。

喬丹開場依然顯得體力不佳，失誤不少。騎士挾著連扳兩城的氣勢，第一節反客為主，一度領先18分，35比23進入第二節，公牛主場一片恐慌。當第二節進行到騎士39比29領先時，喬丹生氣了，突破上籃，製造罰球兩罰全中，隨後是後門內切，再被犯規，再罰中兩球。下一回合，再突破，再罰中兩球。19秒後再來一次，連續8記突破罰球，公牛的血氣被一點點振作起來。接下來，皮朋一記高拋，喬丹空中接力扣籃成功，芝加哥球迷吃了續命金丹，猛然站起來歡呼：騎士只以41比37領先了。

但還是那句老話：你不能永遠靠喬丹撐著。

第三節，喬丹體力下降，他連續三回合失誤，最後投了一記麵包球。公牛知道情況不妙，把喬丹換下來休息。騎士看見希望了：芝加哥「一人球隊」公牛隊沒有喬丹了！打垮他們！

但是，公牛還有33號皮朋。

這個阿肯色男孩，這個進NBA後把薪水都寄回家的、永遠沒有安全感的新人，這個緊張兮兮害怕犯錯的青年，發現場上沒有喬丹了，沒有一個他可以「把球傳過去，說一聲，嘿，哥兒們看你的了」的人。忽然間，他找到自己了。

🏀 NBA歷史上平均上場時間排行榜第五：38.3分鐘。

　　第三節還剩27秒，皮朋伸出他匪夷所思的長臂，抄掉哈潑的球，邁開長腿，上籃。公牛78比77，全場首次領先。22秒後，文森特上籃失手，皮朋凌空飛起，展示了選秀時所有人讚美的彈跳、長臂和爆發力，補扣得分，公牛80比77。第四節還剩3分鐘時，皮朋完成了連續華麗演出：一記跳投，一記籃下得手。

　　皮朋全場20投10中24分6籃板5助攻3抄截，最後拼到6次犯規畢業。奧卡利雖然嘴上抱怨，但8分之外還有20個籃板和5次助攻。老將科茲尼14分8籃板，加上喬丹第四節補足體力後發威，全場39分，公牛107比101擊敗騎士，晉級東區準決賽。

　　這是第一次，史考提・皮朋這顆阿肯色挖來的鑽石發出了璀璨光芒。他展示了許多可能性：跳投、傳球、籃板、防守、上籃、斷球。他在場上無處不在，而且他選擇了一個合適的時間發光。公牛面臨被逆轉的可能性，喬丹獨力支撐已經遮攔不住時，皮朋出現了。公牛替補後衛斯派羅說：「這是我所見過最好的新秀季後賽演出。」

　　而更重要的意義，不言而喻，只有場邊激動到快噴鼻血的傑瑞・克勞斯明白：芝加哥公牛，終於，疑似，擁有一個人，可能可以讓喬丹卸下「一人球隊」的擔子了。喬丹自己也說：「現在我們知道，我們不再是一人球隊了。」

　　但是，喬丹樂觀得稍微早了一點。就在淘汰騎士十天後，公牛被淘汰了。

　　在東區準決賽。打了五場比賽，公牛1比4失利。

喬丹只有一場得分超過30。

被他所憎恨的，微笑刺客領銜的底特律活塞。

一段漫長的、彼此仇視的恩怨，終於在一九八八年夏天兵刃相見，見了血。

對底特律活塞的認識，是個漫長的過程。

最初，知道他們是喬丹的敵人，看見各類錄影帶裡磨牙吮血的絞肉機行徑，看見他們一身橫肉的作派和諸般傳說，你很容易覺得他們註定是反派，死有餘辜，理當給喬丹做墊腳石。

但時候漸長，你會願意去了解他們，看到他們的奮鬥歷史，他們匪夷所思的團隊配合，他們看似猙獰的獸形機械，但骨子裡依然是一批好勝成狂的人。事實上，換個角度想：如果沒有底特律活塞，也許就沒有九○年代的喬丹：那同樣殘忍無情、了解團隊的祕密、關鍵時刻神經如機械般剛硬、好勝成狂不惜犧牲一切的喬丹。

NBA全明星賽總得分262分（平均每場20.2分）。

第十三章 「喬丹規則」

一九八八年的底特律活塞，由查克‧戴利老爹執教。實際上，他在NBA當教練，這才是第六年。

一九八三年夏天，查克‧戴利52歲。當他被任命為底特律活塞隊主帥時，全城鼎沸，紛紛互問：不是說新帥會是傑克‧馬基寧嗎？為什麼是這麼一個老頭？他做大學教練時不錯，在費城做比利‧康寧漢的助理教練，還做過電視解說員……但在NBA，他只有半季教練經驗：一九八一～一九八二球季，騎士地獄般的9勝32負。

「我覺得，」接到聘書時還是費城解說員的戴利說：「活塞是支『未來俱樂部』。」

他是個直截了當的人，討厭繁文縟節。提出問題，解決問題。看賽程，打比賽，贏下，輸了也別找理由。

而他自己絕不對媒體多廢話。每天工作16個小時，準備每場比賽，制訂計畫，和助理教練溝通意見。戴利是個瘋狂的完美主義者。活塞隊員叫他富翁老爹，因為他的打扮總是電影中百萬富翁的顯赫派頭，細緻華麗又不失品味；飲食和家居，他都精挑細選，深通享受之道。而在戰術上，他就像一個雕刻匠一樣細密雕鏤，引為樂事。康寧漢說，在費城時，他們倆出去吃飯，戴利會拿起湯匙朝康寧漢比劃：「把這當作球員，我來給你演示一個戰術……」

　　里克‧馬洪總結說：「如果不知道他五十開外了，我會以爲他32歲……不但他表現得年輕，那衣服派頭也是！」

　　但是，當然，一個埋首苦讀的書呆子，腦子裡裝滿戰術的老頭，可並不等於一個好教練。查克‧戴利有許多別的東西。

　　他上任時，活塞隊隊員像一群在俱樂部裡喝酒抽菸打發時間的青年。以撒‧湯瑪斯、比爾‧蘭比爾、約翰‧朗、維尼‧強森。這些人都有才華，但卻贏不了球。他們不知道塞爾提克和湖人是如何打出那席捲NBA的華麗攻勢，不知道勝利的秘訣是什麼。戴利來了，宣布了他那三條贏球祕訣。他說，球員做好三件事就能贏球：找到好機會投球，快速回防，卡位。

　　他命令隊員們盡自己的本分。至於贏球，「那是教練的思考範圍」。他非常直接，絕對不繞彎子。這不僅是他爲人處事，同時也是與隊員交流的方式。在他上任的第一個賽季，對陣騎士，以撒‧湯瑪斯上半場漫不經心，讓對面的瓊‧巴格雷得了9分。戴利把微笑刺客叫過來：「你想防守另一個，嗯？」

　　微笑刺客默默無言地走開，下半場猶如身背殺父之仇般鎖死了巴格雷。

　　戴利老爹在高中和大學當了超過25年的教練，他了解如何應對青春期少年叛逆心理。活塞隊沒有宿將，沒有老邁昏頭的球皮，於是，他可以像教導學生一樣對付他們。當活塞隊開始贏球時，那些驚喜無比的年輕人信任了他。這種信任

與不斷到來的勝利，形成了良性循環。結束了他的第一個賽季後，活塞隊的青年就完全依附在他周圍，令行禁止。他們有種盲目的信仰：只要依照戴利做的，就能贏球。

「那時我們都是小孩子，努力尋找著，想挖出一個洞來透進一點陽光……查克來了，用他的胳膊把我們攏在一起，教我們如何贏球，教我們競爭，教我們站直了別趴下。」微笑刺客說。

戴利介入到隊員們的生活之中，和他們推心置腹。他說他當年做地理老師時曾經無比嚴格，但教學成果卻比不過另一個貌似閒散、與學生親密無間的教師。他在訓練時有連珠不斷的玩笑，穿著大短褲和隊員們一起練投籃，他讓活塞隊員們放鬆了戒備之情：他並不只是一個拿了合約、穿著西服在場邊亂吼兩句的教練，他願意和隊員們交朋友，他是一個很好的朋友與老師，他不想比隊員高一等。他制訂無數嚴密的戰術，然後在某些時候卻放任以撒·湯瑪斯自主去完成一些任務。

眾所周知，活塞有許多壞孩子。言行不一、笑裡藏刀的微笑刺客湯瑪斯；綽號「蜘蛛」、下手狠毒、每半節來次兇狠犯規的約翰·薩利；之前已和喬丹結過樑子的里克·馬洪；巨人猛男愛德華茲。但最有名的，是以下兩號人物：比爾·蘭比爾，公認的NBA史上第一惡人，211公分的白人中鋒。出色的籃板手，能投籃，同時是一切邪惡動作之王，包括假摔、威嚇、揮肘、下絆、戳眼。他是賴瑞·柏德最恨的人。最著名的故事是當初全明星賽期間，他上大巴，企圖和

柏德修好，「你好，賴瑞」。柏德直接回一句「去你媽的，
比爾」。他號稱「誰在乎先生」，以惡行招搖過市，引得全
聯盟避之唯恐不及。實際上，他自己並不討厭這個角色。他
是個聰明的球員，懂得這副惡名可以給自己當鬼臉面具，恐
嚇其他人。他把他這套蠻橫、兇殘、惡劣的招式，傾囊傳授
給了底特律活塞的其他隊友。

　　而他最好的徒弟，則是活塞的另一藍領：丹尼斯‧羅德
曼。

　　很多年後，丹尼斯‧羅德曼會成為體育史上最著名的嬉
皮，但在一九八八年，他還是個普通的悍惡藍領。他25歲才
進NBA，從小無父，被倆姐妹和老媽嘲弄，進高中時才168
公分，連上籃都不會。野雞大學出身，畢業了沒工作被迫去
看飛機場，還偷過手錶。他從小缺乏愛，到20歲還是處男，
長期覺得自己可能是雙性人，不只一次有過自殺念頭。所
以，當他遇到戴利老爹時，就像獲得了重生。他依靠防守和
籃板絕活在NBA立足，擅長撒潑耍賴、擅使小動作、假摔天
才、表演大師。一九八八年夏，他和喬丹還不知道未來他們
會站在同一戰線裡，他只是聆聽老爹的語錄：

　　幹掉喬丹。

　　一九八八年三月，被喬丹在那場全國直播的比賽中拿下
59分後，戴利再也忍不住了。「我們決定了，不能再讓麥
可‧喬丹獨自周而復始地打敗我們！我們要搞定他！」

　　於是，體育史上最傳奇的針對個人的防守戰術出爐。戴
利老爹用他的細緻和完美主義，制定了以下規則：

A.當喬丹一對一時，防守者儘量逼他朝左移動，因為根據錄影研究，喬丹的右側突破更為可怕。

B.當喬丹試圖搞個擋拆時，就直接包夾他（經常是211公分高的黑手薩利或壞蛋蘭比爾），利用身高限制他的傳球，其間切記保持身體接觸。

C.當喬丹背身單打時，用三人包夾，杜馬斯在後，湯瑪斯在前，內線巨人封鎖底線。

D.當喬丹依靠掩護無球跑動擺脫時，杜馬斯貼身緊逼，蘭比爾上步逼迫喬丹遠離籃框。

E.當喬丹被迫在翼側接球時，湯瑪斯與杜馬斯上前雙人包夾。

F.當底特律運用喬丹規則時，湯瑪斯會在外線來回跑動，造成一種「我會夾擊你喲」的威脅。他並不是直接來夾擊喬丹（這樣會漏掉他防守的球員），他的反覆移動，確切地說就是非法防守，也就是二○○一年之後才被允許的聯防。只是，他採取了一種灰色地帶的方法，用積極跑動來掩蓋活塞用聯防對付喬丹的事實。

戴利對付喬丹，並不只是殘暴的身體接觸，還包括活塞的整體聯動，對防守策略的細緻執行，快速輪轉。最後一點則是心理因素：活塞偶爾會選擇第一時間包夾，或是等喬丹開始運球後再包夾，也有時會等喬丹到達低位後再包夾……他們透過這種不定期的恐怖手段反客為主，對公牛的進攻造成了心理陰影。這一切的非官方名稱，叫做「喬丹規則」。

這就是一九八八年的，等待喬丹的策略。

　　東區準決賽第一場，公牛82比93敗北。喬丹22投10中29分，而且竭盡全力拿到11籃板送出6次助攻。但公牛其他人都倒下了：除了賀瑞斯‧格蘭特從板凳上站起來13投8中得到16分6抄截，公牛無一人發揮。奧卡利抓到13籃板但11投2中，皮朋6投1中，文森特9投2中。活塞霸佔籃板球，57比43壓倒了公牛。但第二場，喬丹獨得36分11籃板，加上文森特神靈附體的31分，公牛扳回一城。帶著1比1的比分回到芝加哥主場，還不算太壞。戴利賽後用一句話表達了對壞孩子們的不滿：「我就搞不懂這是怎麼回事！」

　　第三場，在芝加哥，一些細節改變了比賽。

　　賽前熱身時，被淘汰的騎士隊後衛哈潑來現場看球，跟微笑刺客聊天。他倆對公牛後衛斯派羅挑釁：「我們會把你們淘汰去過暑假。」斯派羅反唇相譏：「你們才該打包行李……知道你們為什麼贏不了？因為你們太驕橫了。」

　　微笑刺客生氣了。他翻身回去找到隊友們，跟他們說了這話，然後，活塞的野性被煽動起來。

　　蘭比爾把自己化身為石牆製造掩護，動作過大被吹犯規。但喬丹認為，蘭比爾被吹犯規後，繼續用大動作挑釁，於是他生氣地給了蘭比爾胸口一肘。蘭比爾回手給了喬丹一下，喬丹大怒。在他們倆被分開前，互相揮了幾拳。喬丹吃了技術犯規——之後，他自己承認，這是他第一次在球場上動粗。

　　不到一分鐘，里克‧馬洪——被許多人認為「除非他和蘭比爾打架，不然沒人會不討厭他」的大漢——跟奧卡

利摔跤搶籃板時，給了奧卡利一肘。他吃了技術犯規，但火焰已經熊熊燃起。

活塞進入了他們慣常的節奏，他們兩三個人圍擊喬丹，讓公牛猶豫不決；他們發揮了自己的整體素質，猶如機械般運作不休。公牛首節落後12分，再未奪回優勢。活塞101比79在芝加哥主場大破公牛。活塞六人得分上兩位數，公牛這裡喬丹20投僅8中24分。實際上，公牛全隊命中率只有40%。公牛剛奪到的主場優勢瞬間消失，第四場再次潰敗：活塞96比77再次大破公牛，喬丹22投11中23分7籃板5助攻6抄截，但無濟於事：他是在試圖以一個人應戰一整組蠻橫兇狠、毫無人性的機器。戴利老爹看到活塞3比1領先，煞是滿意：「當我們專注時，我們就能打出最好的籃球。」喬丹承認：「我獨自擊敗一隊的防守很困難。你不能指望我以一對五。」隨著底特律第五場活塞102比95勝出，公牛的一九八七～一九八八球季結束。

對公牛來說，這是一個成功的賽季。50勝，東區第三，東區準決賽，都值得讚嘆。喬丹自己則拿到了第一座MVP、第二尊得分王、第一個年度防守球員。只是這次沒有以喜劇收場，在他個人達到巔峰的時刻，遇到了史上最強硬的機械部隊。

事實上，一九八八年的活塞正在進入鼎盛時期，後世傳說中經常會大幅度渲染此規則令人髮指的骯髒，例如蘭比爾、薩利和羅德曼對喬丹的上下其手。但查克‧戴利後來為自己辯白：「有人認為我們的策略是骯髒的，不是如此……

我們僅僅是保持身體接觸。」這一年的活塞在很多年後，被認為是史上最好的防守球隊之一，最團結、最兇悍、最像機械的團隊之一。他們一路殺到總決賽，他們在總決賽和湖人拼滿七場，他們在總決賽第六場打出傳世一戰：微笑刺客以撒‧湯瑪斯，那個口蜜腹劍、表裡不一的小後衛，第三節在腳踝重傷之下獨得25分。活塞取代柏德的塞爾提克成為了東區新王者，然後開始逆天挑戰魔術強森。雖然失敗了，但基調已經定下了：微笑刺客和他那些藍領壞孩子隊友，先後擊敗喬丹和柏德，然後去挑戰魔術強森的湖人。

　　如果說，此前的柏德還是喬丹命運中過客的話，活塞的出現和「喬丹規則」的問世，則是喬丹遇到了第一個自己命中註定的對手。

　　一九九八年二月，查爾斯‧巴克利35歲，離開鳳凰城一年半，似乎已快要忘記他初到休士頓時，「我要拿籃板王」的宣言。在鳳凰城時時困擾他的背傷跟著來了休士頓，深冬來臨便不時折磨他。一九九六～一九九七球季是他最後一個全明星賽季。一九九八年，他真的開始老了。

　　一九九八年二月，大夢歐拉朱萬35歲。前一年夏天，他最後一次成為了聯盟第一陣容中鋒，但在一九九八年二月，俠客已經早早預訂了那個位置。這一季的前七場，曾經可以用假動作騙過全世界的封鎖、隨心所欲的他，有四場沒超過10分。在奠定了九○年代第一中鋒的寶

座後，他也終於像所有中鋒巨星一樣，在35歲的生死線老去。

一九九八年二月，崔斯勒36歲。這季開始前，他已經約略提及退休的事。他想回休士頓大學當教練，在各種場合他都暗示，如果不是一九八三年波特蘭選走了他，他本打算終生老死休士頓。有人質疑他的去意，但當他向大夢諮詢，打算從奈及利亞拐騙幾個天才少年過來時，人們終於知道滑翔機不會再飛了。

一九九八年二月，大衛‧羅賓森32歲，正在逐漸讓出他的領袖位置。他很喜歡身邊新來的鄧肯：這個年輕人可以替代他擔負起他不喜歡的低位強攻、對位防守敵方名將、控制防守籃板這一系列的工作。這是他最後一個場均「20-10」的賽季。他也不會在一九九八年就料想到，鄧肯將背負著馬刺隊，在下一個夏天就奪下總冠軍，然後開始漫長的十年霸業。

一九九八年二月，史塔克頓和馬龍這對鹽湖城之王，合計快70歲了。

一九九八年二月，派屈克‧尤英35歲。一九九七年耶誕節前一週，他受傷了。去年此時還是全明星賽先發的他，只得身披西裝，左手托腮做個觀眾。即便十年以來，他一共只缺過20場例行賽，紐約人依然不依不饒，對他大加非難。一九九八年，他再未上場比賽。這是他職業生涯第一次大傷，也是他下滑的開始。和大夢一樣，他們再沒回到一九九四年統治聯盟的情景。

一九九八年二月，丹尼斯‧羅德曼36歲，正在持續關切他《我行我素》的銷量，關心他身披婚紗出席簽售活動的迴響，關心他泳裝照片引來了多少人的斥罵，順便對著媒體調侃卡爾‧馬龍。

一九九八年二月，史考提‧皮朋32歲。他在看臺上度過了一九九七年的冬天，然後在一九九八年爲球隊出戰。這次傷病使一九九七年的全明星賽成了他的絕唱，但他並不在乎：因爲失去了他，公牛在賽季的前兩個月掙扎於東區諸強中。他需要讓管理階層看到他的價值，看到他拿400萬年薪是多麼荒謬。一九九八年一月十日，他開始爲球隊出戰，然後公牛恢復到了往昔的神采。但是，他再也沒能回到全明星水準。

一九九八年二月，麥可‧喬丹滿了35歲。這一季的他比以往任何時刻都要艱難：他的腿開始感受到歲月艱辛，重新拉遠的三分線讓他沒有了過去兩季的神射手感。這是他進入九〇年代以來最困難的一季，他必須像30歲前那樣，極力突破以博得罰球，儘量逼近籃框背身單打以保持命中率，而且，自26歲以來第一次全季打到3181分鐘。這個二月，公牛追上了溜馬，並且開始領先東區。他完全依賴著自己的心臟、記憶、精神、偏執和好勝，繼續統治聯盟。

那是一代人的老去，是諸神的黃昏。但往前跨十年，就是這一代人跨上時代的天頂，開始這個不朽的傳奇時代。

第十四章 改朝換代

一九八八年夏天到來，世界忙著為喬丹數短論長。「得分王＋年度防守球員＋MVP」這一系列頭銜，讓世界只得承認，「這孩子在攻防兩端都能統治比賽了」。但能力越大責任越大，世界為喬丹訂好了新的野心：冠軍，然後進入「魔術強森和柏德俱樂部」。

也就在那幾年，世界開始絮絮叨叨。比如，偉大的奧斯卡・羅伯森認為喬丹「還沒能讓隊員變得更好」，類似的話一遍遍重複，喬丹有點煩。當助理教練菲爾・傑克森也擺出「兄弟我當年在紐約拿過冠軍哩」的老資格，訴說些紐約大王霍爾茲曼老爺的陳年舊事，所謂「真正偉大的籃球員，應該讓隊友變得更好」，喬丹就不爽。

「跟孟洛、弗雷澤、里德這些NBA五十大級別的巨星一起打球時，『讓隊友變得更好』，容易得多啦。」

一九八八年，世界已經無法對喬丹衝陣襲敵、斬將奪旗做過多評論，於是指望他變成元帥。以喬丹擅於樹敵的性格，自然而然，又會把聽到的一分想像成十分。魔術強森？柏德？他們聰慧、傳球出色、擅於帶動隊友？哼，可也要有好隊友來帶動啊！

傑瑞・克勞斯每天被喬丹箭雨般的目光戳脊樑骨，幾成篩子。一半的世界在催促喬丹快點封王，另一半則在挑剔他

個人單場例行賽得分：69分（1990年3月28日，對克利夫蘭騎士隊）。

的工作。擊敗騎士後剛沉沒的「公牛是一人球隊」質疑聲，在敗北活塞後再度浮起。克勞斯開始思考：活塞有蘭比爾、愛德華茲、馬洪、薩利和羅德曼這整套內線匪幫，而公牛的中鋒只有老科茲尼；大前鋒倒有籃板魔王奧卡利和新進的格蘭特，重疊了──讓他倆一起上場打小個陣容？活塞的大象內線群能輕鬆碾壓掉芝加哥。

所以，需要一個中鋒。

對騎士系列賽口吐怨言的奧卡利，成了管理層的籌碼。他是聯盟最好的籃板怪獸，可以換到明星中鋒。公牛看中了一九八八年參加選秀的224公分荷蘭巨人里克‧斯密茨，想拿奧卡利加選秀權換之，不同意；好吧，去跟紐約談談看。那裡有兩個中鋒：喬丹的大學宿敵尤英──這個想都不要想；比爾‧卡特萊特？嗯，不錯。

外界對這交易不太熱情。卡特萊特時年已31歲，人生的全部輝煌，也只有新秀球季場均22分9籃板進全明星的故事。一九八七～一九八八球季，他在紐約打替補中鋒，場均11分5籃板。他肩不寬手不大步伐不算快，主要優點是聰明，216公分實在的身高，以及「努力工作，把嘴閉上，為球隊奉獻一切」的信條。相比起來，奧卡利的跑跳、籃板、防守壓迫力、拼爭和殺氣，都要勝出──但他最多是個大前鋒。

喬丹和奧卡利透過一種最戲劇性的方式知道了這消息：度假期間，他們透過媒體才知道奧卡利要走了。當事人奧卡利暴跳如雷不用說了，喬丹也深感挫敗。奧卡利是他的保

鏢，每逢蘭比爾、薩利、羅德曼對喬丹大動干戈時，奧卡利總是揮起肘子亮起胸膛，把所有企圖侵害喬丹的流氓隔開。奧卡利是和喬丹從匪徒絞殺裡出生入死的哥兒們，是一種安全感，而現在他要走人了。喬丹怒不可遏。他問助理教練巴赫：「誰是我的新保鏢？」巴赫半詢問地答：「賀瑞斯・格蘭特？」喬丹用一句誇張的話，表達了他的惱怒和對奧卡利的紀念：「格蘭特要保護我？我自己都能收拾格蘭特！」

　　至少在一九八八年夏天，喬丹被許多感情衝擊。世界對他的挑剔；他對克勞斯的不滿；克勞斯送走了他的兄弟哥兒們保鏢，扔給他一個大個子——在他眼裡看來傻透了。而一九八八～一九八九球季開始時，他試圖做一些別的。

　　一九八八年十一月，公牛以文森特＋喬丹＋塞勒斯＋格蘭特＋卡特萊特的先發，開始新賽季。十一月四日公牛開幕戰就遇到活塞，又是第三節結束時即落後18分，最後一節努力追趕無力回天。喬丹28分5籃板7助攻，新來的卡特萊特14分10籃板，但活塞顯然整齊得多。第二天在華盛頓，喬丹29分7助攻，格蘭特25分16籃板，終於表現出他有資格頂替奧卡利了。公牛輕取子彈隊取勝，可是卡特萊特又不穩定了：5投1中，2分，4失誤。

　　這是公牛隊公開的祕密：因為對奧卡利的懷念和對卡特萊特的成見，喬丹會要隊友「別給卡特萊特傳球」，他自己，偶爾會故意傳些極用力的球，讓卡特萊特接起來很困難。

　　賽季第三場，公牛又排怪陣：卡特萊特、科茲尼雙中鋒

先發，加上格蘭特，大個鋒線出陣，結果不敵紐約尼克的快攻。尤英被卡特萊特防到14投6中，但還是抓到18個籃板；紐約貌似忠厚卻實則奸猾的地堂功後衛馬克‧傑克森20分13助攻，讓強尼‧紐曼這名不見經傳的人物居然35分。喬丹31分9次助攻，但公牛還是輸了。喬丹大怒：前三場他送出了25次助攻，就為了1勝2負？於是第二天在波士頓花園廣場，喬丹顧不了別人，42分鐘內33投18中52分9次抄截，完全摧毀了、打飛了塞爾提克，出了口鳥氣。賽後，公牛只上場一分鐘的新人傑克‧哈利開了個經典的自嘲玩笑：「反正我會記得，今晚我和喬丹合計得了52分！」

以前，公牛沒人得分，喬丹必須得分；後來，球隊需要防守，他必須防守；在這一年，他發現球隊需要籃板手，於是他每次外圍防守完，還得殺回禁區搶防守籃板：一九八八年十一月二十三日到三十日這一週，他連續四場得到兩位數的籃板，包括對丹佛一戰27投19中52分——這是開季三個星期，他第三場52分了。諷刺的是，公牛這四場四連敗。十二月初，公牛好歹五場裡勝了四場——喬丹在這四場裡平均38分11個籃板——但依然辛苦。後衛文森特的組織無法指望了，喬丹得獨自得分、組織、籃板、防守。每晚上，他都得在起碼三項上做到頂尖，努力讓球隊贏球。

進入一九八九年，喬丹以一場41分10籃板11助攻6抄截的超級大三元帶隊擊敗快艇開局，過了一週在亞特蘭大，他48分10籃板9助攻。這段時間，公牛做了兩個調整：一九八八年耶誕節後，皮朋進了先發；1月初，派克森進了

先發。

於是，我們看到了：派克森＋喬丹＋皮朋＋格蘭特＋卡特萊特的先發，終於成型。

那時，他們誰都不知道這個陣容將成就王朝。他們只知道派克森擅於跳投但組織欠佳。於是一九八九年一月十一日起連續四場，喬丹送出兩位數助攻。公牛順利四連勝。這似乎是個好兆頭，連只會做數字統計的媒體都發現了：「如果喬丹依靠自身恐怖的牽制力，在對方二三人包夾中分球給隊友，公牛隊不就順暢了嗎？」

時光推進到一九八九年二月，全明星週末又來了。喬丹以1003062票冠絕聯盟，無爭議入選全明星，當晚得到28分。但東區明星隊不給力，西區的卡爾・馬龍26分鐘得到28分，帶隊擊敗東區，自己榮膺了全明星賽MVP。

這是轉變的一年，魔術強森和柏德雙雙因傷沒出席全明星賽。41歲的天勾賈霸最後一次出席全明星賽得了4分，但西區已經改朝換代。喬丹一眼望去，發現西區都是年齡相仿的熟人：約翰・史塔克頓、卡爾・馬龍、大夢歐拉朱萬、滑翔機崔斯勒、一九八四年奧運會隊友克里斯・穆林、北卡大哥詹姆斯・渥錫，加上東區的巴克利、尤英，他們的時代，真的要到來了。

但在芝加哥，另一個時代走向末日。

傑瑞・克勞斯是麵包屑，是控制狂，是吸血鬼。他喜歡在教練團安插「自己人」，比如菲爾・傑克森。喬丹深知他的脾氣個性，所以當年柯林斯剛上任時，喬丹一度心生疑

寶，認為柯林斯想監視他。事實上，克勞斯的確事必躬親。其他經理坐辦公室打電話談交易時，他卻愛坐在球隊大巴上，跟著公牛隊全美國打客場，絲毫不管他肥碩的身軀往大巴前排一坐，隊員們會覺得咽喉裡卡了脂肪球。

與此同時，柯林斯教練也不是清閒主子。他是明星球員出身，有其孤高之處；他聰明，有頭腦，但情緒化。他可以上一秒怒吼咆哮，下一秒給你個擁抱。他骨子裡依然是個球員，而非老奸巨猾。最後，他有強迫症似的贏球欲望——當年的明星球員，大多有這毛病。這就上觸了克勞斯的獨裁慾，下忤了球員們的鬥爭心。

NBA不是托兒所，沒那麼多和顏悅色的阿姨，名帥裡愛唱黑臉的強迫症相當不少。湖人的派特・萊里酷愛砸黑板鼓勵士氣；活塞的查克・戴利雖然是溫厚老爹，但也是「每一場比賽都要贏下」的細緻苛責主子；往上推則有率領塞爾提克開啓王朝的紅衣主教，更是鐵腕梟雄。但他們有嚴酷的資本：他們本身大多是梟雄之姿，聰明絕頂，且有人格魅力，既擅使手腕、翻雲覆雨，又能寬嚴相濟、哄住球員；他們手下的球員成熟老到，懂得應付。而公牛這裡，柯林斯不算是一個好相處的教練，而公牛的球員又實在是年輕。尤其是，喬丹經歷過迪恩・史密斯那樣的一代名帥後，曾經滄海難為水，很難指望他甘心服誰。用他自己後來的話說，柯林斯是一個「非常情緒化的年輕教練」。

因為贏球強迫症，柯林斯很執迷於一場比賽、一兩個戰術的得失。文森特和派克森的先發控衛位置倒換了許多

次；皮朋和格蘭特也時常在替補和板凳間流轉；老科茲尼三年間替補先發電梯不知道上下多少次。柯林斯永遠把球隊當試管，把球員——除了喬丹——混合來去，想翻弄新的化學反應。球員們只好搖頭：「這是個一天一戰術的教練啊……」。

與此同時，前嬉皮大鬍子助理教練菲爾‧傑克森，以及年已66歲的老助理教練特克斯‧溫特，靜靜地在旁邊看著這一切。

一九八八年十二月十七日，公牛客場應戰密爾瓦基公鹿。克勞斯理所當然地坐大巴去了客場，還帶著太太塞爾瑪，順便把菲爾‧傑克森太太珠恩帶上了。公牛前一晚剛打完溜馬，喬丹追著溜馬的二年級射手雷吉‧米勒都追累了；這一戰，公牛上半場就46比55落後。柯林斯大怒咆哮，被裁判罰出場。

於是菲爾‧傑克森代為指揮。

傑克森給了替補射手霍傑斯大量出場時間，讓皮朋、派克森別多考慮體系，只顧強攻。公牛士氣昂揚，第三、四節連續打出33比19的高潮，112比93大破公鹿。皮朋17分8籃板3抄截，霍傑斯19分鐘內5投全中14分，喬丹轟下36分6籃板5助攻3抄截，卡特萊特15分8籃板。公牛用到九人輪換，皆大歡喜的勝利。

除了柯林斯。

他看著傑克森指揮球隊贏了球。他看錄影時注意到克勞斯夫婦和傑克森太太在客場席位上安坐。這些材料加上他和

克勞斯之間曠日持久的戰火，輕而易舉地就發生了爆炸：他認為克勞斯試圖拉攏傑克森，一起陰謀來對付他。大鬧小吵一段後，柯林斯和傑克森基本決裂。克勞斯沒公開發表什麼話，他只簡短地告訴傑克森：「不要，錯過，公牛，本賽季的，任何一場比賽。」

全明星賽後，公牛進入狀態，以一波7勝1負進入一九八九年三月。然後，喬丹以連續8場比賽裡6場助攻上兩位數，帶了公牛一段4勝4負。對溜馬一戰，喬丹送出21分14籃板14助攻，得益於他的傳球，替補射手霍傑斯9投7中包括三分線外6投5中，19分。四天後，喬丹對紐約33分9助攻，霍傑斯再射落18分。柯林斯教練又來了個「一日一戰術」的新創意：既然文森特表現平常，霍傑斯手感滾燙，不如把霍傑斯推上先發，派克森去打第二陣容控球後衛？──先發控球怎麼辦？交給喬丹。

一九八九年三月十八日，霍傑斯先發，喬丹連續兩場送出合計26次助攻──尤其是三月二十一日作客洛杉磯，對手魔術強森20分8籃板12助攻，喬丹則還以21分8籃板16助攻，霍傑斯和皮朋則各得21分。這像是喬丹的宣言：「誰說我無法像柏德和魔術強森那樣，讓隊友變得更好的？」

也從這晚開始，恐怖的競賽開始了。

由於柏德的背傷，一九八八～一九八九球季例行賽MVP真正的熱門，其實只有喬丹和魔術強森二人。魔術強森在此前，已經打出了13場大三元。敗給公牛後兩天，魔術強森25分10籃板14助攻帶隊擊潰國王。喬丹成為球隊實際

主控後，助攻上雙如家常便飯，也看出點感覺了：不是比全面嗎？好！

一九八九年三月二十五日，喬丹在西雅圖對超音速送出21分12籃板12助攻的大三元，取勝。第二天魔術強森34分10籃板18助攻大三元，帶湖人推倒太陽。

三月二十八日公牛回主場，喬丹33分12籃板11助攻4抄截，又是大三元。同一天魔術強森對太陽10分3籃板14助攻。

三月二十九日喬丹在密爾瓦基32分10籃板10助攻，連續第三場大三元，公牛再勝。第二天魔術強森對馬刺8分9籃板10助攻，又差了一點。

三月三十一日喬丹對騎士37分10籃板10助攻，連續第四場大三元。第二天，魔術強森在丹佛20分17籃板15助攻，回敬了一個大三元。

四月二日，喬丹對籃網27分14籃板12助攻，連續第五場大三元。然後是兩天後對黃蜂，33分10籃板12助攻6抄截，連續第六場。美國轟動了。喬丹像在打電動一樣壟斷各項數據排行榜。四月六日在底特律，喬丹31分13籃板10助攻連續第七場大三元。

第二天再戰活塞，喬丹終於沒再打出大三元：40分7籃板11助攻。之後，喬丹又順便連打三場大三元——對老鷹的40分10籃板12助攻，對溜馬的47分11籃板13助攻，對籃網的29分10籃板12助攻，然後就偃旗息鼓了——魔術強森早已退出了這場半鬧劇式的對攻，但喬丹還是在連續11場比

賽裡打出10場大三元。近古罕有的偉業。這有些像賭氣：
「誰說我無法幫助隊友更好來著？」

很多年後，喬丹這麼認為：「我可以看到整個球場，對
手不再只把防守精力集中到我一個人身上。那是我職業生涯
第一次，我們球隊上有了其他的得分選擇，對手必須尊重我
的隊友。」的確如此。他在用自己的方式來幫助隊友，讓他
們獲得空檔進攻機會，執行重任。他不再是球隊的首席小提
琴手，而嘗試擔當整支球隊的指揮官。

賽季收尾，公牛47勝35負，比前一季退步了三場。喬
丹則創下了匪夷所思的全面表現：場均32.5分繼續蟬聯得分
王，同時場均8籃板8助攻2.9抄截，無爭議的繼續蟬聯聯盟
第一陣容和第一防守陣容。他在所有能以技術標注的領域，
都統治了一遍：進攻端個人單挑、防守端單防和補防、籃板
球、傳球，這是他資料上最全面的一個賽季。只是，魔術強
森同樣打出偉大賽季——22.5分7.9籃板12.8助攻，湖人57
勝。於是，魔術強森獲得例行賽MVP，喬丹票數次之。

而在MVP得票的第三到八位，則是四年級的卡爾‧馬
龍、四年級的尤英、五年級的歐拉朱萬、五年級的巴克利、
五年級的史塔克頓、二年級的凱文‧強森。柏德受傷後，真
的到了他們這一代人改朝換代的時刻了。

這個賽季的小插曲：喬丹懷念遠走紐約的哥兒們奧卡
利，不喜歡新來的卡特萊特，所以他耍了個小心眼。他在更
衣室裡拿卡特萊特笨拙難看的罰球姿勢逗樂，他要隊友別給
卡特萊特傳球。賽季尾聲時，卡特萊特找了喬丹，做了一番

很短的談話。用卡特萊特自己後來承認的事實，他當時說：
「我不喜歡你說我的內容……如果我再聽到你對別人說不要
把球傳給我，你就永遠也打不了籃球了。」

　　他們倆從來不是太好的朋友，但從此之後，他們似乎達
成了 —— 很難描述的 —— 一種奇妙的和解。喬丹對卡特萊
特產生了一種依然不爽，但多少有些敬佩的感情：這傢伙，
至少是條硬漢子。

　　　二○○九年五月，NBA東區決賽第二場剩一秒，騎
士主場93比95落後奧蘭多魔術隊。此時此刻，騎士的救
世主出現：當季例行賽MVP、23號勒布朗・詹姆斯弧頂
接球，出手。球劃過土耳其人希度・特庫魯的手指尖，
與此同時終場哨響。全克里夫蘭的心臟隨著那個球停在空
中，彷彿需要一萬年之久 —— 然後，球進了。

　　　「我後來只聽到了一片尖叫。」勒布朗說。

　　　一秒絕殺，克里夫蘭隊史上最偉大的一球誕生了。

　　　而在此之前，克里夫蘭最有名的一記絕殺，也是一個
23號投進的 —— 只是，那個絕殺毫無喜劇意味，剩下的
全是傷痛。

個人單場兩分命中次數：27次。

第十五章　THE SHOT

　　喬丹的命運很奇妙，彷彿總是會跟宿敵一再重逢。比如，一九八六、一九八七年連續兩次首輪遇到塞爾提克；一九八八年首輪3比2淘汰了騎士後，一九八九年再次冤家路窄。狹路相逢老對手自然可以免去寒暄若干，但克里夫蘭球迷還爲去年被淘汰滿心仇恨。

　　而且，一九八九年，情勢不一樣了。

　　一九八九年的公牛比前一季的50勝退步了三場，由於陣容多變、隊伍年輕，對喬丹的依賴有過之而無不及；而一九八九年的騎士，沒辜負魔術強森「九〇年代的球隊」之讚美，例行賽戰績57勝聯盟第二，防守效率聯盟第二──第一自然是鐵鎖橫江的底特律活塞──而且火力分布平均：馬克・普萊斯，全明星控衛，場均19分8助攻──多年後，他會作爲NBA史上第一罰球手被銘記。

　　布拉德・多爾蒂，全明星中鋒，場均19分9籃板4助攻。

　　朗・哈潑，入行時就被認爲像喬丹的得分後衛，場均19分5籃板5助攻。

　　賴瑞・南斯，前灌籃王，全明星前鋒，年度第一防守陣容成員，場均17分8籃板3火鍋。

　　內外線陣容均勻整齊，攻守傳投各有所長，例行賽從未

三連敗以上，可以排出九人輪換的完整陣容，而且比公牛多出十場例行賽勝利。相比而言，公牛像柯林斯的情緒一樣起伏不定，而且在例行賽，公牛的確沒贏過騎士一場。簡直可以說，克里夫蘭媒體一面倒地認為：騎士的陣容，就是為了幹掉公牛而量身訂作的。

最後，公牛處境極其不妙：他們是以一波2勝8負——夾雜著一段六連敗——結束例行賽的，而且賽季最後一場，公牛以84比90輸給了三主力作壁上觀的騎士。這波混亂的收尾，直接斷送了喬丹蟬聯例行賽MVP的指望。實際上，對戰騎士前，公牛像個加護病房：射手霍傑斯膝蓋不舒服，大前鋒格蘭特左肘帶傷，皮朋右肩不適。喬丹用一句話總結了他們的例行賽表現：「我們如果不表現好一點，會被騎士橫掃！」

於是，喬丹決定做點什麼。柏德和魔術強森不是都「讓隊友變得更好」嗎？他已經給隊友傳了足夠多的球（他這賽季送出了650次助攻），他得給隊友們的精神打打氣。喬丹聽膩了「騎士可能橫掃公牛」的口號，於是給了媒體一個聲勢浩大的宣示：「公牛會擊敗騎士，四場內。」

他當然知道，這話會像颶風一樣襲捲克里夫蘭，煽起怒火。他也知道一旦這話不能成真，就會被媒體提出水面，一邊風乾一邊嘲笑。但這句話讓公牛隊興奮起來了。替補前鋒塞勒斯嚷嚷，建議全隊穿黑色球鞋——喬丹在全明星賽期間穿過——來改變運氣。然後，在去第一場比賽的大巴上，柯林斯教練給了全隊一個大意外。他從前排跳起來，大

聲對球員們說：「來，我們來做個騎士隊進攻戰術知識測試遊戲！」

公牛年輕，熱血一煽就點著。他們氣勢洶洶闖到克里夫蘭，滿頭滿臉都是桀驁不馴搞破壞小青年的氣派。第一場在克里夫蘭，看見普萊斯不在，公牛一開場就是個7比0。第一節公牛24比14領先，第三節結束時公牛領先到了77比57，最後是95比88的輕取。皮朋22分6籃板，格蘭特13分13籃板。喬丹——全場31分11助攻4抄截——在第三節走到記分桌旁，看著那幾位「騎士可能3比0橫掃公牛」的芝加哥記者——對待忤逆的口令，他記性永遠那麼好——他對記者們瞪了一眼：「橫掃？別作夢了。」

公牛先拿下第一場，奪回主場優勢，但騎士第二場迎回普萊斯。雖然按教練雷尼·威爾肯斯的說法，普萊斯「只恢復到80%」，但也足夠了。喬丹第二場30分5籃板10助攻，但有多達7次失誤。南斯全面發揮16分9籃板5助攻2抄截4火鍋，普萊斯15分，朗·哈潑驚人的31分11籃板4助攻5抄截。騎士96比88板回一城。1比1。

比賽移師芝加哥，騎士球員驚訝地發現，公牛的贏球熱情已近瘋狂：球員們繼續穿著「帶來好運的黑色鞋」，公牛隊上下工作人員亦然。公牛101比94拿下第三場比賽，普萊斯被守到12投1中，喬丹則隨心所欲：聯盟第二的防守在他眼裡沒什麼了不起的，44分7籃板10助攻5抄截，公牛贏球。2比1。

但第四場，騎士沒打算讓公牛真的「四場內淘汰騎

士」。喬丹依然縱橫無敵，全場暴風驟雨般50分，但出了點事故：比賽結束前9秒，喬丹站上罰球線，公牛98比97領先，兩記罰球就能基本鎖定勝局。但喬丹2罰1中，公牛99比97，多爾蒂翻身兩記罰球，99平進入延長。延長還剩12秒時，公牛105比107落後，公牛中鋒卡特萊特失誤，被多爾蒂抄到球。騎士贏下，2比2。

第五場，得回克里夫蘭打。

全芝加哥都在屏息凝神，等喬丹痛罵卡特萊特——他對卡特萊特的成見天下皆知，自奧卡利被換走以來就根深蒂固。依照常理，喬丹會生吞了卡特萊特，骨頭都不剩。但喬丹沒說什麼。

「我不責怪比爾。我不責怪任何人。」喬丹說，「我不能責怪任何人——除了我自己。」

於是第五場，公牛重回克里夫蘭，一決生死。

令人驚奇的是，因為喬丹這句「我不責怪任何人」，公牛其他球員沒有被第四場敗北挫傷。對他們來說，這場比賽似乎反而緩解了壓力。也許他們發現了，喬丹也是人，他也會罰球不進導致輸球。做喬丹的隊友很不容易，但這一晚，喬丹和他們是站在一起的——而沒有被媒體離間開來，作為「喬丹」和「那幫讓喬丹贏不了球的人」。

第五場上半場，喬丹表演得像一個傳統的控球後衛，展開隊形，轉移球，甚至給卡特萊特傳球。當卡特萊特漏接時，他還是會大聲斥責「接住球」，但他還是不斷地把球拋向內線。上半場，卡特萊特就得到了12分。喬丹自己半場只

得了14分，但公牛全隊展開了節奏。騎士主場山呼海嘯，但公牛沒退縮，半場下來，46比48落後。

下半場，決勝時刻。

上半場只抓到1個籃板的格蘭特，下半場發了威，第四節連續抓到進攻籃板得分，下半場4籃板。賽後他自己說「上半場那是我兄弟哈威·格蘭特出場，下半場才是賀瑞斯自己呢」，霍傑斯開始投進三分球。卡特萊特在比賽還剩2分06秒時點進進攻籃板。皮朋在比賽還剩1分13秒時飆時一記關鍵三分。公牛97比95領先。

但騎士沒有停歇。普萊斯已經彈盡糧絕，但球隊第七人埃洛在這場比賽撐起重任。一記關鍵的三分球，騎士98比97反超。喬丹在右翼45度角，面對賴瑞·南斯，射中他下半場第28分、本場第42分。公牛99比98領先。還有6秒。

騎士跑了一個成功的戰術：埃洛界外球給南斯，急速內切閃過霍傑斯。南斯傳球，埃洛接到，上籃。騎士100比99領先公牛1分。

成王或是敗寇，還剩3秒。

很多年後，當人們說起這個球時，說法眾多。一種最著名的說法是，柯林斯教練想給騎士一個意外，於是想安排老中鋒戴夫·科茲尼投籃。但喬丹一拳砸在戰術板上，怒吼一聲：「把那個該死的球給我！」── 這是很多年後的故事了，當時的描述要平靜得多。柯林斯給出的戰術是：塞勒斯中線發球，卡特萊特給喬丹做掩護，讓喬丹擺脫埃洛接球，投籃。喬丹走過去對霍傑斯 ── 他剛漏防了埃洛 ── 說：

個人單場三分球命中次數：7次。

「別擔心，我會把球投進的。」

全場所有人都知道喬丹會投籃，騎士更明白。

開球。騎士沒有人去攔邊線球，而是全力圍剿喬丹。208公分的南斯繞前防守喬丹，埃洛在喬丹身後。喬丹先給卡特萊特做了個背掩護，擋開多爾蒂。埃洛後來承認：「有一秒我覺得那可能是個誘餌。」——但不是。喬丹變向，閃開南斯，奔向邊線，接到了塞勒斯的傳球，在右側三分線外。

時間開始走。

喬丹不太想突破製造罰球——上一場他27罰22中，包括關鍵時刻的失手；這一場，他13罰丟了4個——喬丹以閃電般的速度向左爆發，埃洛在那一瞬間錯誤地選擇了伸手抄球，抄空。巨大的錯誤。喬丹獲得了一步的空間，來到了罰球線正面，起跳。

時間還在走。南斯在喬丹右側鞭長莫及，埃洛急飛而起，從右側企圖封阻喬丹，克里夫蘭球迷看見埃洛的手抹過喬丹身前。線路已經封死，喬丹無法出手了。

不對。

埃洛開始下落，喬丹依然沒有落地。時間還在走。埃洛從側面滑過了喬丹，克里夫蘭幾萬雙眼睛看著公牛的23號擺脫重力浮在空中，彎腿，屈臂，然後，把球投了出去。

你聽得見時間慢慢走完、克里夫蘭幾萬顆心一起粉碎的聲音。

「我沒有看見球最後怎麼了。」喬丹說，他投完那球後

失去平衡，身體滑向左側，「但看見球迷的反應，我知道球進了。然後我就做了一些我不該做的動作。」

喬丹完成了絕殺——很多年後，這個球被溫特教練稱呼爲「天使的飛舞」，或者更著名的，「The Shot」——101比100，公牛擊敗騎士，連續第二年3比2淘汰騎士，進入了東區準決賽。埃洛沮喪地倒地，而且幾乎永久地成爲了喬丹最偉大的背景之一。很多年後，他的孩子都經常邊看錄影重播邊問：「爸爸，你當時在做什麼？」——喬丹揮臂，狂吼，失去理智地咆哮：「結束了！」塞勒斯撲上來，然後是其他公牛隊友。他們像擁抱神一樣擁抱喬丹。

他的NBA生涯裡不缺偉大的絕殺，但這一次，是足以和一九八二年他一擊拿下大學冠軍媲美的故事。一個標誌性的、NBA史上最令人驚嘆的絕殺之一。而這一次，和一九八二年「我不斷祈禱」不同，他咆哮，發洩憤怒和驕傲。他自己這麼說：「我覺得，正義終於得以伸張！」

「第四場罰球失手後，我心情很差。第五場來到這裡，我又被球迷噓。我在罰球線上時球迷對我招手。我聽見他們在不斷朝我喊『是放暑假開同樂會的時候啦』。我覺得我得證明些什麼。」

他其實不用證明了，事實上，這只是又一次，他把一切的逆境轉化爲了憤怒和動力，讓他又一次和普通球員拉開了距離——用魔術強森的說法，NBA就是「喬丹和其他人」。在這一晚，他是喬丹，是一瞬間摧毀整個克里夫蘭的人，而不是NBA的其他任何一個人。

「偉大的球隊」是個很難理解的概念。其實，很長一段時間，我都相信，「好球隊就是幾個傑出明星，越多越好；有人負責解決問題，有人負責做其他事——總之，好球隊是由很多好球員組成的」，但最後，往往並非如此。

一個出色的個人球員該是如何，一個偉大的團隊領袖該是怎樣，有許多東西，是許多年以後回頭看，才能明白的。一九九七～一九九八球季，史考提‧皮朋只出賽44場，喬丹已經35歲，公牛的陣容一眼望去並不比其他球隊出色太多，但他們還是能在例行賽贏下62場。

「偉大的球隊」是個奇妙的概念：他們是支活的團隊，他們未必相親相愛，但懂得在比賽的適當時候做適當的事。這種感知，可以擊敗任何其他的天才——一如當年，活塞一再擊敗喬丹一樣。

第十六章　最強個人 VS 最強團隊

　　一九八九年東區準決賽，公牛對陣紐約尼克。紐約例行賽52勝，有二年級的妖怪後衛馬克·傑克森，有多明尼克·威金斯的表親，同樣擅於飛翔的傑拉德·威金斯，以及喬丹的老熟人派屈克·尤英。自一九八二年NCAA大決戰以來，這是喬丹季後賽第一次遇到尤英。紐約帳面實力仍在公牛之上，但經過公牛解決掉騎士後，沒人敢小覷公牛了。

　　而公牛，對騎士死裡逃生後，正是心比天高，覺得他們能碾壓世上的一切。

　　準決賽首戰於三月九日開幕，公牛在最後一節落後時，一口氣打出8比0，把比賽逼進延長。喬丹全場都在傳球，到延長賽猛然甦醒，連得9分。公牛120比109取勝，喬丹全場34分10籃板12助攻，格蘭特19分9籃板，皮朋15分9籃板6助攻，霍傑斯4記三分球全場24分。但卡特萊特才是功臣：自己18分14籃板4助攻，而且逼得尤英20投9中22分10籃板，老哥兒們奧卡利則受限於犯規，28分鐘內2分3籃板就被罰退場了。公牛1比0。

　　第二場，紐約115比97大破公牛，扳回一城。但馬克·傑克森做了件錯事：他從喬丹手裡抄到球後，玩了個典型的

個人單場罰球得分：26分（該罰球次數：27次）。

紐約後衛嘲諷——回身朝喬丹玩了個以其人之道還治其人之身：亮舌頭。喬丹全場只得15分，但這一個動作，他記住了。於是：回到芝加哥主場，喬丹全場轟下40分15籃板9助攻6抄截。公牛第二節轟出42比26的拉開比數，上半場已領先20分，全場111比88血洗紐約。唯一的不妙是：喬丹在上半場傷到了腹股溝。賽後，芝加哥媒體一片杯弓蛇影，尼克教練皮蒂諾倒不當回事，還貿然發出置疑：「喬丹真的受傷了嗎？」

　　然後他就後悔了。

　　第四場，喬丹帶傷連續衝刺紐約防線，罰球28次罰中23球，全場47分11籃板6助攻。更要命的是，卡特萊特自己21分6籃板不說，還逼得尤英15投5中只得10分。公牛106比93再勝，3比1領先尼克。賽後，喬丹錙銖必較地追究起了皮蒂諾。

　　「我受傷後，不會多去想我的傷勢。這是季後賽，疼痛是賽前賽後的事。」

　　皮蒂諾則心服口服：「我想喬丹剛入行時，大家都質疑他能否讓隊友變得更好。但現在，如果要說一個聯盟最佳球員，你得說是喬丹。不只是他自己超卓出群，而且他在讓所有隊友冉冉上升。」

　　的確如此。

　　第一場，公牛全線發威。第三場，格蘭特15分11籃板，皮朋高效的12分7籃板5助攻2抄截1火鍋。第四場，卡特萊特21分，皮朋12分7籃板8助攻。尤其是卡特萊特：前

四場他把尤英守到場均不到19分，命中率不過45%。這是多年來卡特萊特和尤英在紐約做隊友的好處：他知道怎麼把尤英卡位，把尤英逼到底線接不到球。「尤英很危險，但只要把他逼出去，嗯，就好多了。」而他自己前四場平均15分7籃板：「有機會的話，我也會刷點數據啦。」

　　紐約擅長壓迫式防守，事實上，第三、四場，他們祭出了43次全場壓迫防守，但只逼出公牛兩次回場失誤。喬丹可以輕鬆運球突破紐約的防線，然後找到隊友。他能投、能傳、能突破，而且創造力簡直非人間所有。柯林斯非常得意：「皮朋和格蘭特能跑，霍傑斯能遠射，卡特萊特有空位也能得分，喬丹能直接突破籃下。我們有一群人，紐約無法阻止我們。」

　　第五場，尤英終於發威，32分11籃板4火鍋，加上奧卡利的18分13籃板，紐約擋住了喬丹38分8籃板10助攻5抄截的攻擊，121比114取勝。但第六場，喬丹系列賽第三次得分超過40，加上10助攻和4抄截。皮朋19分，卡特萊特16分8籃板，紐約苦戰到最後時刻，111比113敗北。公牛4比2淘汰紐約，直抵東區決賽——一支東區第六的隊伍，殺到東區決賽。了不起的奇蹟。

　　然後，又一次遇到了宿命老冤家底特律活塞。

　　一九八九年的活塞，比前一年更為強大。他們銜著一九八八年總決賽七場敗給湖人的餘恨，臥薪嘗膽。也許因為這個城市擁有世界上最擅長拼接零件的工人，機器鳴動、鋼釘鏗鏘的聲音也許迴蕩在他們的夢裡，於是在夢醒後，他

們越來越像一台機器。他們的比賽充斥著強硬掩護、無球空切、機械化的射籃、拖慢進攻節奏。他們殘忍、兇暴、冷酷、傲慢、團結。尤其是一九八九年春天那次交易後。

　　一九八九年，活塞決定把阿德里安‧丹特利──前得分王，曾在爵士連續四季場均30分的超級得分手──交易去小牛，換來同樣位置的馬克‧阿奎利。丹特利相信這一切都是微笑刺客的陰謀，當他率領達拉斯回底特律打球時，曾揪住以撒‧湯瑪斯咬牙切齒：「我永遠不會原諒你。」多年以後，活塞經理穆斯柏格挺身而出，為微笑刺客一洗冤屈：「微笑刺客當然抱怨過丹特利要球太多，擾亂更衣室，但交易的決定是我做的。」──那都是之後的事了。

　　這次交易，乍看很是詭異。阿奎利和丹特利都是低位得分手，阿奎利交易前，正被小牛當作毒瘤，交易來活塞，被檢出體重超重了5公斤。但這次交易，最後卻讓活塞補滿最後一塊拼圖。其理由一：此前丹特利那種「每次進攻都要球單打」的打法，已令以撒‧湯瑪斯惱火了；而阿奎利和微笑刺客，恰是死黨哥兒們；理由二：丹特利之前綽號「老師」（這詞得用諷刺語調念），不太會教年輕球員學好，而且很在意自己的地位，阿奎利就無所謂些。於是交易之後，活塞能夠多給丹尼斯‧羅德曼一點上場時間，且不影響隊內團結──結果這年，羅德曼就進了年度防守第一陣容。所以，這一個交易有前提：移了丹特利，來了阿奎利，串聯了他和微笑刺客的友誼，又啟動了羅德曼。毫無疑問，一九八九年的活塞是聯盟中最強團隊。

然而他們輸掉了東區決賽的主場開幕戰。

連續三個系列賽，公牛先聲奪人，先攻破對方主場。喬丹領銜的防守，讓以撒‧湯瑪斯、喬‧杜馬斯和維尼‧強森合計45投11中，公牛94比88取勝。這是場艱辛的防守拼奪戰，喬丹手感不佳29投10中32分，但11個籃板4助攻。皮朋14分11籃板6助攻。這場之後，微笑刺客被媒體嚷嚷「喬丹把微笑刺客封殺了」，大怒，第二場微笑刺客席捲33分，活塞100比91取勝。但媒體依然認為：刺客太執著於和喬丹對決了——作為控球後衛，他全場出手27次，只有4次助攻。活塞的大惡人蘭比爾認為，這場勝利來得僥倖：「我們的比賽意識七零八落的。」而微笑刺客及時地醒了過來：「我也不喜歡自己這樣打。這就像我四五年前的打法。我們的隊伍太好了，我不該自己單打。」

最後，他的總結，暗示出他明白，自己得依賴團隊了。

「如果比賽是微笑刺客 VS 喬丹，我每場都會輸。」

喬丹依然鬥志十足，第二場雖然敗陣，但他帶病拿了27分。第一節末，他一次抄截快攻，故意放慢速度，等他最討厭的蘭比爾追上來試圖封阻，然後猛然起速，劈頭蓋臉給了蘭比爾一記扣籃。跑回自己半場時，喬丹回頭盯著蘭比爾，那意思是似乎是說：「來試試看吧。」

第三場回到芝加哥，活塞一度反客為主。比賽還剩7分半時，活塞86比72領先。然後，公牛的血性發作。公牛發起了一波25比11的大追殺，比賽還剩28秒時，格蘭特兩記罰球讓公牛97比97追平活塞。還剩9秒，微笑刺客在弧頂單挑

個人單場進攻籃板：8個（4次）。

喬丹，蘭比爾殺出來做一個——用他自己的話說，「我做了一千遍的掩護」——被吹了進攻犯規。

於是，還剩9秒。全芝加哥的人都在等喬丹。喬丹接過皮朋的界外球，在三分線弧頂持球，朝防守他的羅德曼衝去，背靠到離框8英尺處，微笑刺客過來補防，晚了：喬丹一記擦板投籃，得到自己第46分，公牛99比97領先。只剩給活塞3秒。活塞最後一擊未中，公牛完成第四節33比20的大逆轉，99比97獲勝，2比1。當然，最關鍵的數據對比：喬丹46分7籃板5助攻5抄截，而微笑刺客雖然11次助攻，但只有8投2中，5分。

又一次，公牛2比1領先對手了。

但活塞的教練，畢竟是查克‧戴利老爹。

戴利在季後賽前，已經暫停了「喬丹規則」。他很忌憚格蘭特和皮朋，知道如果全力封阻喬丹，這兩個二年級生可能興風作浪。但這一晚後，戴利再次坐不住了。

「我們決定了，不能再讓麥可‧喬丹獨自周而復始地打敗我們！我們要搞定他！」

結果是，第四場喬丹遭遇羅德曼和杜馬斯輪番伺候，15投5中只得23分。

「喬丹規則」的一切，又被翻出來了：喬丹一對一時，逼他朝左移動；喬丹試圖擋拆時，雙人包夾加身體接觸；喬丹背身單打時，三人包夾；喬丹無球走位時，貼身緊逼加內線圍追；喬丹翼側接球時雙人包夾……具體到對位防守者，羅德曼依靠203公分的身高，緊逼防守喬丹的投籃，允許喬

丹突破籃下，然後就是圍迫夾擊。喬丹承認羅德曼腳步飛快，而且「他能夠貼我那麼緊，卻做到不犯規」。

而杜馬斯的風格則是另一種。

杜馬斯191公分，一個誠實、厚道的老好人。他沒有偉大天分，卻是一個意識絕對完美的防守者。他的判讀、橫移、與隊友的聯絡、細節調整，都如國際象棋大師般精準。活塞依靠全隊來防守喬丹，而他是這組防守中的舵：他是這堆肌肉怪物的引導者，和喬丹玩一場鬥智遊戲。而且，一個常被歷史忽略的因素：喬丹最可怕的地方，是他的仇恨和偏執。一旦惹怒了他，你會被他拋下地獄蹂躪。但是，杜馬斯和喬丹卻關係不錯：他是個道地的君子。每次杜馬斯率領兄弟們來屠宰喬丹前，喬丹和杜馬斯總會互相問候家人是否安好。喬丹也承認，「十四年對戰中，我們彼此從來沒有說過一句狠話」。甚至當喬丹被底特律匪徒們撞飛時，杜馬斯會過來問「你OK嗎？」。也許杜馬斯並非有意，但是，讓喬丹對他恨不起來，也是防守成功的秘訣之一。所以喬丹承認：「杜馬斯強壯、穩健、凶狠、扎實。他不做特別的事，但是他能完成任務。」

第五場，喬丹只出手8次，8投4中18分，送出9次助攻。藉著他的傳球，卡特萊特9投5中16分12籃板，格蘭特19分。但活塞靠替補「微波爐」維尼‧強森23分鐘內22分，外加逼出公牛24次失誤的防守，94比85取勝。3比2領先了。第六場，喬丹竭盡全力26投13中得到32分送出13次助攻，但公牛不行了：卡特萊特8投1中，皮朋只打了一分

鐘就被蘭比爾「無意的」手肘擊中，腦震盪下場。而活塞那邊，微笑刺客33分，蘭比爾11分10籃板，全隊五人得分上雙。活塞103比94擊敗公牛，4比2晉級一九八九年NBA總決賽。然後，他們沒再讓機會錯失：活塞4比0橫掃湖人，拿下隊史第一個總冠軍。

　　那一代籃球迷，許多都有過類似的年少回憶：一九九五～一九九八那些年，週末了，趕上看公牛的球賽，上半場雙方不相上下，你很平靜地等第三節和第四節，你知道「喬丹即將統治此處」，然後這一切就出現了。如果你看過那時的公牛和喬丹，你就會有類似的籃球審美：你會喜歡看到全隊陡然開始施壓的合作，喜歡靠團隊防守把對手誘入死角的聰慧，喜歡看到協防完成抄截反擊，喜歡看到準確的空切和傳球，喜歡看到尋找空檔隊友、快速轉移球和空檔中籃，喜歡看到罰球間隙隊友間老練默契的交流。你得想出這麼一套贏球的萬用方程式。那時你知道，偉大的籃球就是在適當的時候做適當的事。

　　一九九七～一九九八球季，公牛即是如此。他們平均32歲了；他們缺乏進攻火力，進攻只有聯盟第九；他們完全依賴著一批老頭子的防守細節和決心。你不知道為什麼，他們總是比別的球隊顯得老弱，但熬到比賽末尾，贏的卻總是他們。

第十七章　不同的價值觀

　　很多年後，微笑刺客曾在不同場合，不斷回憶起這一年的活塞。某個場合，他說，「籃球的秘訣，在於籃球之外」；另一個場合，他會眼睜睜看著自己不斷跌倒、持續奮鬥的情景，淚流滿面，然後哽咽著對採訪者說：「你們不會理解的……真的，你們不會理解的……」底特律活塞在一九八九年，完成了他們最偉大的勝利：他們壓倒了統治八○年代的湖人與塞爾提克，壓倒了魔術強森和柏德，擊敗了最璀璨的新星喬丹。前無古人，後無來者。這支球隊是如何鑄造成的呢？你可以說：防守、鐵血、殺戮、意志，但有以下細節值得玩味：一九八九年總決賽MVP，不是活塞的靈魂人物微笑刺客，而是敦實的喬‧杜馬斯。

　　一九八九年二月，活塞失去了八○年代最好的得分手之一丹特利，但換來了與微笑刺客情投意合的哥兒們阿奎利，而且因此啟動了丹尼斯‧羅德曼。

　　一九八八～一九八九球季，奪冠賽季，微笑刺客打出了自己七年來最差的數據：這個以往年年場均20分10助攻、一九八四～一九八五球季甚至打出場均21分14助攻的精靈，在一九八八～一九八九球季，不過場均18.2分8.3次助攻——比起場均32.5分8籃板8助攻2.9抄截的喬丹，比起拿大三元如探囊取物的喬丹，微笑刺客的個人星光黯淡許多。

個人單場防守籃板：14個。

但諷刺的是，活塞這塊硬鐵的黑幕，彷彿是上帝之鞭，專門鞭策各類數據嚇碎人膽的天之驕子。

就在一九八九年十一月，《體育畫報》又給喬丹做了一期專訪。確切的說，是問答。比如，喬丹是否知道哪支球隊是他最常單場刷40分的祭品？喬丹以為是波士頓，但答案是：騎士，已經累計被他砍過13次單場超過40分以上；在過去16場對費城的比賽裡，喬丹場均得分超過40分，兩次得分超過50分；只有在對陣湖人、子彈、小牛和超音速時，喬丹的場均得分才不到30分……喬丹很認真地說起細節：

「如果有些球隊能攔阻我，那是因為，他們會讓我去防守一個硬底子的、能繞掩護空切的大個子後衛。子彈隊有傑夫・馬龍，小牛有羅蘭多・布萊克曼，超音速有戴爾・艾里斯。我沒辦法很輕鬆地背身單打他們，因為他們都跟我一樣高而壯……至於對勇士嘛，很簡單，他們有馬努特・波爾。」—— 他說的是勇士那個231公分高、曾經親手殺死過獅子的蘇丹超級長人。

但是，喬丹對騎士隊，他的祭品，他一九八八、一九八九年連續刺碎過心臟的球隊 —— 一如活塞幹掉公牛一樣 —— 深表欣賞。

「我對陣騎士時打得好，因為他們就是派人單防我，基本上。朗・哈潑，他緊逼我，挑戰我，想抄我的球，有許多次賭博抄截，所以我能有機會突破他。我遇到這樣的球隊，總是感到很興奮。騎士，還有亞特蘭大老鷹，都是那種，貫穿我整個職業生涯，試圖挑戰的隊伍。」

　　他描述這一切，就像獵人描述飛鳥和猛獸，像鬥牛士描述被他戲耍、羞辱、最後殺死的公牛。他就是如此無堅不摧，呼風喚雨，彷彿有以一擋百的魔法。世界也同樣相信，他就是這樣的人物。一九八九年夏天，麥可・喬丹26歲。他是這個星球上最好的個人球員，沒有之一。而且，不但如此，他能夠飛，他不是凡人，他有逸倫超群、超脫俗世的天姿。但是，底特律活塞和微笑刺客，就像所有現實世界的鐵幕一樣，把他的飛翔扼殺在童話裡。世界用飛翔、夢幻、天才、迅速、優美形容喬丹，但在形容底特律的詞典裡，是其他的辭彙：防守、兇悍、謀殺、殘忍，以及，團隊。

　　一九八九年，喬丹結婚了。妻子叫朱安妮塔。這段婚姻會在多年後出現問題，但在當時，堪稱完美。早在一九八八年，朱安妮塔發現自己懷了喬丹的孩子，要求結婚。她不是普通的追星女孩，而是在《太陽時報》工作的職業女性。她知道傳媒的力量，她比任何人都了解，麥可・喬丹，這時候正即將成為世界的偶像，承受不起有私生子、拒絕負責任一類的醜聞。這段婚姻的愛情裡，多少混雜著算計，但對喬丹來說，不是壞事：他生活裡，的確需要這麼個聰慧精明的女人。

　　另一樁「婚姻」，在一九八九年夏天達成。柯林斯教練終於離開，然後，一如他之前擔心的、媒體謠傳的一樣，菲爾・傑克森成為了公牛的教練，時年44歲。

　　傑瑞・克勞斯心滿意足：合作了兩年，他覺得自己對傑克森有提攜之恩，而且，「菲爾是我的人」。公牛老闆雷恩

斯多夫更謹慎些，他給比爾‧布蘭德利打了電話──十五年前，布蘭德利和傑克森同在紐約尼克效力，拿了一九七四年總冠軍。之後，傑克森成爲了嬉皮教練，布蘭德利從政當了議員。對前隊友的教練前景，布蘭德利回答：「他考慮團隊，但又能關注到個體。」

這就夠了。

世界歌頌喬丹，克勞斯和雷恩斯多夫也無意阻攔，但他們總希望，公牛留給世界的印象是一支成型的球隊，而不是「喬丹和那批克勞斯硬塞給他的垃圾隊友」。傑克森能夠「考慮團隊」，而且和喬丹合作過了兩年，似乎很完美。

一九八九年夏，公牛做了調整。塞勒斯和文森特被送走，約翰‧派克森重回先發組織後衛；一九八九年選秀大會上，公牛選進了愛荷華大學的B.J.阿姆斯壯，擔當替補控衛。如此一來，公牛的陣容又有調整。

派克森、喬丹先發後場，三年級的皮朋和格蘭特擔當前鋒，卡特萊特繼續擔當先發中鋒。加上二年級的替補中鋒威爾‧普度、新人替補控衛阿姆斯壯，公牛與他們新來的教練一樣，換了套年輕陣容。當然，年輕化是用來給媒體寫標題的，關鍵在於，喬丹怎麼看？

喬丹從來沒有公開說過，但自從奧卡利走後，他望向芝加哥新人的眼光裡，總帶著挑剔和仇恨。活塞給予他的敗北之痛，只讓他的眼光鋒刃畢露。他承認格蘭特有天賦，承認皮朋在進步，但他覺得格蘭特有些笨，皮朋則不穩定。他不喜歡先發中鋒卡特萊特，對替補中鋒威爾‧普度也沒好感。

在喬丹看來，凡德比爾特大學畢業的普度的確傳球不壞，投得進球，但慢，且軟，而且他打籃球似乎純為了謀生，缺少熱愛。後來，媒體透露喬丹曾說道：

「這傢伙還是叫威爾·凡德比爾特好了，他不配姓普度。」事實是，喬丹在為北卡打球時，很敬重印第安納州的籃球名校普度大學，其譏諷意味，正來源於此。

於是到最後，在球隊裡，他能信賴的，或者說，他肯信賴的，只有多年來陪在他身邊，穩穩射進跳投的約翰·派克森。

媒體總著力渲染說，喬丹是天縱奇才，卻常忘記這件事：當年在北卡，他是個出色的團隊成員。他經歷過在渥錫身邊幫襯的歲月，他知道冠軍團隊該是什麼樣子。他對普度的嘲諷，暗示了他對大學籃球環境的記憶。恰是當年在北卡的輝煌歲月，讓他對公牛的團隊難以信賴：比起當年足以託付信賴、兩肋插刀的北卡，公牛的球員們，更像一些柔弱、自卑的小孩子，在眼巴巴地看他。

然後，是些其他雞毛蒜皮的事。

比如，在一九八九～一九九〇賽季公牛隊的宣傳冊上，喬丹發現：封面人物竟然不是自己，而是皮朋。

比如，喬丹擺明著不喜歡普度，助理教練巴赫也認為「普度這輩子也就是給卡特萊特做替補的命」，但傑瑞·克勞斯那麵包屑認定，普度是「公牛的未來」。

比如，一九八八年，公牛每個主場有17794人到來。對比喬丹來到前那季的每場6365觀眾，天翻地覆。一九八八年

個人單場總籃板：18個（2次）。

春天，大衛·法爾克手握這個資料，從公牛那裡要到了八年2500萬美元的合約。但是，傑瑞·克勞斯不喜歡「公牛管理階層都是喬丹的跟屁蟲」這話，更不喜歡耳邊每天被叨唸「嘿，喬丹每年從Nike那裡賺的是公牛的三五倍，究竟他和公牛誰欠誰啊」的話題。

就在這一片喧嚷聲中，一九八九～一九九〇球季的例行賽開始了。

一九八九年十一月三日，芝加哥的開幕戰揭幕：公牛主場延長苦戰，有驚無險，124比119擊敗騎士。雖然騎士的哈潑得到36分10籃板6助攻，騎士的二年級射手史帝夫·柯爾7分9助攻——那時芝加哥人還不知道，多年之後，這兩個傢伙會成為公牛的重要成員——但抵不過喬丹神威縱橫：31投19中54分14籃板6助攻3抄截。令人激奮的是，這場比賽，公牛諸將都有發揮：格蘭特17分7籃板，老卡特萊特17分15籃板，而皮朋則是19分3籃板，以及7次助攻——他是本場公牛的助攻王。

一天後，波士頓塞爾提克登門挑戰，喬丹受犯規所苦，只打了34分鐘，24分；皮朋接管了一切：24投13中28分8籃板5助攻3抄截2火鍋。三天後，公牛主場擊敗宿敵活塞，稍微出了一口怨氣。喬丹40分5籃板7助攻，皮朋17分10籃板。

菲爾·傑克森在旁看著這一切。

他開始想出一些錦囊妙計。比如，訓練時，他會讓喬丹和皮朋各帶一隊對抗。皮朋隊當然總還是會輸給喬丹隊，

但每一天，皮朋都得想辦法去對抗喬丹，每一天，喬丹都得想辦法繼續壓制皮朋，於是每一天，公牛的訓練都像是場戰鬥。與此同時，皮朋的那些隊友們，也得忍受喬丹的冷嘲熱諷。喬丹不介意把訓練搞得像場戰鬥：早在北卡時期，他就相信「傾全力練習＝出場時間＋隊友的尊重」。

比如，在教練團安排下，皮朋的持球機會增加了。皮朋無法像喬丹那樣隨時隨地得分，但他年少時打過後衛，有一個指揮官的大腦；他有201公分的身高，有像蜘蛛一樣的臂長，能夠俯視對手陣線，擔當指揮官。這不是什麼新聞：一九七五年，金州勇士依靠201公分的巨星瑞克・巴里奪冠，那年的巴里開創了「組織前鋒」這位置的先河。八〇年代，密爾瓦基公鹿的長傳大師普雷西、塞爾提克的賴瑞・柏德，都是身為前鋒的指揮官。考慮到湖人隊靠206公分的魔術強森來呼風喚雨，傑克森很明白：

皮朋是個大個子傳球者，能夠高瞻遠矚組織陣線；且如此一來，喬丹、派克森之外，公牛又多了一個持球者——比起得分、突破、組織、轉移一切悉決於喬丹的單線思維，球隊多一個大腦，總是好的。

然後，傑克森，以及他的助理教練特克斯・溫特，一起開始在喬丹耳邊吹風，若有意若無意地提起這個詞：三角進攻。

一九八九～一九九〇球季，公牛依然不是支防守強隊，但在進攻端，他們煥然溢彩。皮朋成為了一個全面的前鋒，格蘭特的進攻籃板和跳投都很出色，卡特萊特也不像剛來

時那麼惹喬丹討厭，派克森穩穩地射進跳投，命中率高達52%，替補後衛霍傑斯是聯盟裡最頂尖的三分手之一。最後，是喬丹：

他到了一種遊刃有餘的境界。聯盟六年級生，他的跑跳能力依然在巔峰，投籃的成熟讓他隨時隨地可以開火──比如，一九九〇年一月十八日對勇士，他取下44分。對方禁區依然佇立著足以遮擋籃框的231公分巨人波爾，但那又如何？喬丹全場送出7記三分球，合計44分，幹掉了勇士。

他擁有舉世無雙的速度，有全方位投籃的進攻火力，快如鬼魅，動如游龍。他可以隨時一踩油門，讓對手只看得見他背上的23號和球鞋底──當然，大多數時候，他控制著自己。偶爾，他放縱自己接管比賽之後，總會開玩笑似地跟溫特教練眨眨眼：「特克斯，我又跳出體系來啦！」

他毫無懸念地當選一九九〇年全明星，在全明星賽上隨手拿了17分5次抄截。但讓他感興趣的卻是：全明星後，公牛像台終於裝配完畢的機器，開始運作。二月十六日至三月六日，公牛完成9連勝，然後輸給猶他爵士──那天喬丹獨得43分無濟於事，於是隔兩天，喬丹在溜馬身上砍了45分洩憤。三月十六日，公牛主場81比105被活塞痛宰，賽後，微笑刺客不意外地再次撂了狠話：「活塞會永遠擋在喬丹身前！」

喬丹賭著一口氣，三月二十八日，公牛客場對騎士。一開始，喬丹沒打算動殺氣：平常的左翼翻身跳投得分，平常的抓進攻籃板後上籃得分加罰，平常的左翼突破後撤步跳

投，平常的接傳球空位遠射……當然，那天喬丹手感不錯，上半場就15投11中得到31分7籃板3抄截。如果一切正常，這就是一場平常的球賽：喬丹最後拿個45分，也許50分，然後帶公牛回家去。

但是，騎士18號羅德‧威廉姆斯做了個會讓他後悔終身的選擇：下半場，當喬丹一個快攻扣籃即將完成時，他用了一個野蠻的動作，把已經起飛的喬丹橫肩摺倒在地。

喬丹後來多次談到這一細節：他在場上倒了一分多鐘，也許兩分鐘，聽見克里夫蘭球迷的歡呼聲。這裡頭混合著理所當然的嫉妒、快樂和仇恨，而喬丹憤怒了。他可以接受對方球迷為自己沒投進而歡樂。可是，為對方球員被擊倒而鼓掌？

在這一瞬間，騎士閃現的暴力幻影，也許讓他想到了底特律活塞。

喬丹憤怒了。公牛隊助理教練馬克‧普菲爾聽到喬丹說，「他們會為此付出代價的」。

之後發生的一切是：喬丹兩罰得手；喬丹右翼急速突破，後撤步跳投得手；在板凳上，他憤怒地跟每個隊友擊掌；騎士主帥雷尼‧威爾肯斯對裁判大加抱怨，被罰出場，但這只讓喬丹怒火愈烈。之後的比賽，他遍體火光繚繞，一舉一動，都在試圖把克里夫蘭球迷的心臟準確犀利地剜出。他右翼要球，翻身跳投得手；藉掩護突破對方兩人後突破製造罰球，兩罰得手，至此已得到51分；運球急停超遠三分得手，第54分；左翼切出接傳球跳投，56分；左翼繞

掩護跳投，第58分；右翼繞掩護晃過兩人跳投得手，第60分。靠罰球得到第61分後，公牛105比102領先3分，但騎士射進三分球，雙方進入延長。延長賽，喬丹中路跳投得到自己第63分，隨後造成賴瑞‧南斯第6次犯規兩罰全中，得到自己第65分。最後靠4記罰球得到4分後，勝局鎖定：公牛117比113擊敗騎士，喬丹全場打了50分鐘，37投23中、23罰21中，職業生涯最高的69分，外加職業生涯最高的18個籃板，以及6助攻4抄截。賽後，騎士的克雷格‧埃洛——之前一年季後賽剛被喬丹在頭頂完成「The Shot」的防守專家——對喬丹說：「我們已用盡不同的戰術和球員來對付你了。」

而騎士因傷未上的朗‧哈潑，在多年後說：「在板凳上看這場球，就像是一場⋯⋯你再也不想重做的惡夢。」

很少有人會注意的細節：比賽結束前，喬丹下場，大汗淋漓，與隊友一一擊掌。而菲爾‧傑克森卻沒有那麼欣喜若狂。確切地說，他看上去不是不高興，但在「我們贏球啦」的欣喜之外，他有些茫然，彷彿若有所思。比賽結束，他便匆匆離去，就像一個剛目睹自己所養的猛虎穿破牢籠、吞噬了狼群的主人。

只是那時候，傑克森教練的價值觀，還沒有體現出來。

　　從一九九〇～一九九一球季開始，喬丹在公牛打了六個完整賽季，他自己拿到了全部得分王，公牛全部奪冠。而恐怖的一個細節是：在這些年裡，公牛例行賽從未三連敗。

　　這是他人格深處的偏執。他不管周遭發生了什麼，只是會想盡一切辦法，來讓自己贏球。他對過去的自己──那個會輸球、無所成就、無法將一切控制自如的自己──無比痛恨。他不會承認自己錯了或者力有未逮。事實上，如果以賢良淑德論，他不算是個好隊友。

　　一九九七～一九九八球季，喬丹一如往常地虐待他的新隊友。牌桌上、大巴上、飛機上、訓練場上、球場上，他隨時在怒斥隊友，喝令他們。於是一九九八年三月，新入隊的史考特‧布瑞爾要求和喬丹單挑。喬丹以7比3勝出，而且扔了這麼句話：「你打敗了我，許多年後，你可以對你的孩子說：『當年我打敗了喬丹！』那我呢？我能對我的孩子說什麼？『我打敗了布瑞爾？』誰知道你是誰！」

　　某種程度上，你可以相信，是底特律活塞使他成為了這樣一個魔鬼。與底特律的漫長交戰，讓他明白了如何贏球，以及如何才能心如鑽石。或者這就是上帝派那支底特律活塞來到人間的目的：給喬丹完成最後一記錘煉，讓他相信，只有偏執狂才能常勝不敗。

第十八章　最深的疼痛

　　喬丹對騎士拿下69分後，挾其餘勇，對紐約尼克49分，對邁阿密熱火47分，隨後公牛一路連勝了半個月。一九八九～一九九〇球季結束，公牛55勝27負，自一九七一～一九七二球季以來的隊史最佳紀錄。喬丹場均33.6分，連續第四年得分王，外加場均6.9籃板和6.3助攻，此外，他場均2.8抄截得到自己第二次抄截王。理所當然入選第一陣容。只是，例行賽MVP還是被魔術強森蟬聯了。

　　令芝加哥人歡欣鼓舞的是，這一年裡，公牛諸將都得到了成長：賀瑞斯‧格蘭特場均13.4分7.9籃板倒也罷了，皮朋場均16.5分6.7籃板5.4助攻的全面表現令人瞠目，尤其是場均2.6抄截，僅次於喬丹而已。全季下來，公牛只變過三套先發陣容。若非卡特萊特和格蘭特有受傷，公牛全季的陣容會始終如一。換言之：他們找到了「贏球的組合」。

　　一九九〇年季後賽首輪，公牛遭遇密爾瓦基公鹿。蒙克里夫已經退出江湖，但媒體無所不能，又找到了新話題：麥可‧喬丹 VS 阿爾文‧羅伯森！

　　三度抄截王羅伯森，191公分，蛇入草中般的爬行速度，雜技演員級的平衡能力，閃電手。敏捷、侵略性、意識，似乎都很精煉。早年喬丹與他交手時，的確常被他干擾運球。只是，羅伯森只能威脅到喬丹的運球，卻無從全面阻

止他：他並沒有蒙克里夫那麼沉穩的下盤，因此，他就像一個羽量級拳擊手對付中量級，偶爾可以靠速度敏捷刺中對手，靠靈活步法避開對手的轟擊。但是，整體而言，他只能在喬丹澎湃的攻擊浪潮中偶爾刺擊，製造幾個失誤。季後賽第一場，公牛無驚無險111比97輕取公鹿，喬丹27投15中38分8籃板7助攻，而皮朋完成了17分10籃板13助攻的大三元。第二場，喬丹36分9籃板11助攻5抄截，皮朋32分7籃板8助攻，公牛再勝。第三場公鹿雖勝，但喬丹砍出48分。第四場，公牛110比86血洗了公鹿，3比1邁過首輪。又一次，又一個「喬丹封殺者」倒下了，公牛晉級。

　　東區準決賽對費城76人，喬丹遇到了好朋友查爾斯‧巴克利。首戰巴克利席捲30分20籃板，喬丹還以39分5籃板6助攻5抄截，而皮朋送上18分8籃板12助攻。公牛依靠防守96比85取勝。第二場巴克利16分19籃板，下半場他只得2分：公牛祭出了恐怖的全場壓迫，而且用皮朋來對位費城中鋒格明斯基。喬丹自己射落45分，公牛2比0領先。

　　第三場前，巴克利聚集全隊鼓勵：「殊死搏鬥！」費城做到了，至少比賽前40分鐘，他們完美地壓制公牛。巴克利全場34分20籃板，大多數時候舉著他曠古絕今的大屁股，和公牛的雙人包夾搏鬥。公牛一度落後到69比93。

　　但是，比賽最後10分鐘，公牛發威：傑克森放上喬丹和尼利、金、阿姆斯壯、霍傑斯這四替補陣線，用喬丹的話形容，「四個快速的傢伙，加一個硬漢」。公牛第四節得到45分，其中喬丹24分，全場比賽，喬丹49分。公牛險些完成大

逆轉，最後僅以112比118惜敗6分。第四場，喬丹45分，第四節18分，公牛第三節一度66比80落後，但最後終以111比101擊敗76人，依靠的依然是他們捕鼠夾似的全場壓迫。傑克森描述說：「這是我們的基本戰術：上弦緊繃式防守。」

這場比賽，喬丹再次對艾德·尼利 —— 201公分高、122公斤、被他稱爲「硬漢」的傢伙 —— 大加讚美。但傑克森認爲，最偉大的依然是喬丹：他第四節不僅得了18分，還順手把76人的神射手霍金斯鎖死到只得2分。傑克森教練如是讚美：「比賽末了時，沒人能和麥可相比。奧斯卡·羅伯森也是偉大後衛，但喬丹能在攻防兩端都終結比賽。」

第五場，喬丹沒把比賽耗到最後時刻。公牛117比99解決了76人，喬丹37分，把霍金斯防得10投4中只得11分。公牛4比1擊敗76人，連續第二年晉級東區決賽。

連續第三年，遇到了命運中的宿敵：衛冕冠軍底特律活塞。

熟悉的場景再現了：公牛 VS 活塞第一場第一節，喬丹突破籃下，然後倒地，是時也，他身邊密不透風水泄不通，佈滿了喬·杜馬斯、羅德曼、約翰·薩利這些敵人。活塞的大惡人蘭比爾賽後如此形容喬丹的倒下：「那只是萬有引力嘛！」

中場休息時，戴利教練發現喬丹已經得了26分，於是叫過羅德曼：「忘了皮朋吧，做你的事！」活塞根本不在乎公牛任何人，他們就是要幹掉喬丹。當晚，皮朋14投7中16分，喬丹得了34分，但用了27次投籃，下半場只得8分。

公牛全隊82僅31中，只得77分。活塞那邊同樣手感冰冷：微笑刺客12投僅3中，愛德華茲11投4中，只有喬‧杜馬斯射中27分，但夠了：活塞86比77，用與以往完全一致的方式——殘忍、兇狠、專注、團隊和「喬丹規則」，擊敗了公牛。

　　第二場，喬丹帶著受傷的右腕和腰背打球。他上半場只投了8次籃，只得7分，試圖用傳球把全隊串聯起來。但是公牛無人響應。活塞半場就領先15分，全場102比93取勝。公牛0比2落後，兩個客場全輸。賽後，喬丹發怒了：芝加哥的媒體交頭接耳，說喬丹在更衣室裡踢翻了椅子和飲水機，當然，除了踢打，他還說了些類似的、電閃雷鳴的話語，比如：「我們打得像群白癡！」

　　第三戰前，喬丹提前20分鐘到了球場。他的哥兒們阿道夫‧西弗敏銳地感受到：「麥可今天很不一樣。」

　　喬丹的確準備好了。上半場，他獨得16分，而且讓公牛首節領先5分，但第二節，活塞反超，公牛以43比51落後進入半場。中場時，喬丹大發雷霆。芝加哥名記者山姆‧史密斯後來透露，他中場吼了如此刺人的句子：「如果你們不想玩了，那也應當按照我的方式結束！」

　　「我想，麥可給了我們當頭棒喝。」皮朋賽後說。

　　下半場，喬丹暴風席捲般得了31分。第三節後半段，傑克森把他放在控球後衛上，展開了傳統的「喬丹引領一切，你們跟上」式進攻，於是第四節前8分半，喬丹獨得16分，一口氣把比分差距拉開，全場47分10籃板。雖然微笑刺客得

到36分、阿奎利得到22分與他分庭抗禮，但皮朋終於站了出來，29分11籃板5助攻。再加上格蘭特的10分11籃板，公牛靠著21個進攻籃板，107比102取勝，1比2。蘭比爾全場0分6次犯規，但他一貫說話不饒人，輸人不輸陣：「這場公牛是矇來的！」

　　但是第四場就不再是矇的了。雖然羅德曼20分20籃板、微笑刺客26分8籃板8助攻、杜馬斯24分，但喬丹42分9助攻4抄截3助攻，格蘭特11分13籃板，皮朋14分6籃板4助攻，派克森17分7助攻，公牛108比101再勝一局，2比2。

　　到此為止，喬丹的怒吼似乎起了作用。但是，活塞沒有被擊潰。剩下三戰，他們有兩個主場。而且，他們沒失去自己的精神。助理教練布蘭登‧蘇爾說：「當比賽很好看時，我們通常贏不了。」

　　第五場，活塞讓場面難看起來。微笑刺客第三節把皮朋摔倒在地。喬丹被活塞諸將上下其手，全場只得22分，雖然送出8次助攻，但皮朋20投僅5中，格蘭特12投5中。公牛83比94敗北，活塞3比2領先。第六場，喬丹20投11中得到29分並抓到10個籃板，皮朋19分，格蘭特10分14籃板，替補射手霍傑斯成為奇兵，9投7中包括三分球4投4中19分，公牛109比91大破活塞。

　　於是，進入第七場殊死戰。勝者去總決賽對決波特蘭拓荒者，敗者鞠躬下臺。

　　這是喬丹第一次在NBA打第七場。他無愧為一個戰士。全場比賽，他45分鐘裡27投13中，得到31分8籃板9助

攻。他在活塞的漁網裡獨自遊弋，等候他的隊友給一個生還信號。可惜沒有。格蘭特17投3中。霍傑斯13投3中。卡特萊特6分5籃板。

　　這場比賽，最大的話題是皮朋。開賽前，他站在格蘭特旁邊，忽然問了一句：「燈光怎麼突然變暗了？」他開始拼命眨眼，「我不能集中精神。」他吃了兩片阿斯匹靈──然後感到腦袋裡像有炸彈炸開一般：他得了偏頭疼。整場比賽，皮朋10投1中。

　　皮朋成了整個公牛隊──除了喬丹之外──的縮影。整個系列賽，活塞把全公牛防到只有40.7%的命中率，如果不算喬丹的46.7%，公牛其他球員合起來，命中率只有38.2%。而且在關鍵時刻，皮朋連同其他人一起倒下了。派克森描述活塞的防守：「他們總是在阻攔你，總是在朝你飛來，許多時候是他們最能跳的，比如羅德曼，比如薩利，所以他們就給你足夠的心理陰影。」

　　但傑克森的看法卻是另一般：活塞沒有一個偉大如喬丹的天才，但他們有車輪戰法。比如第七戰，喬‧杜馬斯和愛德華茲各得7分和6分，但阿奎利15分10籃板，微笑刺客得到21分，羅德曼13分9籃板，薩利14分5火鍋。微笑刺客在一、二、五場合計只有31投8中，但他發揮黯淡時，杜馬斯總能補上他的缺；第三、四場蘭比爾合計13投1中，但第五場他13投7中。戴利教練總結說，活塞的策略就是：「隨時找匹可以騎的馬。大多數時候，我都不知道下一匹會跳出的馬是誰。」

個人單場抄截：10次。

連續三年，公牛輸給了活塞，尤其是，還輸給了微笑刺客。微笑刺客和蘭比爾一搭一唱的譏誚，不免令人如芒刺在背。連續兩年，活塞踩著公牛進了總決賽，而且還拿了總冠軍。一九八八年喬丹拿到例行賽MVP時，魔術強森和柏德眼看即將退位，將時代王座拱手給他，可是他沒辦法取下團隊的最終勝利，就走不到最後那一關。底特律主場球迷舉起的牌子，尤其刺人：「也許明年吧，麥可！」

對喬丹而言，這是最深的疼痛：他恨敗北，恨敗給微笑刺客，恨自己在接近王座的時候輸給微笑刺客，恨自己在離王座只有一步之遙時輸給最痛恨的微笑刺客和活塞。但這一切就這麼現實。一九九〇年夏天，喬丹處在一個奇妙的維度裡：他被認為是本星球最好的球員之一，但同時，也深處谷底。比失敗更可怕的，是前方漫無目的。這是NBA巨星們普遍有的迷信和疑問。一九六九年，湖人總決賽敗給塞爾提克。偉大的傑瑞・衛斯特，與塞爾提克鏖戰了一整個六〇年代的衛斯特，不顧背傷、鼻傷、腳傷，簡直把靈魂都用來打比賽，也無法阻擋塞爾提克。當時洛杉磯媒體透露過衛斯特一個朋友的言論：「他都懷疑自己是不是被上帝拋棄了，是不是這輩子都不能再得冠軍了。」

第七場敗給活塞這晚，喬丹走出底特律奧本山，在停車場，他遇到了活塞總經理傑克・麥可洛斯基。根據一些傳說，當時對答如下。

喬丹：「先生，我們能贏活塞一次嗎？」

麥可洛斯基：「麥可，你的時代就要到了，很快了。」

誰知道呢？

　　多年以後，當喬丹已經拿了一堆冠軍後，他對「三角進攻」這玩意兒依然情感複雜。他知道這東西給他帶來了總冠軍，但也明白這玩意兒猶如穿在他腳上的芭蕾舞鞋──他可以憑此跳出美麗的舞姿，但畢竟疼痛不堪。
　　然而，他至少願意接受這個，而且逼迫新隊友們接受這個。態度有時重於細節，菲爾‧傑克森很明白這一點──或許，這才是他真正的目的。

第十九章　一九九〇年夏天

一九九〇年六月，活塞擊敗公牛後，輕取拓荒者，蟬聯NBA總冠軍。喬丹在芝加哥的夏夜裡蟄伏，像猛獸獨自舔舐傷口。

前一年被活塞擊敗時，他已經受夠了被底特律壞孩子們的肌肉碾壓體罰，決定二度增重。此前，在北卡，大一到大三，他曾給自己增加過5公斤體重，提升肩部肌肉。現在，他明白了：在NBA生存，飛鳥過於輕逸。想從活塞的血盆大口裡奪食，你也得讓自己牙尖嘴利、刀槍不入才行。

此前一年，公牛訓練師馬克・菲爾和隊醫約翰・海弗隆給喬丹介紹了個新人：年輕的提姆・格拉弗。這位先生其貌不揚，175公分身高，醫學世家出身，卻偏愛體育，放著醫院不去，在健身俱樂部工作。他跟喬丹甚為投緣。一九九〇年夏天，他開始為喬丹實施他思慮已久的訓練計畫。

他計畫讓喬丹每年增重3公斤左右，最後，讓喬丹的體重從90公斤提升到98公斤左右，脂肪比率則從5%減到3.5%。完成品的喬丹，肩膀、胸肌、三角肌、二頭肌和背肌理當會更強健。他提醒喬丹，不能求短時間的提升，得思謀循序漸進：「如果讓你身體膨脹得太快，你會失去許多東西。」

八〇年代的NBA，球員們依然把自己當「籃球運動

員」看，而非「運動員」。練健身、拼力量，似乎該是田徑運動員或美式足球運動員的事。針對喬丹增重，他的朋友裡就頗有反對意見：增加體重，意味著喬丹的看家法寶——他匪夷所思的速度——會被削弱。但喬丹的看法是：「得了吧，你們又不是被活塞撞得死去活來的那個人！」

自虐式訓練的，並非只有喬丹一個。實際上，一九九〇年七月，總決賽結束後一個月，全世界都在度假，公牛全隊則在訓練館揮汗如雨。你可以猜，喬丹那段踢椅拍桌的熱血鼓舞，有效期還沒過。但更多的，是球員們自己的尊嚴：他們曾經離總決賽只有一步之遙，他們肯定不只一次想像過冠軍的樣子；他們還年輕。

可是芝加哥公牛內部，並不那麼萬眾一心。

敗給活塞後，公牛的總結，無非是「我們需要更多的內線硬漢」、「我們需要板凳得分手」、「我們需要個高個後衛」。事實上，這些缺點，球迷都明白。但是具體解決並不容易。

比如，灰狼正要兜售鐵血猛士瑞克‧馬洪，但要價是一個首輪選秀權，克勞斯放棄了。

比如，亞特蘭大老鷹有一個一九九〇年第36號選秀權，一個41號選秀權。克勞斯去探問老鷹總經理史坦‧卡斯坦的意思：「給我們這個36號選秀權如何？」卡斯坦震驚了，「憑什麼？」克勞斯的邏輯是：「36號選秀權是要給相應匹配工資的，你把36號給我，拿41號去選，這樣你同樣選個新秀，只要給他41號新秀級別的工資，省錢啦！」——你可

以想像，老鷹隊聽了這胡亂瞎扯的邏輯，是何等反應。

然後，公牛的艾德·尼利——201公分高、122公斤、31歲、被喬丹稱爲「硬漢」的傢伙——合約到期了。喬丹很喜歡這個堪稱白人版奧卡利的藍領，希望球隊續約他。公牛給尼利開了兩年80萬，尼利搖頭：他聲稱，有球隊肯給他三年210萬。公牛管理層根本不信：嚇唬誰呢？然後，尼利以三年210萬，去了鳳凰城太陽。

好吧，沒辦法了，公牛只好去跟亞特蘭大的前鋒克里夫·李文斯頓玩心眼。李文斯頓要四年560萬，公牛含糊其辭，口頭答應；等到一九九○年八月，看李文斯頓無處可去了，公牛才給出一年75萬的合約報價，讓李文斯頓大吃一驚。最後，公牛還是給出了兩年215萬，簽了李文斯頓。公牛自有理由：我們要留著錢，簽一個歐洲球員！——但這不妨礙全聯盟都琢磨透了：芝加哥公牛的克勞斯，就是個鐵公雞＋吸血鬼！

然後，是菲爾·傑克森的鬼心眼。

傑克森在紐約尼克的霍爾茲曼教練麾下度過球員生涯。霍爺爺那句話常被他拿來引用：「籃球有啥麻煩的，又不是火箭科技。進攻時找空檔隊友，防守時盯著球，就可以了……重要的，是球員本身。」他很知道，打籃球的是人，而非戰術；一切籃球戰術，都是爲人服務。他看見過一九七○年和一九七三年兩度奪得總冠軍、堪稱團隊典範的紐約尼克。一九七三年總冠軍尼克有多達五個球員，多年後入選了NBA史上五十大巨星，但那年的紐約，最大特色並非星光

熠熠，而是團結渾融。例如，六〇年代最偉大大前鋒之一
的傑瑞‧盧卡斯，可以接受替補位置；一九七〇年總決賽
MVP、尼克隊長威里斯‧瑞德，願意擔當球隊第四號攻擊
手；全隊有多達五人場均助攻3次以上。這是傑克森理想中
的團隊，足以奪冠的團隊。

　　打造這樣的團隊需要什麼呢？嗯，說服喬丹。

　　一九九〇年夏天，傑克森不斷給喬丹電話留言，陳述
他對球隊的想法。十月，喬丹結束假期與球隊會合時，傑克
森跟他開誠布公聊了一次。根據後來的諸般傳說，當時傑克
森說的依然是老套「我們需要隊友融入團隊；你要更信賴隊
友；活塞就是靠團隊打敗了我們」，然後圖窮匕現：「你可
能得減少上場時間……可能得放棄得分王。」

　　根據傑克森後來的說法，喬丹一聲不響地聽完了這一
切。傑克森自嘲了一句：「起碼他傾聽了我的想法。」

　　隨後出場的，是傑克森早在前一季就約略演練過的「三
角進攻」。當然，一九九〇年秋天芝加哥訓練營開始演練
時，定然料不到，多年之後，這玩意兒會成為體育傳媒歷史
上，最著名的籃球戰術之一。

　　這戰術並不新潮。公牛助教特克斯‧溫特先生，早在
一九六二年就把這套玩法整理清楚，出版成《三重背身戰
術》。具體法則，說來也很簡單：靠近邊線，三位球員，每
人拉開一定間距形成三角，以便讓對方無從包夾；翼側一
人，底線一人，圍繞內線背身攻擊手，展開一個三角；而弱
側，由另兩個隊友站位接應。這套戰術沒有定規，其核心思

想就是：拉開空間，球儘量在強弱側轉移、避免被對手阻擋和包夾。具體進攻時，要求每個參與其中的球員，都具有閱讀進攻的能力，有全面的傳、跑、投的能力。但最重要的要求，還不止於此。

六年之後，即一九九六年，克萊門斯教練在達拉斯小牛試圖教導三角進攻，失敗了：「隊裡人人都想當老大，都想多持球。」而三角進攻最忌諱的就是單一持球，最大的要求就是快速閱讀對方防守、準確地轉移球。實際上，三角戰術的主題思想，例如大量強弱側換邊、空間拉開，都講究球權流動、合理運轉、每個人都參與其中。

所以，你可以這樣猜測：傑克森讓球員們學一套近三十年前就被發明的戰術，不只是讓隊員學習一種陣型，更像是，逼迫他們去學習一種打球的態度。

在實戰中，最常見的招數是：派克森運球到前場，把球傳給右翼的喬丹，然後自己走到右底線，喬丹不喜歡的卡特萊特在右側禁區背身要位：如此，喬丹、派克森和卡特萊特就形成了一個邊線三角；皮朋和格蘭特則在球場另一邊。發動此進攻時，喬丹得把球傳給他不喜歡的卡特萊特，然後和派克森一起開始移動空切……在三角進攻裡，沒有正統的控球後衛，沒有一個固定的單打進攻點，一切都在運轉中進行。

很自然的，這戰術沒太受歡迎。李文斯頓新到公牛，本來就因為合約的事不高興，還被逼著練這詭異戰術──「啥，你們說什麼雙背掩護？我以前都沒聽過這

個！」——恨得咬牙切齒：「這玩意兒，真複雜透頂！」主力控衛派克森企圖跟芝加哥記者解釋這戰術，解釋了半天，自己糊塗了：「算了，我也說不好，你還是看溫特的書去吧。」

喬丹對這戰術的態度不鹹不淡：「就是那個三角玩意兒。」這年十二月，傑克森教練自己承認了：「喬丹不需要三角進攻，毫無疑問，這東西限制了他。但我們得搞這戰術，讓別的隊員得到進攻機會。」

多年之後，我們旁觀者清，都明白一九九○年的夏秋之際，傑克森千方百計，意圖解開「喬丹獨自接管，其他人站著看」的死結。三角進攻更像個噱頭，一個幌子，更像是傑克森的想法，讓喬丹接受以下安排：相信隊友，相信他們除了投投空檔和防守之外，也能打點戰術招式的；相信他們有資格組成一個體系，而喬丹可以在體系裡打球。這個體系會剝奪掉一些自由，但是，喬丹會得到一個團隊，而非一群茫然無助，不知道該如何追隨他飛翔的傢伙。

但是，這一切並不容易。

噢，還有，傑克森設置了雙隊長。除了喬丹外，另一位隊長是：喬丹一向不太喜歡的，又老又笨拙的中鋒，卡特萊特。

一九九七～一九九八球季第一個月後，喬丹提議球隊開會。他的意見：公牛在前三節比賽，當以三角進攻為主，第四節則隨機應變。如果情勢危急，喬丹就接管一切，自由發揮。

於是一九九七～一九九八球季第二個月開始，我們看到了久違的景象：喬丹開始更多和對手單挑，更狡猾地靠突破騙犯規，頻繁沿底線強襲籃下，無視他35歲的年紀。事實是，一九九七～一九九八球季，喬丹場均8.8次助攻：這是他九〇年代以來的新高。

在35歲的年紀，他用了最笨拙但最生猛的方法，來拖著公牛前進。隊友朱德・布伊奇勒承認：「他生來就是為了勝利。沒有史考提，三角進攻難以發揮，麥可沒辦法一個人包攬單打得分和組織隊友。因此他選擇了一種最簡單的辦法來贏球：直接攻擊對方籃下。這看來很像十年前的喬丹。但現在他是在用心打球、冒著身體受傷的危險來追求勝利。」

他曾經為了贏球而順從了三角進攻，然後為了贏球又放棄了三角進攻。他只是想贏，就是這樣。

第二十章　磨合

　　一九九○～一九九一球季開幕戰，公牛主場對76人。芝加哥球迷絕望地看著巴克利橫行無忌的大屁股攻下37分10籃板，喬丹有34分5籃板7助攻7抄截的表現，但公牛全然守不住76人，116比124敗北。第二戰，喬丹在華盛頓得了28分，但公牛全隊22次失誤——皮朋7次，格蘭特5次——公牛102比103再敗。第三戰，柏德帶領塞爾提克來襲，喬丹33分8籃板12助攻，但公牛全隊低迷，108比110輸掉。開幕三連敗。

　　喬丹要爆炸了。

　　前一季雖然令人難過，至少離總決賽僅一步之遙；這一個賽季，聽到的全是壞消息：強援未到；戰術瑣碎；教練逼自己改換打球風格——居然還三連敗！雖然第四場公牛輕取明尼蘇達灰狼，喬丹還是生氣。第五場，在波士頓花園廣場，喬丹烈火燎原的34分鐘內41分5籃板6助攻，勉強出了口怒氣。再血洗了夏洛特黃蜂後，公牛戰績回到3勝3負。雖然不好，但多少可以接受，至少足以平息芝加哥球迷排山倒海「快把傑克森綁上十字架烤掉算了」的呼聲。

　　老闆雖然放權，其實心裡沒底。賽季第六戰後，老闆雷恩斯多夫問傑克森3勝3負怎麼回事，傑克森回答：「我帶的球隊，從來慢熱！」

　　要不是考慮到一九八九～一九九〇球季後半段，公牛的確後發制人、打了一波24勝3負，這樣傲慢的回答都能讓老闆興起兜殺教練的念頭。

　　傑克森很穩，或是說，看上去很穩。他信奉禪宗，他不喜歡讓人看透自己，所以總是泰山崩於前而面不改色。在公牛的連勝裡，他看到了自己想看到的資料：勝灰狼，喬丹14投7中17分；勝黃蜂，喬丹15投8中23分。沒有他天矯如龍的飛翔，公牛似乎也能贏球了。

　　傑克森信奉禪宗，所以他愛跟隊員玩心理遊戲。賽季開始不到兩週，他就開始給隊員送書看。喬丹得了本《所羅門之歌》。傑克森不是小學老師，不要求交讀後感，但是，當他一臉莫測高深、把一本書遞給你時，你很難不去讀這書，然後猜這傢伙在想什麼。

　　《所羅門之歌》，托妮‧莫里森著，以「黑人會飛」這傳說為主線，講述了主人公與父母、姐姐之間的衝突。你可以認為這本書在談論種族歧視，也可以認為這書塑造了一個主題：人類在充滿壓迫的環境中，會如何自我變異。

　　傑克森肯定預測不到，三年之後，此書作者托妮‧莫里森，拿到了一九九三年諾貝爾文學獎。他給喬丹這本書，很顯然，是要讓他看書中的這段黑人民謠：「吉克是所羅門的獨子，扶搖直上，飛抵太陽，所羅門不要把我丟在這裡，所羅門飛了，所羅門走了，所羅門穿過天空，所羅門回了老家。」

　　對能飛的喬丹來說，這段話像咒語一樣。

　　十一月中，西區客場之旅到來。在鹽湖城對壘爵士，公牛的三角戰術全面失靈：格蘭特和皮朋合計25投5中，全隊命中率39%。爵士那邊，卡爾・馬龍和史塔克頓招牌的擋拆打得行雲流水，馬龍28分19籃板，斯托克頓13分14助攻。幸而喬丹還有22投10中29分11籃板的表現，最後時刻，他一擊跳投，公牛84比82險勝。

　　讓公牛諸將詫異的一個細節：這個賽季，傑克森叫暫停越來越少。無論對方如何追近，如何反超，他都坐在板凳上，一言不發，莫測高深。冷眼一看，好像他胸有成竹，很容易令對方發毛；但被對方逆轉時，他又確實沒拿出應對之法……但傑克森自己的解釋是：「我要讓你們自己學著解決問題！」

　　對這種放牛吃草型玩法，全隊由上而下地不理解。助教巴赫和溫特都覺得傑克森玩火甚歡，隊員們私底下，自然更客氣不到哪裡去。但賽程密集，大家來不及惱恨：十一月十五日，球隊到了奧克蘭，會戰金州勇士。

　　喬丹從來不喜歡勇士。一九八九年十一月，被問及他屢戰勇士都不盡如人意的緣由，喬丹答：「馬努特・波爾。」但他對勇士的奧克蘭主場，別有一番錯綜複雜的感情，又不是231公分的巨人波爾能解釋。一個經典的細節：一九八五～一九八六球季，喬丹此生唯一的那次大傷——左腳骨傷——就是在對戰勇士之夜，在奧克蘭。

　　對戰勇士前夕，喬丹在分心別的事。湖人現任二當家、一九八八年總決賽MVP、他的北卡老大哥、聯盟最快的前

個人單場出場時間：56分鐘（1992年2月3日，對猶他爵士隊）。

鋒之一詹姆斯・渥錫，這一次快過了頭：他被捕了。

　　在洛杉磯這個聲色犬馬的城市，渥錫一向神色枯槁，猶如修道士。在魔術強森這樣的花花公子眼裡，渥錫的打扮和言行，簡直像殯儀館的工作人員。結果當日湖人去休士頓打比賽，渥錫不知怎麼的，老實人動邪念，在酒店打電話，要找姑娘到他房間服務，而且一要就是兩個。可憐他老人家大概也不諳此道，完全不知道休士頓警方已經發現了這事。員警們沒派姑娘去，反派了員警殺到他房間去會見，等渥錫一開門，悲劇就發生了……

　　但到了那天晚上，喬丹就發現，他遇到的問題不只渥錫：公牛又在三角進攻裡迷失，全場失誤18次，命中率43%。皮朋18投6中，格蘭特17投8中，喬丹只有12投6中，14分。球隊下半場被勇士死死按住，毫無翻身機會，最後輸了10分。喬丹大怒，克勞斯經理發現不對，打算親自和喬丹談，但傑克森出場壓住了一切。

　　他沒讓克勞斯進更衣室，同時在記者到來前拉住喬丹：「不要說錯話。」

　　那時，箭在弦上，炸藥堆積在公牛屁股底下。只要喬丹一句話，芝加哥整支球隊可能被炸上天去，屍骨無存。

　　喬丹沒有說錯話。喬丹一字一句，說了些記者無從挑剔的話，諸如傑克森畢竟是教練，諸如這是傑克森的選擇，「我猜，他們覺得在我最初的六年中，我們沒有取得他們希望的成功，所以他們認為，必須讓每一個人參與進攻，我們才能成功」。喬丹不高興，但他到底沒當場拔刀，把克勞斯

和傑克森串起來烤了。

至於他私下怎麼生氣，傑克森不關心。

從奧克蘭出來，球隊往西雅圖，應戰超音速。賽季前，喬丹在這裡多了個新仇家：超音速的新秀控衛，是奧勒岡大學的天才、一九九〇年的榜眼蓋瑞・裴頓。這個193公分的傢伙天生反骨，背身進攻一流，視野出色，運球突破兇猛，但最要人命的，是兩樣武器：一張NBA史上最毒的嘴；以及一身天下無敵的防守。在大學時，他那張問候對方十八代祖宗女性的大嘴和他的防守一樣殘忍，到了NBA，他也沒留情，大大咧咧對《今日美國》誇下海口：他能守住任何人。

「麥可？他當然包括在內。」

在傳說中，他和喬丹初次相遇就擦出了火花。喬丹揶揄嘲諷，整個八〇年代只有賴瑞・柏德可比；可是裴頓迎頭趕上，跟喬丹叫囂：「老子也買法拉利了！」

喬丹答：「得了吧，我的法拉利是贊助商雙手奉上的。」

B.J.阿姆斯壯注意到，喬丹一到西雅圖就神色不善；看喬丹掏出那份《今日美國》研究裴頓的說法時，阿姆斯壯嗅到了血腥味。他大概猜到喬丹要對裴頓幹嘛了。後來阿姆斯壯說起此事，只有一個疑惑：「他是這世上最有名的球星，為什麼還在乎新秀們說些什麼？」

有對手時就征服對手，沒對手時就創造對手⋯⋯這就是麥可・喬丹。

公牛VS超音速一開場，喬丹連續兩次抄掉裴頓的球，

又干擾逼出了一次失誤，閃電戰一般席捲了6比0開局。超音速教練喬治‧卡爾嗅出空氣裡的殺氣，換下了裴頓，但沒法阻擋喬丹的屠殺：公牛第三節結束時已經83比66領先，喬丹27分鐘裡得了33分7抄截，而裴頓21分鐘裡只得2分。如喬丹言，這是一場漂亮的勝利。他本想乘勝進擊，徹底幹掉裴頓，剜腹摘心，給他留下永恆的心理陰影……可是，追擊被止住了。

傑克森教練起身，把喬丹換下，讓他在板凳上看完第四節：公牛116比95取勝。對傑克森來說，勝利已經夠了，不必擴大追擊。自然，他知道喬丹很掃興。但他關心些別的，比如，離開西雅圖往波特蘭時，他要求球隊別坐飛機，而坐大巴：「你們可以看一看周圍的景色！」

景色沒幫到公牛。在波特蘭，半場下來，他們就以51比67落後。喬丹29分5籃板7助攻，但對面的「滑翔機」崔斯勒30分7籃板9助攻，這就罷了；拓荒者的兩大內線達克沃斯和巴克‧威廉姆斯居然合計20投16中38分；拓荒者大勝公牛。下一場，公牛在鳳凰城敗給太陽：第四節，太陽打出31比22的大反擊，喬丹獨得34分但無濟於事。

喬丹又生氣了。這次，他生氣到了決定改變自己的習慣。

於是，公牛的轉捩點來了。

敗給鳳凰城後，公牛作客洛杉磯對陣快艇。傑克森叫過皮朋，叮囑他：「別在意投籃的事，你更應當做個組織者，而非得分手。」皮朋遵從了，全場13分13籃板12助攻，大

三元。這一晚之後，皮朋終於開始明白自己的角色。

之後一晚，也是西區客場之旅的最後一戰，在丹佛，全公牛都被震驚了：喬丹，以往習慣在更衣室坐著，並聲稱「我希望自己新鮮活跳地踏上球場」的喬丹，在賽前練習投籃。他的舊習慣，可以理解為後發制人，可以理解為一點小迷信、一點小儀式感。而他的新習慣意味著什麼呢？不知道。

但這晚對金塊，喬丹24投14中38分7籃板12助攻，公牛祭出華麗攻勢，151比145取勝，末節完成42比25的大反擊。回到主場對華盛頓子彈，喬丹首節15分，公牛39比26第一節就奠定勝局，最後118比94大勝，喬丹最後27分鐘裡得了24分7助攻，效率是驚人的15投11中；對溜馬，喬丹19投15中37分，包括首節20分，公牛再度首節就41比24領先，最後血洗了溜馬29分。對騎士，喬丹18投13中32分，公牛首節37比20領先，最後120比85大勝。

而這兩場，皮朋收穫了合計28次助攻。

喬丹還是不太買三角進攻的帳，芝加哥媒體也猜測，喬丹屢屢先聲奪人、首節就展開進攻颶風，是因為知道「傑克森既然會控制我的出場時間，那我只好在有限時間裡得分了」。無論如何，皮朋定位組織前鋒，喬丹進入先發制人狀態，公牛開始連勝了。24分大破子彈，29分血洗溜馬，155比127大破太陽，又贏了紐約10分，完成了七連勝——對紐約一戰中，喬丹33分7籃板9助攻8抄截，而且給傑羅德·穆斯塔夫留了件永恆紀念：一記多年後還會被反覆重放、讓穆

斯塔夫的孩子說「爸爸，你被麥可騎啦」的超級扣籃。

十二月中旬，喬丹撂了狠話：「球隊輸掉那些比分接近的比賽時，我覺得球隊體系妨礙了我們，相比我們為之犧牲的……我們贏球的時候，球隊運作很好；但問題是，這進攻需要時間來磨合，我們還會犯許多錯誤。問題在於替補陣容，他們沒太多時間演練磨合。」

他切中了要害：其一，公牛的替補，即，以史戴西·金和李文斯頓為首的球員，經常組織不起三角進攻；其二，三角進攻確實讓公牛犧牲了許多，比如，這一板一眼的半場攻防，讓皮朋與喬丹這樣本該風馳電掣的閃電戰能手，只好慢悠悠地打。

但多多少少，喬丹似乎是接受三角進攻了。

十二月十八日，公牛對邁阿密熱火。熱火的兩個新人──新秀威利·柏頓，二年級射手葛林·萊斯──跟喬丹打嘴仗，喬丹大怒：全場36分鐘內39分9籃板6助攻6抄截2火鍋，比賽最後時刻抄柏頓的球、蓋凱斯勒的火鍋、搯斷道格拉斯的傳球，攻守兩端統治了比賽。這一晚，皮朋同樣高效：30分4籃板6助攻6抄截。邁阿密媒體哀嘆出聲：

「我們遇到了蝙蝠俠和羅賓！」

不知不覺，皮朋正在時不時打出喬丹等級的數據。

但是隔一天，皮朋又回到了一九八七年那個羞澀的阿肯色青年：公牛去了底特律，84比105被血洗。喬丹33分，但皮朋16投僅2中。

又兩天後，公牛主場迎戰湖人。這一晚，皮朋又找到了

自己：17投13中28分11籃板9助攻，喬丹則33分15籃板9助攻。公牛114比103擊敗湖人。然後就是一九九〇年的聖誕之戰：底特律活塞又來了。

這一次，傑克森教練有動作了。

他神奇地把格蘭特放進替補，讓史戴西・金擔當先發前鋒。此事一出，不獨活塞大感意外，格蘭特和金的女朋友都大爲驚奇，互相爭風吃醋。然而這一招起了作用：公牛98比86擊敗活塞，喬丹23投14中37分，皮朋14分8籃板6助攻，卡特萊特12分10籃板。

以一波五連勝結束一九九〇年、拿到20勝9負後，公牛的喧鬧暫時停下了。喬丹依然不太高興，但是，嘿，傑克森這傢伙，好像眞的有一手呢。

也從這時候起，媒體開始把菲爾・傑克森叫做「禪師」了。

一九九八年一月十日，皮朋終於傷癒復出，爲公牛先發出場。此前，公牛24勝11負；此後，公牛打出了38勝9負。

事實上，就在一個月前，公牛在洛杉磯延長賽大戰快艇、喬丹獨得49分之夜，皮朋卻對《每日先驅報》說了這話：「我不是在開玩笑，我是非常認眞的，請記住我的話，我不會爲公牛隊打球了，你可以把它寫到文章裡去。」他恨自己的低薪，他恨傑瑞・克勞斯隨時想把他交

易出去的想法。他知道公牛王朝將在一九九八年結束，他
不想被公牛榨乾一切，然後被掃地出門，連絲毫尊重都無
法收穫。

　　是隊友朗‧哈潑、喬丹和禪師把他拉了回來。他們盡
力勸導他，安慰他，哈潑甚至還學禪師，跟皮朋聊起「珍
惜此時此刻」的道理。於是皮朋回來了：就像來赴一場為
了告別的聚會。因為養傷期間四個月缺乏運動，皮朋的腿
部肌肉萎縮得非常厲害，他的垂直彈跳只有原先的三分之
一。恢復很辛苦，但他終究挺過來了。你很難解釋他的動
力：求勝慾？友情？尊嚴？對籃球的愛？

　　禪師很明白：只要皮朋、喬丹和他能夠達成和解，那
世上的一切，都不是不可能的──即便還有無數問題要
解決。

歷史個人場均得分第一：30.12分，張伯倫以30.06分名列第二。

第二十一章　和解

　　一九九一年第一場例行賽，公牛在休士頓輸了22分——喬丹32分，但皮朋17投5中，對面的兩大內線「大夢」歐拉朱萬和奧提斯‧索普合計43分21籃板，而且統治了禁區。這場之後，格蘭特訴了苦：「他們這樣的前場，實在很難對付！」

　　但之後，公牛就是一波輕鬆的七連勝。

　　傑克森曾對七○年代的芝加哥公牛念念不忘，他描述當時的公牛防守為：「芝加哥透過自己的腳步移動，封堵對手的傳球路線，使得對手必須打半場進攻。他們孤立持球人，迫使對手必須走底線。和芝加哥這樣的球隊打比賽，不得不放慢速度，對自己的傳球特別警惕，如同在和一隻章魚比賽。」

　　而他現在，有喬丹和皮朋這兩個防守端章魚怪。

　　從一九九○年十二月起，公牛開始展現一種堪稱經典的防守戰術。

　　每當戰到難解難分的時候，他們會忽然間擺出以下陣勢：邊線夾擊，對球施壓，鉗制對手，逼對手走底線自尋死路，或者傳到空檔投中距離。這招當然頗有點袒露胸膛、拍胸脯「朝這兒捅」的意思，但愣的怕橫的，橫的怕不要命的。何況，在喬丹和皮朋的殘忍緊逼下，對方手略一抖，就

是一個傳球失誤；一記中距離失手，公牛就是一波快攻。為了訓練這套壓迫空間的防守陣勢，傑克森的策略是：

　　每次訓練，都盡量練四打四的攻防，逼迫全隊——尤其是喬丹和皮朋——去更多地移動擠壓空間。那時，喬丹和皮朋當然還意識不到這防守會如何影響籃球歷史，但這戰術一旦熟練，公牛的贏球便隨之而來。

　　一九九一年一月底，喬丹聽說了一椿傳聞：公牛正打算從丹佛金塊交易華特‧戴維斯過來。喬丹很欣賞戴維斯：他是喬丹的北卡學長；他是個不會被歲月磨洗的射手，他能讓公牛的板凳殺氣充盈。但不久，交易被終止。喬丹大怒，決定他和傑瑞‧克勞斯那死胖子勢不兩立。

　　「我一回芝加哥就跟雷恩斯多夫打電話！」

　　事實上，回芝加哥前，他已經對媒體吼過了：「哪怕我是總經理，我們都將是一支更好的球隊！」

　　傑克森——現在我們該叫他禪師了——選擇了冷處理。他平靜地對每個球員做如下批示：他們可以和媒體說話，但是——「先告訴我一聲。」

　　這一次，老闆雷恩斯多夫出手了。

　　雷恩斯多夫知道，喬丹還不太恨他。也許因為他是個不錯的商人，也許因為他高爾夫球打得好。他把喬丹請來，認真談了談。他提醒喬丹「公牛現在排名第一」，而且「畢竟傑瑞選來了皮朋、格蘭特，找來了卡特萊特」。他知道喬丹更傾向一個打過NBA的前球員來當總經理，而非克勞斯這個死胖子球探出身的吸血鬼，但是——

「至少想一下隊友的感受吧，麥可。當他們的隊長說，球隊還不夠優秀，他們會怎麼想？當你把自己的隊友往外踹，你讓我們如何和其他球隊交易？當你說自己的隊友還不夠優秀，其他球隊怎麼可能還需要他們呢？」

戰事又平息了，公牛開始一月份的西區客場之旅。在聖安東尼奧，面對二年級的超級中鋒「海軍上將」大衛·羅賓森，媒體又找到話題了：

喬丹 VS 羅賓森，誰是聯盟的MVP呢？

羅賓森沒有喬丹的殺氣。用馬刺掌門波波維奇的說法，羅賓森用了太多的時間思考，而拒絕用直覺去殺戮。但這讓他成為了一個——用媒體的說法——更謙和的隊友。大學讀了四年、海軍服役兩年的羅賓森溫和地說：「麥可看上去總是很棒，但如果你對籃球比賽理解深入些，就會欣賞我多些……我做的更多是籃球的基本工作。」

這一晚，公牛輸了：喬丹36分，但6次犯規出場，羅賓森31分17籃板3助攻。下一場在達拉斯迎戰小牛前，公牛助教巴赫發現喬丹獨自坐在更衣室，一言不發。而且，他聽見了喬丹這麼說：「我不想看這個世界。」

但世界，並不像喬丹想像得那麼糟糕。

一九九一年二月，喬丹慣例先發出席全明星賽，隨便得了26分收尾，而且他欣慰地看見：皮朋也入選全明星了，雖然全明星賽中只得了4分；當然，好哥兒們查爾斯·巴克利拿了全明星MVP，也讓人開懷。更大的喜事：公牛開始一波美妙的十一連勝。二月七日在底特律95比93擊敗活塞，尤

其令人振奮：喬丹30分9籃板，皮朋20分8籃板，全隊在活塞主場投出了51%的命中率。

雖然喬丹不太喜歡此時公牛的狀態，但他們總能贏活塞。這感覺就像你吃著一種難以下嚥的食品，卻發現這東西對健康大有好處似的。

另一件多少能讓喬丹欣慰的事：賽季第一個月，他場均不到29分。對連續四年得分王又爭強好勝的他而言，這事如芒刺在背。但隨後，他慢慢找到得分感覺了。一九九一年一月之後，他重回聯盟首席得分手的位置。

但禪師沒讓他的頭腦略加休息。

一九九一年正逢波斯灣戰爭，禪師又跟全隊玩起了頭腦風暴。三月五日，對密爾瓦基公鹿前，禪師又開始叨念了：戰爭很殘忍；戰爭意味著總有人喪失親人；大家想像一下戰爭的後果吧，比如，恐怖分子竄到美國來搞轟炸怎麼辦……好了，打比賽。

那晚，公牛打了一場均衡完美的比賽：他們在客場104比86大破公鹿，他們把公鹿的命中率壓制到41%，逼出20次失誤；喬丹30分，皮朋17分10籃板5助攻2抄截4火鍋，球隊送出28次助攻。

那段時間，禪師又想出了新招。他這麼跟喬丹灌輸：三角進攻，建立在中國的道教思想之上；實際上呢，就是平衡對方的力量，躲開對方的強勢，攻擊對方的弱項……你明白了吧，麥可？這就是五人太極！

三天之後，公牛主場戰猶他爵士。格蘭特帶傷上陣，

逼得「郵差」卡爾·馬龍21投8中19分；史塔克頓依然高效地送出13次助攻得17分，但失誤5次。皮朋19分6籃板11助攻，但故事依然屬於喬丹：第四節，他獨得17分，全場37分。公牛第四節完成33比16的大逆轉，99比89取勝。賽後更衣室，喬丹當著全體隊友的面，對禪師說：「這是因為，你相信我。」

喬丹自己後來的說法是：「最初，三角進攻幾乎殺了我，我剩下的手段只有跳投；但在這場，我感受到了三角進攻的自由……我有空間，我能移動。三角進攻提升了每個人的自信。」

他們和解了。不只是喬丹和禪師，還有整個芝加哥公牛隊。他們在漫長的冷戰、試探、猜測、議論中，依靠勝利和體驗，最後獲得了一致的價值觀。一九九一年四月二十一日，公牛主場對底特律活塞，108比100取勝。這是一個賽季的最完美結局：刺客被守到8投1中，公牛拿到破隊史紀錄的單季第61勝。

完美的大豐收：喬丹在一九九〇～一九九一球季出場82場，每場只打37分鐘──職業生涯以來第二少，僅比他腳骨折那季打得多──但依然第五度拿到得分王，場均31.5分。這的確是他五年來得分最低的賽季，但是：他54%的命中率卻是職業生涯最高，他場均還有6籃板和5.5助攻2.7抄截及1火鍋。實際上，數據無法顯示，但這是他攻防兩端最均衡的一個賽季。

而皮朋則是大幅進步：他場均17.8分7.3籃板6.2助攻2.4

抄截1.1火鍋，命中率52%；他取代了喬丹，成了公牛的助攻王和火鍋王，以及次席籃板手。他開始扮演了這個角色：防守端，他可以和喬丹發揮類似的效果；進攻端，他能夠分球、組織、偶爾突擊，來讓喬丹自由控制比賽。這樣做的結果是：一九九〇～一九九一球季，喬丹最高單場得分只有46分——由喬丹包攬一切的時代，結束了。

這是第一次，喬丹＋皮朋，他倆完成了一個「蝙蝠俠與羅賓」般的賽季。加上場均12.8分8.4籃板的賀瑞斯‧格蘭特，公牛的鐵三角正式成型。

季後賽首輪毫無意外：首戰公牛126比85大破紐約尼克，喬丹32分鐘內28分，皮朋25分，比賽在上半場就結束了。第二場，公牛89比79依舊輕取，喬丹26分。第三戰，在紐約麥迪遜花園廣場，喬丹沒留機會：33分7助攻6抄截，加上皮朋的21分11籃板5助攻4抄截3火鍋，公牛103比94取勝，晉級。紐約媒體一片哀怨，教練約翰‧麥克勞德隨即卸任。巴赫助教私下裡跟禪師這麼評論尼克：「他們是支沒激情的球隊，沒有靈魂，沒有憤怒，沒有仇恨……他們應當找一個合適的教練，我覺得派特‧萊里會在紐約取得成功。」

那時候，公牛完全料想不到，巴赫這話會一語成讖。喬丹關心的是眼前：連續第二年遇到費城，對面又是死胖子巴克利，和他天下無敵的屁股。禪師給這個系列賽準備了一段美國開創者之一湯瑪斯‧傑弗遜的話：「如果一個人擁有正確的態度，那麼，什麼事情都不能阻止他達到自己的目標；

如果這個人擁有錯誤的態度，那麼，什麼事情都無法幫助他取得自己的目標。」

喬丹的正確態度是：「我準備在草堆上躺一會兒，因為對手絕對想不到我這麼做。」

對費城第一場，喬丹果真就在草堆上躺了一會兒。第一節，他甚至叫了幾個針對卡特萊特的戰術，公牛首節34比20領先茫然無措的費城，之後喬丹在第二節高效率地鎖定比賽，最後，喬丹只打了31分鐘，穩穩得了29分就休息了。公牛首節105比92無驚無險，讓34分11籃板的巴克利徒呼奈何。第二場，霍傑斯抖擻精神30分，但公牛全隊行雲流水，112比100取勝。76人之後取回了第三場——雖然喬丹帶著左膝傷獨得46分，但費城統治了內線。但是第四場，皮朋20分、喬丹25分12助攻、格蘭特22分11籃板，公牛取勝，3比1。事實上，當你看到喬丹為了救一個球飛上第二層看臺時，所有人都明白了：「別從麥可嘴裡奪食——哪怕你是查爾斯·巴克利！」

這一晚，巴克利盡其所能了：15投11中25分14籃板6助攻，鏖戰44分鐘，但是雙拳難敵四手。喬丹為之惻然：「他們處境尷尬；媒體都指望他們阻止我們奪冠……查爾斯好像，怎麼說呢，少了些支援。」

他對此格外敏感，因為他自己，曾經就像這時候的巴克利一樣，必須獨自對抗一個團隊。

第五場比賽，在芝加哥，巴克利又一次感到了孤單。皮朋上半場就得了24分，全場28分；喬丹下半場接管比賽，

全場38分，而且如饑似渴地要求勝利：巴克利是籃板魔王？很好！喬丹拿下個人職業生涯最高的19個籃板，外加7個助攻，壓倒了對面30分8籃板的巴克利。比賽進入最後一節，76人大反撲，喬丹掌握局面，包攬球隊最後12分。他和巴克利，一如兩個重量級拳手在兇猛對轟。最後，76人的追擊終於被時間追上：公牛100比95取勝。

與去年一樣，擊敗76人晉級東區決賽。

與去年一樣，遇到了底特律活塞。

這是芝加哥公牛自一九八八年以來，第四次遇到底特律了。

一個命運魔咒般的故事：一九八八～一九九一，連續四年，公牛在季後賽遭遇底特律活塞；可是一九九一年喬丹得到第一個總冠軍、突破魔障之後，就再也沒在季後賽和活塞相遇過。

歷史最多次例行賽得分王：10次，1986-1993賽季，1995-1998賽季。

第二十二章　別了，底特律

一九九一年五月，喬丹心情不壞，還能開玩笑。比如，當著記者，喬丹拿皮朋逗樂：「史考提，我們倆誰三分好？」

「……我？」皮朋怯生生地問。

「對，是你好。那三分線移進去幾尺的投籃呢？」

「……你？」皮朋答。

「說得好！」

記者問：「喬丹和皮朋都是當下快攻天才……具體來看，誰好一些呢？」喬丹一時有些躊躇，「這問題很難。因為差不多。」最後，喬丹的好勝心占了上風：「應該還是我！因為我運球比皮朋更低更出色！」

可是皮朋有心事：他新秀合約快到期了，正打算續約；他依然是那個阿肯色州出來的、不敢買車的青年，隨時隨地都是一腦門子大家庭觀念；他都是NBA全明星了，還丟不下少年時的幻想：開個造紙廠。他需要很多的錢，需要看得見摸得著的大合約，填補他的不安全感。他的經紀人已經和老闆談過了，原則上達成了五年1800萬美元的協定，但老闆還沒落筆簽字。

「那個，庫科奇的事還沒定呢。」

歐洲人東尼·庫科奇，是皮朋心頭永遠的陰影。傳說，

這個巴爾幹少年還小皮朋三歲；傳說，他身高有211公分；傳說，他能打五個位置；傳說，他英俊瀟灑，風度翩翩，在歐洲有「服務生」的綽號；傳說，他還有「白人魔術師」、「歐洲魔術師」、「克羅埃西亞之精靈」、「巴爾幹喬丹」的種種稱號；傳說他雖然是左撇子，但左右手都能投籃、運球、傳球。而一些不是傳說的事實是：19歲時，他代表南斯拉夫拿到了世青賽冠軍，決賽對美國青年隊，他三分球12投11中；一九八八年，他代表南斯拉夫拿到了奧運會男籃亞軍；一九九〇年，他跟隨——噢不，是帶領南斯拉夫拿了世錦賽冠軍，而22歲的他，是那屆世錦賽的MVP。

換句話說，22歲時，他就征服了NBA之外的世界了。

皮朋嫉妒這個素未謀面的天才。庫科奇雖已和義大利聯賽的貝納通簽約，每年拿400萬美元，公牛依然對他垂涎三尺，想給他六年1530萬，哄他來NBA。傑瑞・克勞斯那死胖子一毛不拔，但也還肯親自去歐洲跟庫科奇談。皮朋翻開報紙，發現全芝加哥都在談論庫科奇。還沒簽約的焦慮、庫科奇的威脅、心理的落差，皮朋惱怒了。

可是奇妙的，這讓皮朋和喬丹達成了某種默契：他們都恨傑瑞・克勞斯那個鐵公雞。禪師感受到了這點。

讓克勞斯後悔的最好法子是什麼呢？嗯，幹掉活塞，幹掉西區出來的無論哪個對手，拿到總冠軍，然後用冠軍獎盃砸在克勞斯那張胖臉上，讓他心甘情願誠惶誠恐磕頭如搗蒜地交出合約來！

其他球隊不會想遇到活塞這種老對手，但喬丹卻幾乎

是渴望著一九九一年東區決賽與活塞的對壘。助教巴赫說：
「我們要抓住活塞，殺了它，把它們徹底終結。這是唯一能
讓我們重獲尊嚴的辦法；這是唯一能讓我們覺得自己是贏家
的方法。」

　　對喬丹來說，活塞意味著太多東西。一九八八年他初
遇活塞時，正是人生春風得意時：第一次東區決賽，第一次
例行賽MVP，第一個年度防守球員，可是一次、兩次、三
次，他都被活塞幹掉了。憎恨、憤怒，無濟於事。為了擊敗
活塞，他犧牲了多少，只有他自己知道；甚至，他不惜讓自
己變得和活塞一樣，更殘忍，更鋼鐵，更團隊。

　　比如，東區決賽第一場，喬丹給了喬·杜馬斯胸口一
拳，把杜馬斯打倒在活塞的板凳前。裁判愣了一下，但沒響
哨。

　　這是禪師的法則。他很知道活塞的策略、活塞的習慣：
一開場就用試探性的粗野動作，探測裁判的底線：「如果某
一下大動作裁判不吹，之後他也不會吹 —— 我們就是要如
此奠定比賽的基調，讓對手知道，比賽的節奏是我們的！」
這是種心理戰術，毫無疑問。隨之而來的，就是恐嚇和挑
撥，就是比爾·蘭比爾的假摔、羅德曼的手部小動作、薩利
和阿奎利那些「敢過來就弄死你」的呼嘯。禪師的法則是：
「以其人之道，還制其人之身。」

　　就在第一場，喬丹變成了一個他自己都會討厭的球員，
一個惡魔。他對杜馬斯甩了肘子，他跟羅德曼對罵，甚至需
要隊友拉開。他逼著羅德曼的臉吼：「我們就是要踢你們的

屁股！」事實上，在賽前，喬丹殺氣騰騰地告訴隊友們：
「冠軍先不談，我一定要殺掉活塞！」

巴赫認為，這是種領導藝術，他暗示說，喬丹也許沒
他表現得那麼憤怒，「他也許想讓賀瑞斯和史考提更勇敢
吧？」

喬丹命中率不佳15投6中，但突破籃下發了瘋，製造了
13次罰球，活塞全隊犯規達到28次之多。公牛如海嘯般抓到
43個籃板，遠勝活塞的26個，加上皮朋的18分和卡特萊特
發揮出色的16分，公牛94比83擊敗活塞，1比0。

第二場開始前，聯盟頒出一九九○～一九九一年度例行
賽MVP：喬丹舉起了自己第二座例行賽MVP。61勝的東區
第一戰績，連續五屆得分王，聯盟最華麗的個人數據，實至
名歸。喬丹領獎時有風度地讚美了隊友，但重要的是這句：
「我不是保姆，你必須自己努力來贏得尊重。」

言下之意是：「那些認定我不能讓隊友更好的傢伙們：
你們都去死吧！」

第二場，喬丹35分7助攻，皮朋21分10籃板。公牛第二
節初一波14比2，讓分差拉開到41比24。前三節結束時，公
牛74比61領先13分，第四節，活塞大反撲未遂：微笑刺客
對喬丹一次惡意碰撞，被吹了故意犯規。

這像是一種宣言：壞孩子們的時代，該結束了。

底特律們並不慌張：他們畢竟是兩屆冠軍，他們還有
奧本山宮殿的主場，公牛在這裡的歷史戰績是2勝13負。
一九九○年東區決賽，活塞也曾在芝加哥輸掉所有比賽，但

總能在主場找回勝利。但是，活塞的約翰・薩利，還是嗅出了一點不同的味道：「去年此時，一旦我們反擊，公牛就會心慌意亂。今年，他們似乎很有信心，並不總是依賴麥可。」

這樣的公牛是如何煉成的？

三角進攻。開季的三連敗。無數次公牛兵敗如山倒時禪師負手而立：「我要讓你們自己學著解決問題！」漫長的賽季。無數的爭執、謾罵與爭吵。禪師知道，只要征服奧本山，公牛將無敵於天下，所以他提醒公牛諸將，在去底特律的路上，用了卡爾・榮格的話：「完美僅屬於上帝，我們追求的是卓越。」

卓越的公牛在第一節24比8領先。卓越的公牛被活塞第二節反超、底特律觀眾鼓噪之時絲毫不亂，穩穩拿到了51比43的半場領先；公牛依靠速度逼迫活塞跟他們一起跑了起來。第三節，愛德華茲撞倒了格蘭特，喬丹朝格蘭特說：「別讓他覺得你傷了，趕快回到你的崗位去！」

他們不能亂。第四節剩二分半，公牛103比98，勝利近在眼前，黃土已埋到活塞的脖子。馬克・阿奎利不甘心：他點到了皮朋的球。活塞的「微波爐」文尼・強森接球快攻，喬丹如從天而降般追來，緊追強森，而喬・杜馬斯正從後奔殺而來。

喬丹後來，如此解釋他當時的想法：「我不打算犯規，我打算讓文尼上籃⋯⋯但基本上，我得干擾他。」

喬丹的陰影籠罩著強森，直入禁區，強森不知道背後的

喬丹在想什麼。作爲活塞著名殺手──他的「微波爐」綽號就是形容他隨時隨地手熱的本事──第一次膽怯了：他轉身，把球傳給了從後跟上的杜馬斯；這正被喬丹算中：他不僅控制住了強森的距離，還堵住了後排跟上的喬‧杜馬斯的空間。杜馬斯出手，被喬丹干擾，不進，喬丹抓到籃板：一次完美的一防二，活塞最後一縷呼吸被他拔出體外。禪師讚美這是「史上最優秀的個人防守之一」。

公牛113比107取勝，喬丹33分，皮朋26分。而比賽是在最後二分半那一次防守時決定的：活塞最後看到了一點曙光，而喬丹用自己恐怖的意志橫空而來，揚手揮熄，讓活塞墮入了黑暗深淵。

然後自己關門離去。

公牛3比0領先活塞。NBA史上，從來沒有任何球隊0比3落後還能翻盤。勝利已經預定，活塞已死，只待吐出最後的氣息。禪師了解球員們，了解他們壓抑了多久，了解他們會如何用言語來鞭屍活塞。他告誡諸將「別說過激的話」，以免惹惱活塞，但球員們根本顧不得了。喬丹就公開認爲，幹掉活塞可不只是解決公牛的私怨，而是：「如果潔淨了比賽、去除壞孩子形象，球迷會很高興。球迷不喜歡如今的籃球──打得髒，違背體育精神，這對籃球很有害。」他順便誇起了當年賴瑞‧柏德的塞爾提克，闡明他們如何更配得上總冠軍：「塞爾提克打的是高貴的籃球。」最後，這幾句話點到了底特律人的痛處：「惡魔偶爾會贏，但他們絕不可能征服世界！」

皮朋則集中火力，朝活塞的瘋子前鋒、兩屆年度防守球員丹尼斯・羅德曼開火。他認定「羅德曼需要活塞的幫助，他精神可能都不太正常了，他都不該走在大街上」。

　　羅德曼給他的回報是：第四場第二節，羅德曼先把皮朋扔上了看臺，又把他推倒在地板上。皮朋的下巴為此縫了6針。

　　但末日的狂野，並未能阻擋公牛。活塞被公牛帶著節奏跑閃電戰，第一節公牛就32比26領先，第三節結束時，分差是87比70。奧本山宮殿向下沉淪。芝加哥的板凳上，擊掌、歡笑、嘲弄不斷。喬丹37分鐘內17投11中29分8籃板8助攻，皮朋23分6籃板10助攻，格蘭特16分9籃板，每個人都有貢獻。但當晚的比賽，最經典的時刻，發生在比賽結束前：在公牛115比94大局已定時，活塞諸將──比爾・蘭比爾、馬克・阿奎利，以及他們的領袖「微笑刺客」以撒・湯瑪斯，一言不發地離開球場，從公牛板凳前走過，走進走道，一去不回。他們沒等到比賽結束就提前退場。他們拒絕向公牛給予任何一點點的慶祝，拒絕展示任何一點點的風度。他們以這種徹底的反派方式，走完了底特律壞孩子的最後時代。

　　是的，這是底特律惡人的黃昏，微笑刺客、蘭比爾、阿奎利，以及「喬丹規則」，幾乎是從此永遠地消失在喬丹的世界裡。一年之後，他們沒邁過東區第一輪，偉大的戴利教練離任。兩年後，他們連季後賽都沒進。三年後，微笑刺客、蘭比爾一個接一個退役，底特律進入另一個時代。這一

次粗野傲慢的離場，是他們在頂級舞臺上的告別式。

　　沒有握手，沒有告別，沒有祝福，一如他們的球風一樣果決而粗野，不讓人喜歡，招來抨擊。但至少，他們用這種獨特的方式，和芝加哥公牛，和喬丹，說了再見。賀瑞斯·格蘭特呼出一口長氣：「我們把惡魔的頭砍下來了！」

　　前一年，當喬丹離開奧本山時，活塞總經理傑克·麥可洛斯基說：「麥可，你的時代就要到了，很快了。」

　　那時，誰會想到一年之後，喬丹離開奧本山時，背後立著底特律活塞的墓碑呢？

　　某種程度上是對手，某種程度上是老師。他們阻斷了喬丹的命運，但一如他們的鋼鐵機械一樣，他們錘煉了喬丹。他們給了喬丹此後應有的一切：除了飛翔、技藝和聰慧，還有憤怒、憎恨、殘忍、力量。一九九一年夏天，可以從此道別了，底特律活塞——

　　至少對喬丹來說，是這樣的。

　　一九九六年夏，喬丹得到自己第四個例行賽MVP和第四個總決賽MVP，超越了魔術強森的三個例行賽MVP和三個總決賽MVP。他已經是歷史上最偉大的後衛了。

　　一九九八年夏，喬丹得到第六個總冠軍，超過了魔術強森的五個。

　　事實上，重新回頭看一九九一年總決賽，魔術強森曾經有機會摘下第六個總冠軍，但命運彷彿特意指使這個

八〇年代的帝王，把這個位置交給喬丹。上帝似乎決定讓MJ這兩個字母統治八〇年代到九〇年代的NBA，只是以不同的方式。一九九一年，他們完成了帝王權杖的交接儀式。

第二十三章　天空之頂

　　一九九一年六月，世上兩個最偉大的球員名字被放進了一個句子裡：MJ對MJ，Michael Jordan 對 Magic Johnson，「飛人」麥可・喬丹VS「魔術師」艾爾文・強森。

　　「魔術強森VS喬丹，這樣的對決，再怎麼讚美都不過分。」湖人的替補米凱・湯普森說，「你可以試試描述他們倆，這是不可能的任務：天分、領導才能、勝利──魔術強森和喬丹是這一切的終極：他們就是這些詞本身。」

　　兩個MJ。

　　魔術師生於一九五九年，喬丹生於一九六三年。

　　他們倆合力包攬了一九八七～一九九一年的五個例行賽MVP。

　　不僅在一九九一年，他們倆是全世界最好的兩個球員。時至今日，他們依然是NBA史上最偉大的兩個後衛。

　　事實上，一九九一年，他們倆就已超脫出了NBA的球場，成為了更進一步的傳奇：他們屬於電視、傳媒、電子遊戲和海報，他們是流行文化的一部分。當你談論到其他NBA明星，多半還要加油添醋，加以描述；但，喬丹？魔術強森？他們的名字本身就是傳奇。沒看過籃球的人，也知道他們。喬丹的飛翔、魔術強森的表演，是那個時代的logo。

　　但他們自有其不同處。

　　一九九一年，喬丹是世上最受歡迎的球員：這很正常，他輕盈、迅速、華麗、優美，而且能飛。但在球員裡，魔術強森更受推崇：他總是很熱情，他是完美的團隊成員，他總是面帶微笑，永遠在洛杉磯樂呵呵地開派對，是個敞開心胸的男人。

　　一如他們的號碼——魔術強森32，喬丹23——所表明的，他們倆偉大，但偉大的順序如號碼般不一樣。魔術強森一九七九年大二就帶領密西根州立大學擊敗賴瑞‧柏德的印第安納大學，拿到NCAA全國冠軍，成為一九七九年NBA狀元，一九七九～一九八〇球季就隨湖人奪冠，還依靠一九八〇年總決賽傳奇的42分15籃板7助攻成為總決賽MVP——新人賽季就完成了這一切，簡直是上帝的寵兒。之後，就是八〇年代的漫長爭鋒：一九八〇～一九八三賽季，他與費城鏖戰多年；然後是一九八四～一九八七賽季，他與賴瑞‧柏德統治了時代；一九八七年，他已經有三個戒指在手，終於拿到自己第一個例行賽MVP＋總決賽MVP＋第四個總冠軍，完成大滿貫，開始了自己的時代；一九八八年，他衛冕成功，拿到自己第五個戒指。

　　他是天生贏家，熱情洋溢的團隊核心，五彩斑斕的導演。他主導了NBA歷史上最華麗的進攻浪潮「表演時刻」，一九九一年，他是NBA史上助攻最多的球員，名下有四個助攻王頭銜。他和賴瑞‧柏德被認為是史上最聰慧、最全面的球員，但在他得到第五個總冠軍時，還只有一個例行賽MVP。他是典型的「先代表團隊拿到冠軍，然後收穫個人

榮耀」的傢伙。

相對的，一九九一年的喬丹在打自己的第七年NBA：新秀年，他就被認為是聯盟最好的球員之一；二年級，他就以對塞爾提克那場63分獲得了柏德口中的「上帝」尊位；三年級開始，他壟斷得分王；四年級，他拿到了例行賽MVP和年度防守球員，成了NBA最強個人。但自那以後，他的冠軍遲遲未至。實際上，對喬丹的批評，通常就是拿魔術強森與柏德做對比的：喬丹是最強的個人球員，但是……作為一個團隊成員、一個領袖、一個贏家，那又是如何呢？

這也是喬丹最討厭的論調。

「對聯盟來說，這對決很好。」喬丹說：「兩個最好的球員對決。」他甚至懶得謙虛。

「這是我個人意見，不過，嘿，總決賽裡，我和麥可‧喬丹對決，你們不就是想看這個？」魔術強森口氣比喬丹更大。

幾年前，這場對決勢必充滿仇恨，苦澀辛辣。喬丹曾經很恨魔術強森：如我們所知，一九八五年全明星賽，微笑刺客蓄意「凍結喬丹」那一戰，傳聞魔術強森有參與；魔術強森曾經試圖促成阿奎利和渥錫交換，喬丹認定魔術強森不喜歡北卡的人，而更願意和微笑刺客與阿奎利那些活塞黑幫交朋友。但那是一九八七年前後的事了。一九八八年後，魔術強森一直在試圖跟喬丹打好關係。「我們不能這麼生疏，我很尊敬你，我確定你也很尊敬我」，他就這麼直率地去跟喬丹交談，然後，他用一句最體現個人性情的話，得到了喬丹

的好感：「像我們這麼酷的兩個人，怎麼能夠當敵人呢？」

與此同時，魔術強森和微笑刺客的關係在慢慢冷淡。一部分是因為，一九八八、一九八九年那兩次血肉橫飛的湖人VS活塞總決賽。魔術強森認為：「底特律打球的方式對我們的關係產生了影響。如果你想打敗底特律的話，你就必須恨他們。而要恨底特律，你必須恨微笑刺客。」同時，微笑刺客也不喜歡魔術強森和喬丹走得太近——而喬丹恰恰很欣賞這一點。

所以，到一九九一年，喬丹和魔術強森的關係，多少惺惺相惜起來了。沒辦法，魔術強森就是這樣的人。一年之後，喬丹這麼形容魔術強森：「他能搞定地球上的一切生物。」

一九九一年總決賽，就是這樣的命運相聚。愛與恨、得分王與助攻王、飛翔與指揮、年輕與成熟。好像還怕不夠熱鬧似的，一九九‧年夏天的湖人還有另外兩個喬丹的熟人：詹姆斯‧渥錫，山姆‧帕金斯。

當年在北卡，一起出生入死的兄弟們。

但禪師關心的，是其他事。

一九九一年的湖人，與八〇年代很不一樣。偉大的天勾已於一九八九年退役，傳奇教練派特‧萊里已於一九九〇年離任，這支湖人的教練是麥克‧鄧利維，八〇年代的「表演時刻」閃電快攻已被篡改成半場攻防戰術。所以，不能指望湖人跟公牛打往返閃電戰。

禪師最擔心的，是球隊的狀態：這畢竟是總決賽。

　　喬丹認為，解決之道是：「我先坐在汽車後座上，讓卡特萊特和格蘭特先進入狀態吧！」

　　一九九一年六月二日，芝加哥迎來隊史第一場總決賽。在18676名球迷——其中包括皮朋特意從老家接來的十一個兄弟姐妹——注視下，喬丹與魔術強森的不朽對決開始。當魔術強森第一次持球時，喬丹站在他面前：史上最偉大的指揮官，遇到了史上單防最好的得分後衛。

　　開場，喬丹耐心地給格蘭特餵了餵球，但「第一場總決賽」這念頭鼓湧著他的熱血。當他發現格蘭特明顯緊張——前一晚，他沒睡著覺——導致傳球失誤、上籃不進、湖人10比5領先時，喬丹急不可奈地接管了比賽：這些小子們太緊張了，這比賽哪是你們的舞臺！

　　喬丹突破扣籃；喬丹突破製造犯規罰球；喬丹在兩個人中間轉身，扣籃。第一節，喬丹回答了「喬丹能打好總決賽嗎」這個問題：12分鐘內，他得了15分3籃板5助攻，公牛30比29領先。

　　而在對面，魔術強森選擇了另一種價值觀。

　　整個第二節，魔術強森沒有出手投籃，但他給隊友一個個地傳球，讓渥錫和帕金斯屠殺公牛前場。上半場結束，渥錫和帕金斯已各得14分。湖人的內線優勢，在抵消喬丹縱橫無敵的攻擊力。上半場，公牛53比51領先，喬丹和皮朋合計拿下29分，但第三節，魔術強森的傳球見了回報：他在上半場讓全隊都找到了節奏，而公牛第三節只得15分。禪師在暫停時怒吼：「在進攻中體現出執行力」喬丹發力過猛，體力

不足，第三節主動要求休息；而魔術強森自己，在第三節尾聲，不鳴則已、一鳴驚人地來了兩記三分球：湖人75比68領先進入第四節。

運籌帷幄指揮全隊，然後關鍵時刻來幾下致命殺招——這就是魔術強森的贏球之道。

但喬丹不想把比賽當成交給魔術強森的學費：這是他第一場總決賽。

喬丹在第四節風雨大作，開局帶出一波10比0，公牛78比75反超。雙方纏鬥，喬丹第四節合計得13分，擊退湖人每一次反擊。皮朋背著5次犯規，搏到犯規，罰中，公牛91比89完成反超：此時，比賽還剩1分2秒。

之後，兩隊各一次進攻失手，湖人掌握球權，來決一勝負。魔術強森做了選擇：他把球交給了三分線外的山姆・帕金斯。

那時，喬丹會想到什麼？

山姆・帕金斯，208公分的前鋒，投籃時讓你想起頭頂水甕的阿拉伯女郎。他和喬丹一樣是紐約布魯克林人，家庭毀敗，祖母養大，因此離家上學，死都不肯回紐約一步。於是留下了那段著名對話——「思念故鄉嗎？」「思念什麼？我沒任何人需要思念。」一九八四年夏：喬丹探花，帕金斯第四。

當帕金斯在一九八三年表示根本不認識奧克拉荷馬大學的名將韋恩・蒂斯代爾時，喬丹為他辯白：「我得告訴蒂斯代爾，我知道他……他得明白，山姆不是對他們不尊敬。」

一九八三年，北卡的迪恩‧史密斯教練說：「山姆和麥可……他們是讓比賽升級的球員」。同年，喬丹接受訪談時說：「山姆使比賽變得容易。」

好哥兒們帕金斯站穩，起手，投出他那滑稽的、阿拉伯女郎頭頂水甕式的三分球。球入籃框。湖人92比91，反超公牛一分。還剩14秒。

事實上，此前湖人暫停布置戰術時，不是由帕金斯來投這一球。但帕金斯自己說：「我覺得，我無論如何都得投這個球。」

公牛還有14秒的時間逆轉命運。湖人知道他們即將面臨什麼並採取動作：合圍！控制喬丹！公牛最後的界外球，喬丹直撲禁區，帕金斯阻擋在身前。好哥兒們，好對手，命運偷笑聲中，喬丹跳投出手，球敲籃框後沿不進。湖人拿到防守籃板，公牛犯規湖人兩罰一中，公牛91比93敗北。0比1。

喬丹的第一場總決賽，24投14中36分8籃板12助攻3抄截，但公牛全隊命中率只有48%命中率，只有喬丹與19投7中的皮朋得分上10。湖人控制了節奏，全場出手66次是總決賽歷史最少，三大前場帕金斯22分、渥錫22分、中鋒狄瓦茲16分14籃板，魔術強森自己僅出手5次，4中，19分10籃板11助攻的大三元。

而真正的話題，依然是價值觀：喬丹聲勢凌厲，個人數據光耀全場；魔術強森則後發制人，用老辣的指揮控制節奏。後一種贏得了比賽……嘿，喬丹依然不是個贏家嗎？

禪師不這麼看。

他後來承認，從第一場敗北中，他注意到兩個細節。

其一：第一場的第二節和第四節，魔術強森坐板凳上休息時，公牛兩度打出10比0的高潮。禪師繞著彎子說：「當麥可和魔術強森都在場下休息時，我們的答案比他們多。」

這話其實可以這麼理解：「湖人根本離不開魔術強森的運作──而公牛就算沒了喬丹，也已經會打球了。」

其二：湖人有高大前場，有投籃手，有指揮官，但是他們沒有速度型突破手。故此，如果提早包夾魔術強森，湖人就沒有第二進攻發起點了。

第二場之前，傑瑞·克勞斯偷偷摸摸和皮朋續簽了合約，一九九一～一九九二球季，皮朋的薪水將從不到77萬騰飛到接近280萬。這意思：重賞之下，必有勇夫。合約簽罷，心頭一塊大石落下，可以百無禁忌地拼命了吧？禪師立刻就派給皮朋一個任務：「喬丹去守狄瓦茲，而你去守魔術強森！」

禪師一腦門子鬼主意，當然不只這怪異的戰術安排。他賽前又拿出錄影帶洗腦這招，讓全隊看他編輯的《神秘的勇士》和總決賽第一場剪輯，結論是：「看吧，我們得合作，給空檔球員機會！」

喬丹把這話聽進去了。

第二場，他沒有防守魔術強森的任務，但比賽前20分鐘，他只得了2分。他不斷分球，讓卡特萊特和格蘭特融入進攻，第一節，兩大內線得了18分。上半場，格蘭特一個人

就獨得14分，公牛58比53領先，控制了局勢。

然後，喬丹開始接管比賽。

他記得第一場總決賽魔術強森的玩法：串聯隊友，在第三節才後發制人，忽然來兩記三分球……好吧。第二場前20分鐘，喬丹只在左翼射中一記跳投，其他時間，他防守，他蓋火鍋，他突破湖人防守後把球吊傳，助攻卡特萊特——對，他不喜歡的卡特萊特——上籃得分。比賽前20分鐘，他只得2分，但隨後：右翼三分線外接球，投籃假動作晃動，突破左手上籃。

快攻跟進，滑翔扣籃——他起飛時，湖人負責防他的拜倫·史考特甚至避讓開去，就像一個路人看見跑車轟鳴而來時下意識的動作。

左手運球突破，然後面對對方兩人的四隻手，滯空後仰跳投得手。

右翼翻身後仰投籃，中路翻身後仰投籃，得手。

下半場，他左翼、突破、右翼換著點地開火。當他一記右路突破、滯空、被史考特犯規、依然出手投中後，史考特長嘆了一口氣，抬頭看了看球館頂，那表情像是說：「上帝，你耍我對吧？」

但他沒忘了禪師的訓誡。就在這個球後，他又是飛進禁區，湖人四條大漢杯弓蛇影地圍將來，喬丹起跳，滯空，看著狄瓦茲的巨手撲來，空中扭轉，轉身，把球遞到左底角：派克森正在那裡等候，輕鬆出手中距離得分。

事實上，全場比賽，中距離大師派克森25分鐘內8投8

中，得到16分。

　　隨後是喬丹的突破後左手放籃，喬丹突破後在底線負角度給皮朋送球，助攻皮朋擦板得分──第三節，喬丹排山倒海地連發連中，讓公牛打出單節38比26的高潮；第三節結束，公牛已經86比69領先達17分。於是，第四節變成了嬉戲時光。喬丹右翼撤步跳投得手，隨後是左翼被兩人包夾，用運球耍倒兩個對手後跳投得分。

　　然後，名垂青史的一幕出現了：喬丹做出了那記體育轉播史上最著名的動作之一：他突入禁區，罰球線前起跳，飛向籃框，懸浮，似乎打算右手扣籃；但是，他浮在空中，換了個主意，於是他把球從右手交到左手，沉下左肩，徐徐下落，把球輕柔地舔進了籃框。他後來如此解釋空中換手：山姆‧帕金斯，好哥兒們，好對手，當時站在他身前。「那時，我以為山姆要過來擋我。」他說。

　　我們該感謝帕金斯還是為他慶幸？帕金斯在第一場絕殺了公牛，但第二場，他沒去破壞這奇蹟般的一球，於是成就了經典。喬丹落地時，狠狠地揮了一拳，而觀眾則瘋狂至極，從座位上立起歡呼：這是NBA總決賽史上，最如夢似幻的進球之一。在那一瞬間，彷彿時間都為喬丹停止，歌頌他的偉大。這一球也殺死了湖人：公牛領先達26分，雙方各派出替補。公牛107比86取勝，1比1。

　　後發制人的喬丹全場18投15中33分7籃板13助攻，包括第二節後半段開始的13投連中。皮朋20分5籃板10助攻，格蘭特13投10中20分5籃板，卡特萊特9投6中12分。湖人方

面，魔術強森被皮朋牽制，雖然有10次助攻，但13投僅4中14分，渥錫的24分雖然漂亮，但無濟於事。公牛全隊命中率62%，創總決賽歷史紀錄。

「好吧，」禪師說，「現在我們準備去洛杉磯，贏下兩場比賽。」他的意思是，公牛拿下洛杉磯三場客場中的兩場，然後回芝加哥來決出勝負。但喬丹的野心更大。

「三場，菲爾。」

一個細節：助理教練兼戰術狂人巴赫，第二場後巡查球場，在湖人替補板凳下面，發現了二十頁戰術圖紙，顯然是湖人教練麥克·鄧利維畫完就忘的。巴赫拿回去分析，然後跟禪師一起下了結論：「我們知道湖人會用什麼戰術了。」

公牛去了燈紅酒綠的洛杉磯，預備總決賽三、四、五場。喬丹找到了個機會，哄隊友們開心：迪士尼公司給喬丹和魔術強森一個邀約，「不管總決賽誰贏了，請你們宣布一句要去迪士尼玩——我們付10萬美元」。喬丹允諾了，但要求是：「由我們隊五個先發上鏡，每人酬金2萬美元吧。」

他越來越像個領袖，做出一些富有領袖魅力的事。雖然在訓練時，他還是會對隊友大加斥責，以至於羞辱——他後來解釋說，那是爲了激發隊友鬥志——但在公開場合，他讓隊友踏入他獨一無二的光環之中。媒體鏡頭上，不再只是公牛隊的麥可·喬丹，而是麥可·喬丹爲首的芝加哥公牛隊。

總決賽第三場過半，公牛48比47領先；但下半場，魔

術強森連續和216公分的狄瓦茲打擋拆，火線點燃，隨即引爆：洛杉磯觀眾歡呼，如太平洋的潮聲；趁這熱勢，湖人一波摧枯拉朽的18比2，67比54領先公牛，而第三節已經剩不到5分鐘了。

但禪師沒有絕望。他知道湖人老了，第四節，公牛年輕的雙腿能拖垮湖人氣喘吁吁的肺；而且，他擁有這世上獨一無二的武器：麥可‧喬丹瘋狂的好勝慾望。

第四節，湖人教練麥克‧鄧利維同樣犯了錯。第一場魔術強森休息時，公牛的反擊曾如刀鋒般掠過他的脖子，讓他寒毛直豎，所以他不敢把魔術強森換下，他怕湖人失去靈魂。但魔術師31歲了，總有疲憊之時，而他一旦疲憊，整支湖人都會氣喘吁吁：第四節初，公牛把疲憊的湖人拖垮，打出一波20比7，把分差扳到74平。

然後，命運派來了一個出人意料的使者。

賽季前加盟公牛時滿嘴怨恨的李文斯頓，忽然發威。他蓋了帕金斯、抄了魔術強森的傳球、一記補籃讓公牛88比84領先。隨後，格蘭特一記上籃，公牛90比87領先。比賽還剩1分7秒。

彷彿是命運在重播總決賽第一場的劇本似的：帕金斯又出現了，一記上籃得分，剩39秒時，湖人89比90落後。公牛下一回合未能得分，湖人則由狄瓦茲上籃得分，湖人91比90反超。同時哨聲響：皮朋犯規，第6次。

狄瓦茲罰球得手，湖人92比90領先；皮朋退場；還剩10.9秒。

與第一場何其相似，只是，第一場最後時刻，公牛落後1分，此時是2分；第一場在芝加哥，而此刻卻是湖人主場。

喬丹叉著腰，嚼著口香糖。局勢對他如此不利：他剛在第一場失手了關鍵制勝球，現在又得挑戰命運；這是湖人連續三個主場的第一個，如果他沒進，就將以1比2落後之局，在洛杉磯再打兩個主場。而且，此時，皮朋不在。他再次孤立無援站在世界面前。

公牛發球：他們沒選擇在中場，而是後場。如此，當喬丹在後場接球時，離對方籃框足有23公尺遠，空間廣闊，湖人雖然恨不得讓五個人過來圍堵，但終究不能捨籃框不顧。但是，這意思也明白：沒有隊友為喬丹擔當掩護了，他必須一對一幹掉對手，挽救球隊。

喬丹面對的只有拜倫・史考特。他右手運球，緩緩溜到中線附近。洛杉磯球迷幾乎全都離席站起，屏息凝望。

還剩7秒。

史考特剛覺得，喬丹似乎被自己逼近邊線時，喬丹一個換手運球，溜過中線；史考特緊張的橫移步，換方向圍堵，但喬丹，當世最快的球員，在過了中線後，就像飛機離地般轟鳴起來。還剩6秒時，他已和史考特平行，並排踏進了三分線；跨過三分線時，喬丹下意識地吐出了舌頭；從罰球線到禁區，三個湖人球員嚴陣以待，等他突擊。

喬丹沒有朝籃下去。剛踏過罰球線，時間還剩5秒，他收球，急停，拔起。巴爾幹巨人狄瓦茲嗅到不對，向前急竄，在喬丹面前升起：216公分身高，加上他碩長的胳膊，

幾乎遮住了所有視野，但喬丹滯空，抬手，讓球越過狄瓦茲指尖。他失去平衡，倒地時幾乎跟蹌了一下，但好在，他還來得及抬頭看投籃的去向：球進了，還剩3.7秒。公牛92比92追平湖人，喬丹戰勝了時間，控制了自己的命運。

湖人最後一擊被破壞，雙方進入延長。

喬丹不打算再給運撥弄他的機會了。延長賽開始，他妖魅般穿過兩個對手，滑入內線，讓過渥錫，然後面對狄瓦茲，一記柔若無骨的反手上籃得分；隨後，他左翼背身單打，在兩人包夾之間，一記回頭望月，從底線滑到籃下，再次面對狄瓦茲；喬丹滯空、低頭、伸右手海底撈月，滑翔上籃得手。隨後是一記關鍵籃板和兩次罰球得分：公牛104比98取勝。喬丹29分9籃板9助攻，犯滿退場的皮朋19分13籃板5助攻，格蘭特22分11籃板，奇兵李文斯頓5投5中10分4籃板。

以及最重要的：公牛拿下了第三場的勝利，2比1。

只有一個壞消息：第三場末尾，喬丹那記投籃，為了躲避狄瓦茲，他失去了平衡，落地時挫傷了大腳趾。隊醫約翰‧海弗隆和訓練師奇普‧沙菲爾覺得無大礙，只打算給喬丹弄個改裝版球鞋，以保護大腳趾。喬丹試了試：腳趾疼痛感確實消失了，但跑動的感覺也沒了。喬丹重新穿上了普通球鞋：「就讓我疼吧。」

第四場比賽前，湖人劍拔弩張，特意封館，來了堂完整訓練課程。禪師對此笑而不語。後來他說，這是湖人絕望的證明——比賽前幾小時，臨陣磨槍的加練？

　　另一個禪師沒說出來、麥克‧鄧利維沒明白的因素：湖人比公牛老得多。於湖人，加練只是消耗體能罷了。雖然魔術強森認為「這是個很長的系列賽，什麼都沒決定」，但實話是：湖人老了，季後賽拖得越久，對他們越不利。

　　加練亦非無用：第四場開始，湖人率先進入狀態。第一節湖人衝搶到7個進攻籃板，28比27領先。這是一九九一年季後賽，公牛第二次首節落後。但又一次，禪師那句話應驗了：「當麥可和魔術強森都在場下休息時，我們的答案比他們多。」

　　第二節，魔術強森剛往板凳上一坐，公牛就開始燒他的屁股：公牛迅即以19比9完成46比37的領先。魔術強森再回來時，已經擋不住眼睛血紅的公牛了：第二節，湖人命中率25%，僅得16分，公牛25分，其中喬丹11分。

　　腳傷沒能摧毀喬丹，但卻找上了湖人。

　　詹姆斯‧渥錫和拜倫‧史考特在下半場退出了戰鬥。渥錫，喬丹當年的老大哥渥錫，一九八八年總決賽MVP渥錫，湖人的首席利刃，這個賽季初因為企圖風流被休士頓警方逮住的渥錫，扭傷了腳踝，就此退出了一九九一年總決賽。史考特則是肩傷。公牛毫不留情地拉開分差，第二到第三節逼得湖人合計41投12中。第三節末，公牛74比58領先；魔術強森，一向以甜美微笑示人的湖人領袖，都憤怒了，他用這句話表達了自己的沮喪、絕望和憤怒：「難道你們都不想打了嗎？」

　　這一聲怒吼提振了湖人最後的血氣，第四節，他們一度

把分差追近到71比78。但公牛沒再留出機會。喬丹和皮朋各得6分，催動一波19比8的高潮，埋葬了湖人。洛杉磯主場球迷，很罕見地，響了噓聲。

湖人82比97敗北。82分是24秒限時規則以來，湖人的總決賽單場最低分。魔術強森引領的史上最強攻擊風暴，被公牛平息了。這一晚，帕金斯15投僅1中，魔術強森雖然打起精神22分6籃板11助攻，但無濟於事；湖人全隊命中率只有37%。而公牛方面，喬丹28分5籃板13助攻，皮朋、格蘭特、卡特萊特和派克森均勻整齊，得分在12到15之間；最妙的數據是：當晚，公牛只失誤5次，總決賽單場紀錄。

公牛3比1，命運的天平開始傾斜了。賽後，在回酒店的大巴上，喬丹開始研究這個問題：「我不想去白宮！」

NBA總冠軍照例得去訪問白宮，但喬丹不喜歡老布希總統。

當然，重點是：喬丹的心思，已經去了白宮；在他心中，冠軍已在指掌之間。

總決賽3比1領先。史考特和渥錫都已受傷。湖人已經連敗三場。湖人已經老了。喬丹無人可擋。第四場用防守將湖人最擅長的戰術——快攻——扼殺在湖人的主場。每個細節都暗示著命運：湖人將擔當偉大配角，將公牛和喬丹扶上王座。可是當冠軍近到呼吸可聞時，喬丹多少有些不知如何是好。第五場到來前，喬丹去打了54個洞的高爾夫球。後來，他承認過：就在第五場前，在更衣室，他很緊張。他做盡了一切奪冠應當做的事，但是，當這一刻終於逼近時，他

不知道自己該如何迎接這個冠軍。

可是湖人知道。

第五場，魔術強森像將他過去五個冠軍的尊嚴和經驗濃縮了。懸崖邊，傷病所困，但整個湖人都打得氣派非凡：他們是落魄帝王，但不是喪家之犬。

湖人年輕內線艾爾登·坎貝爾威風凜凜，全場21分，其中上半場獨得13分，加上死馬當作活馬醫被派上場的替補東尼·史密斯連得分帶犯規不遺餘力，湖人上半場49比48領先公牛，第三節結束雙方80比80平。第四節近半，堅韌的湖人還以91比90領先。禪師叫了暫停，他問喬丹：「誰是無人防守的？」

「約翰·派克森。」

「那就找到他！」

比賽最後四分鐘，派克森得了10分：空檔跳投，空檔跳投，空檔跳投。如他後來所說，「我只是在空檔站著，把傳給我的球都投進去而已」。湖人的追趕漸漸無力，公牛慢慢穩住局勢。傑瑞·克勞斯看著比賽，面色紅得發紫，下巴上肥肉顫抖，已經呼吸不順了。

比賽還剩一分鐘，公牛103比101領先。喬丹運球突破到罰球線，變向，照例吸引湖人五雙眼睛的注意，然後傳球：派克森射進本場個人第20分。禪師把脊背靠在座椅上，長嘆了一口氣。

比賽結束了，公牛108比101取勝。魔術強森——那時他根本想不到，那年夏天，他會被檢查出感染HIV病毒，就

歷史最多次賽季場均得分超過30分：8次。

此告別NBA——打出了16分11籃板20助攻的大三元，但無濟於事：喬丹30分10助攻5抄截，皮朋全場得分最高的32分13籃板7助攻5抄截，派克森20分……

當然，這時候，一切都不重要了。唯一有意義的是：公牛4比1幹掉湖人，拿到了一九九一年總冠軍——總冠軍！

「漫長的七年！漫長的七年！」喬丹衝向更衣室，「我不敢相信！」

「一九八七，一九八七！」格蘭特和皮朋緊緊擁抱，嚷著這個老笑話。這是他們倆的暗語密碼，皮朋後來解釋過：「一九八七年，我和賀瑞斯被公牛選中，然後，」他微微一笑，「公牛的命運才開始改變的。」

五場比賽，喬丹場均31.2分6.6籃板2.8抄截，以及創NBA總決賽紀錄的五場內送出57次助攻——場均11.4次，命中率高到56%。這是NBA總決賽史上最全面的發揮之一：他得分、他跳投、他突破、他抓籃板、他傳球、他組織全隊、他完成絕殺、他領導球隊、他鼓勵隊友、他無中生有地創造出了公牛的鬥志、他飛翔。當第五場後，NBA官方給場邊評委發選票，讓他們投票裁決誰是一九九一年總決賽MVP時，評委們紛紛瞪眼：「你是認真的嗎？這還有疑問嗎？」

沒有疑問。

總裁大衛·史騰將一九九一年總決賽MVP獎盃給了喬丹。但喬丹在意的，根本不是這玩意兒。賽後，在更衣室，喬丹額頭緊靠著冠軍獎盃，雙臂緊擁，嚎啕大哭，淚花橫飛，就像個孩子，根本沒心思跟湖人再多搭一句話。他打

NBA七年了，除此之外，他28歲了。這是他人生第一次站到世界之巔。

更衣室外，魔術強森，剛打完自己第九次總決賽的魔術強森，很安靜地接受了探訪。他像一個雍容大度的退位帝王，毫無嫉妒之情。他理解喬丹。當記者問到魔術強森，一九八〇年他初次奪冠時，是否也如此激動，魔術強森答說：「不，我沒那麼激動，但我和麥可不同是有理由的。」

他繼續說：「一九八〇年，我初奪冠時，太年輕了，才20歲，天真單純，完全不知道奪個NBA總冠軍，需要付出什麼。」可以理解，一九八〇年，魔術強森是新秀，而隊上的靈魂人物還是偉大的天勾，所以，魔術強森又補了句：「當晚些時候，我再奪冠後，才明白需要流多少汗、付出多少努力，才能奪個冠軍——所以我完全知道，麥可此刻的感受。」他顯然在暗示一九八七年，當他終於拿到自己第一個例行賽MVP、以聯盟第一人身份帶領球隊奪冠時的心情。

喬丹說，魔術強森形容得很到位。他提到九年前，他那記跳投讓北卡成為一九八二年NCAA冠軍時，他心中的疑惑。當時他想：「為什麼渥錫、布萊克、帕金斯這些老大哥們奪冠後，哭得這麼稀哩嘩啦的？我們打球、奪冠，不就是這樣嗎？」

現在，他明白了。就像魔術強森經歷過無數奮鬥奪冠後體會彌深似的，喬丹說：「在NBA打球後，我看到了另一面。所有的掙扎，所有人說『他贏不了的』，所有那些你對

自己的懷疑。你得把這些都拋開，拼命往積極方面想。我能贏！我是個天生贏家！——然後你贏了，好吧，這感覺真奇妙！」

　　說這些話時，麥可‧喬丹已經冷靜了下來。他已經回到了芝加哥，他已經拿到了總冠軍，他願意敞開懷抱，談論一些事。比如，他再也不會被懷疑「是不是一個勝利者」這類問題了。之前，世界總在質疑，他是否如魔術強森、柏德、J博士那樣，是天生的贏家；現在，他能夠豪邁地表示：「我個人認為，我總是能打得像他們一樣高強度又無私，有些人也贊同，有些人則否。而冠軍，對許多人來說，意味著偉大。我想，他們現在，可以認同我是個贏家了。」

　　但其實，真正放過他的，不是球迷，而是他自己。麥可‧喬丹，長年以來，總在四處樹敵，想像出許多對手，來讓自己草木皆兵地挑戰世界。但現在，他能夠獲得內心的安穩了。他不必再每次起床，就想到自己還沒拿冠軍了。

　　「真正的區別，在這裡。」喬丹敲了敲他的胸口。那裡面，跳著一顆心。

　　他終於站在了世界之巔，成為了世界冠軍——而且，他知道了，自己是世界冠軍。

　　一九九八年，喬丹必須面對一切。球隊的內部紊亂；皮朋的情緒；禪師的未來；他自己的老去；全聯盟的虎視眈眈；年輕後進的每次挑釁。他像是老去的獅王，一眼望出去滿世界都是對手——沒有一個是確定的，只是散亂的、等待他去一一應對的對手。

　　你可以想像他的暴躁和不安。他生活在一個尋常球員無法企及的世界，應對的都是無法目見的對手。他是個好勝成狂的人，他和媒體玩了許多年的「高高捧起，重重摔碎」的偶像遊戲，始終屹立不倒。所以他深明自己一旦倒下，會被踐踏到何種地步。

第二十四章　不同的景象

　　一九九一年夏天，喬丹很忙碌。冠軍獎盃封住了一些嘴巴，但開啓了其他話題。他得回應許多疑問，比如，針對他當初指責克勞斯的話，他答道：「我至今不後悔我針對克勞斯所說的話，我當時誠實地表達自己的感受。我們以前板凳確實打得不好，我也的確需要幫助。幸運的是，他們回應了。但我想，明年，我們得更加強大才是。」

　　他可以放心大膽談論這些，因爲他是芝加哥的神，更進一步，他是地球上最有名的球員。一九九二年，他的收入將高達2500萬美元，其中只有380萬是公牛付給他的薪水。他的名字和頭像滿街飛揚，出現在球鞋、三明治、飲料、汽車廣告上。他剛拿了冠軍，他是天下第一人，他有個好妻子，有兩個可愛的兒子，與父母關係融洽，他的生活了無瑕疵，就像電影編出來的劇情。用芝加哥某位媒體人的說法，「喬丹受歡迎的程度和商業價值，簡直匪夷所思。他是獨一無二的傳奇，前所未有，以後都未必再有」。

　　一九九一年，除了喬丹之外，事關籃球的另一個世界話題是這樣的：一九九二年巴塞隆納奧運會，美國男子籃球隊的組建事宜。

　　二十世紀九〇年代以前，世上有兩個國家不讓職業籃球員去打奧運會。一是蘇聯——眾所周知，蘇聯球員受國

歷史最多連續賽季場均得分超過30分（7次，該紀錄與張伯倫共同保持）。

家控制，談不上職業球員——二則是美國。雖然美國坐擁NBA這個巨大寶庫，但美國籃協卻視NBA為眼中釘，萬不能放到世上來。說來也不難理解：美國籃協鍾愛業餘體育，忙於維護「籃球運動的純潔性」，跟NBA合不來。每逢大賽，派「大學名帥＋大學球員」足以承當。比如，一九八四年奧運會，喬丹、帕金斯就帶著美國男籃，拿下了洛杉磯的冠軍。

可是一九八八年漢城奧運會上，約翰‧湯普森——當年率領喬治城，與喬丹的北卡大戰一九八二年全國決賽的那位——擔當主帥，不巧那年蘇聯陣中有歐洲首席中鋒阿維達斯‧沙波尼斯，美國人不敵，敗回來了。然後是一九八九年，美國男籃友好運動會亞軍；一九九〇年世錦賽，美國男籃季軍。

美國籃協被連番的亞軍季軍，鬧到顏面掃地，急於挽回世界籃球霸主的形象，終於願意放下架子，去和銅臭味的、勢利的、不純潔的、職業的NBA商量：不然，派NBA球員出戰？

這是一九九〇年的事，那時美國人還憑空把東歐兩大強隊——南斯拉夫和蘇聯——當假想敵。可是一九九一年，南斯拉夫分裂，蘇聯解體，美國奪冠壓力大減，這時再派最鼎盛陣容，單為了一九九二年巴塞隆納奧運會男籃金牌，就像殺雞用屠龍刀。但NBA總裁大衛‧史騰他老人家，心裡自有打算：那時，NBA正經歷柏德與魔術強森黃金八〇年代的尾聲，喬丹正不可一世踏上帝王寶座，加上巴克利、尤英、

馬龍、皮朋這些天才，NBA正發展到一個黃金時期。史騰
希望NBA球員能夠有個大舞臺，完全征服世界，告訴地球
人：籃球可以打成什麼樣子——再順手拿個奧運會冠軍什
麼的。

　　但這些可不是順便想的。

　　史騰企圖組織一支最偉大的球隊：不僅夠強大，而且夠
有名。魔術強森倒是願意去，但賴瑞‧柏德的背傷極重；巴
克利正逼費城76人交易自己；尤英在和紐約鬧分家；滑翔機
和皮朋願意去，但他們不夠有名氣；微笑刺客和喬丹水火不
相容；威金斯太華麗但不夠實用；伯納德‧金依然是NBA最
好的得分手之一，但他的防守堪憂；凱文‧強森、提姆‧哈
德威和約翰‧史塔克頓這幾個組織後衛都在鼎盛期，選誰去
給魔術強森當替補呢？至於活塞那幾位好漢，比如蘭比爾，
比如羅德曼：嘿，沒人喜歡他們。

　　於是，只好先從教練選起。

　　這個教練得控制得住史上最偉大的球隊。絲毫不容有
失，但又得哄著他們。他得在短時間內組成一套籃球體系，
發揮巨星們的能力，同時不讓他們覺得委屈。美國籃協選得
頭都大了。

　　一九七七年拓荒者冠軍主帥傑克‧拉姆西？太老了；
一九七八年子彈隊冠軍教練迪克‧莫塔？太老了；八〇年
代帶著波士頓拿了三個冠軍的比爾‧費奇、K.C.瓊斯？太老
了；一九九〇年帶著拓荒者進總決賽的艾德曼？一九八九年
剛上任公牛主帥的菲爾‧傑克森（那時他還不以「禪師」著

歷史最多次單場得分超過30分：562場。

稱，留的還是灰小鬍子）？太年輕了。

最後，在以下候選人——八〇年代開創湖人王朝、四枚冠軍戒指在手，好萊塢明星般的派特‧萊里；當時已經逼近一千勝的雷尼‧威爾肯斯；統治大學籃球界的學院派教授賴瑞‧布朗；在八〇年代帶領公鹿縱橫天下的老尼爾森；帶領活塞剛拿了兩個冠軍的查克‧戴利——中脫穎而出的，是戴利老爹。理由：雖然他帶領的活塞讓全聯盟頭疼，但他本身人格魅力出眾。他在高中和大學當了超過25年教練，他了解如何應對青春期少年叛逆心理。活塞隊沒有宿將，沒有老邁昏聵的球皮，於是，他可以像教導學生一樣對付他們。當活塞隊開始贏球時，那些驚喜無比的年輕人信任了他。最後，也是最有說服力的一點：他是丹尼斯‧羅德曼唯一打從心裡熱愛的教練。

隨後，在確定球員時，出了件震驚世界的大事。

夏日某天，喬丹在開車時接到了個電話，魔術強森打來的。魔術強森說，他被檢查出了感染HIV病毒。這意思是：他不能繼續在NBA打球了。

隨後是冷血無情的言論轟炸：批評、爭論、惋惜、感嘆，魔術強森的私生活被批判得七零八落，他是否有資格去打奧運會也懸而未決。神奇的是，忽然之間，魔術強森成了最大的助力：他知道喬丹不想去奧運會，寧願打高爾夫，所以選拔委員會屬意於滑翔機；但是，魔術強森的熱情克服了一切：他寧可冒著生命危險去奧運會，因為這是他最後一次在世界頂端打球的機會。他說服了喬丹，隨後一切順理成

章：巴克利、尤英、皮朋、卡爾‧馬龍、史塔克頓被一一選
入。皮朋的入選甚至有過爭議，因為一九九一年他不過是個
普通全明星，但因為他是戴利教練中意的人物，最後得以留
名。媒體注意的是：選拔委員會沒選微笑刺客。他是當世僅
次於魔術強森的組織後衛，但選拔委員會很清楚：喬丹恨微
笑刺客。喬丹已經入選，沒必要節外生枝惹惱他。

　　但是，距離一九九二年奧運會還有一年。這一年時間，
足夠媒體繼續討論不休了。

　　最後一個問題。

　　一九九一年奪冠後，芝加哥名記者山姆‧史密斯出了
本《喬丹規則》。這書不是查克‧戴利與活塞偉大防守的教
學本，而是一九九○～一九九一球季公牛的奪冠歷程，而且
其中詞句，對喬丹頗不客氣：書裡說喬丹打過威爾‧普度一
個耳光、存心刁難卡特萊特、曾經大肆辱罵皮朋、一直在利
用管理階層，野蠻、虛榮，總之，是一個惡棍。喬丹甚為不
滿：「我會對這書一笑置之，然後繼續前進。我們作為一支
球隊，知道何為真相。」隊友史戴西‧金幫腔：「我覺得這
本書是《鵝媽媽童謠集》以來最瞎扯的書。」

　　但這就是他必須面對的問題。

　　以前，喬丹的對手是那些偉大的防守專家，比如蒙克里
夫，比如喬‧杜馬斯，比如丹尼斯‧強森；後來，他的對手
是那些最偉大的球員，比如魔術強森，比如柏德；再之後，
他得征服活塞，他得學習如何做一個領袖，如何征服世界，
如何打造最偉大的團隊；而一九九一年，他站上世界之巔

後，敵人依然來勢洶洶：謠言、媒體、瑣碎的故事。他千辛萬苦成爲了這個星球上的籃球巨星，接下來，他得想辦法保護這一切。

而他最大的對手，依然是自己。

麥可‧喬丹，很可能一輩子都在意著他小時候，那個沒進高中校隊、被人笑耳朵招風、可能一輩子找不到女朋友的男孩。他永無休止地努力，就是爲了征服一路上他爲自己樹立的那些對手。他很敏感，很緊張，草木皆兵地仇恨著一切可能與他爲敵的東西。這種偏執好勝的人格成就了他，也會繼續煎熬他。

一九九一～一九九二球季，他已經征服過一切可見的對手了，接下去面對的，是那些看不見的障礙。

魔術強森在一九九三年曾說過這個話題：「我覺得，麥可更希望處於我和柏德的處境。你看，我和柏德都不需要去找動力來自我促進。他在波士頓尋思挑戰我，我在洛杉磯琢磨挑戰他。可是麥可，他沒有那種動力。」

他的言外之意其實是：「喬丹根本沒有足以匹敵的對手。」

是的。一九九八年季後賽，喬丹遭遇了又一批不同的對手。公牛首輪3比0橫掃了紐澤西籃網：一群陌生的年輕人。然後是次輪的夏洛特黃蜂：老熟人也只有葛林‧萊斯、狄瓦茲和安東尼‧梅森，公牛4比1碾過。喬丹，就像

一個話劇演員，每次遇到新觀眾，都得提起神來，把他們教訓一頓，讓心理陰影、恐懼和愛，留在後面幾代球迷的心裡。

歷史最多連續比賽得分兩位數：866場。

第二十五章　變化

　　如果不是《喬丹法則》，一九九一～一九九二球季本該平平淡淡。魔術強森被迫退役，柏德背傷，活塞分崩離析，八〇年代的支柱被歲月追上而摧殘，而喬丹還高飛在天頂。

　　傑瑞・克勞斯沒給公牛變出些新天才，但好歹，他沒自作聰明，拆散冠軍陣容。公牛一切依舊：喬丹、皮朋、格蘭特、卡特萊特、派克森先發，阿姆斯壯、普度、史戴西・金、李文斯頓構成主力替補。

　　變化在於兩個王牌。

　　一九九一年的媒體急不可待，討論起以下問題：「喬丹是否已是史上最好的球員了呢？」當然，喬丹名下，還只有一個總冠軍、兩個例行賽MVP，論成就堆積，想力壓羅素、天勾、張伯倫、魔術強森、柏德，為時過早；但換個角度：一九九一年的喬丹，如果和歷代巨星比呢？

　　實際上，一九八六年初，當賴瑞・柏德還只有兩個總冠軍、兩個例行賽MVP時，美國人就討論過：他是史上最好的球員嗎？那時的柏德可以隨便打出單季場均29分11籃板7助攻以上的數據，而且在傳球、投籃、運球、籃板各技術上極盡完美，以至於偉大的約翰・伍登教練說，「賴瑞・柏德來到世間，就是為世上一切籃球技巧制定新標準」。

　　但一九九一年的喬丹呢？嗯……

　　媒體開始談論以下可能：喬丹的投籃和柏德比如何？嗯，遠距離當然不及，但中近距離，喬丹已可與柏德媲美，喬丹自己都這麼認為。一九九一年十二月，他說：「我的投籃手型、出手選擇和出手控制，感覺上越來越流暢了。」

　　然後，他的傳球，當然不能和八〇年代的魔術強森相比，但一九九一年總決賽五場57次助攻已經證明，他差不多是當世最好的傳球手之一；尤其在突破、吸引包夾、分給空檔隊友這一環節，幾乎是當世最佳。

　　他一直是後衛裡最出色的籃板手之一；他的無球走位、上籃、滯空投籃、試探步突破、墊步反向突破、變速突破、壓低重心變向、中距離背身之後翻身底線突破、無一不是聯盟頂尖；而且一九九一年時，他出現三個新殺招：其一右手運球推進，急停，壓低重心，原地晃動，隨後急速斜插換手突破；其二，突破中換手運球，懸崖勒馬式，中距離跳投；其三，近距離背身單打，假動作後翻身跳投。

　　而他最珍貴的特色在於，用當時的快艇隊後衛、多年之後的塞爾提克冠軍教練道格・瑞弗斯的話：「喬丹的每場球，每個回合，都好像在打自己最後一次籃球似的。」他的熱情，他的好勝，他的窮兇惡極，他無限的創造性，隨時都能讓人跳出座椅來，而且他還能飛——J博士也能飛，但他沒有喬丹那樣無限可能的進攻手段。

　　「麥可……他是最好的。」賴瑞・布朗教練說。這個學院派老頑固，這個多年後會和艾倫・艾佛森成為歡喜冤家的偉大教練，這個二〇〇四年活塞隊冠軍教練，這個培養了波

波維奇並間接製造二十一世紀馬刺輝煌的老頭子，從來注重團隊而敵視天才，但他都承認：「我和康尼‧霍金斯一起成長，我見過J博士的巔峰期，我見過『天行者』大衛‧湯普森拿單場73分，我愛魔術強森和柏德，但是麥可……」布朗搖了搖頭，「我願意花錢看他打球。我甚至願意花錢看他訓練。」

另一個人：皮朋。

一九九一年總決賽，皮朋悄然無聲拿下場均21分9籃板7助攻的漂亮數據，而且還成功防守了當世第一指揮官魔術強森。

一九九○～一九九一球季是喬丹登峰造極的一年，很少人意識到，那也是皮朋的盛開賽季。在此之前，皮朋很全面，但不穩定。他總帶著阿肯色人的自卑，他總掛念著貧窮的家庭和造紙廠的夢想。他天賦驚人，但跟喬丹比起來，就相形見絀。一九九○～一九九一球季之前，皮朋在訓練中發揮出色，但在比賽裡卻發揮不出來。在喬丹看來，這是皮朋不在乎比賽，但事實卻是：皮朋太在乎了，在乎到不能正常發揮。一九九○年東區決賽第七場，皮朋發了那次著名的「偏頭痛」後，連他都開始討厭自己。在喬丹的龐大陰影下，他喘不過氣來。

轉捩點在一九九○～一九九一球季後半。喬丹接受了三角進攻後，皮朋成為了球隊的實際控球前鋒。與此同時，喬丹放鬆了對他的壓迫。他們兩個人開始真正地彼此了解。喬丹發現，皮朋並非不在意比賽，而是緊張；皮朋明白了，喬

丹對他的批評並非虐待或侮慢，而是恨鐵不成鋼。換言之，喬丹把皮朋當成了他自己，希望激發他的鬥志。於是，皮朋盛開了。用紐澤西籃網助理教練布倫丹‧蘇厄的話說，「皮朋的崛起，是我見過的最戲劇性的變化」。

喬丹也承認：「皮朋開始像我希望他做的那樣打球。他充滿了自信。他開始告訴人們，他也能成為超級明星。」一九九一年總決賽期間，皮朋簽的那份五年1800萬美元合約，讓他打消了後顧之憂。他終於成為明星了，雖然他慶祝的方式，依然是阿肯色小窮人皮朋的模式：一個起司漢堡，一輛他長年想要卻不敢買的保時捷。

而整個NBA的改朝換代，幅度要大得多。魔術強森退役，湖人為之遜色；活塞崩解，退出冠軍的爭奪；費城內憂外患，巴克利思謀走人。另一方面，除了公牛和塞爾提克外，喬丹的命中冤家克里夫蘭騎士日益崛起，如魔術強森所說，這支「屬於九〇年代的隊伍」找到了感覺。

然而最可怕的，卻是紐約尼克。

一九九一年季後賽首輪，公牛幹掉尼克時，助教巴赫總結：「他們是支沒激情的球隊，沒有靈魂，沒有憤怒，沒有仇恨……他們應當找一個合適的教練，我覺得派特‧萊里會在紐約取得成功。」

派特‧萊里登上NBA舞臺，是在一九八一年，那年他37歲，是一九八〇年冠軍教練韋斯特德的助理。一九八一〜一九八二球季開始後不久，魔術強森在更衣室裡對記者表達了以下意見：他和韋斯特德只能有一個人留在湖人。此事究

竟是魔術強森帶著隊員引發叛變，還是他和管理階層聯唱雙
簧逼韋斯特德走人，註定是千古之謎了。當時的派特·萊
里，像顆覆巢中的鳥蛋，不知道自己下一步去向何方。

　　所以，韋斯特德被趕走而他被宣布接任湖人教練時，萊
里自感意外。這命運的轉折像閉眼待放逐的囚徒睜開眼來，
發現自己被供上王座。

　　到一九九〇年萊里離開湖人時，他已經身懷四枚總冠軍
戒指。那時，他堪稱紅衣主教後最成功的教練。可是洛杉磯
的流言不那麼乾淨。謠傳他離開後，湖人隊員相互慶祝，因
為「終於從這傢伙的精神虐待中逃出來了」。

　　從洛杉磯到紐約，萊里天生屬於大城市。在湖人王朝
時期，他上GQ雜誌封面，他的油頭在美國東西兩岸都是話
題，他喜歡當代媒體，他會在一九八七年帶湖人奪冠後，戴
太陽眼鏡，在洛杉磯媒體前揚聲高呼：「我保證，我們明年
會蟬聯冠軍！」他人生中的一切都很極端。比如進攻：接任
湖人的當季，他就讓這支矛盾叢生、逼到韋斯特德走人的湖
人成為了冠軍，八〇年代的湖人更成為史上最恐怖的攻擊球
隊。一九八二年湖人對決馬刺時，對手感嘆：「從沒見過這
麼快的隊伍，除了錄影帶裡六〇年代的塞爾提克。」湖人壓
迫、斷球、飛身撲地救地板球、發動快攻，人人高興。「表
演時刻」的基礎自那時起已被建立。萊里當時的口號：「我
們的隊員都很有天分，所以我讓他們施展出來了。」

　　由於他的神經質，他很少獲得像羅德曼對戴利那樣的
「球員之熱愛」。他以切身經歷感嘆過「殺死冠軍的是冠軍

本身」，因為年復一年保持鬥志和自虐式訓練是件過於理想
化的事。禪師依靠他的心理戰術對付他的球員，而萊里用他
瘋狂的高壓來折磨球員們。他對球員的精神虐待出名到什麼
地步？簡單來說，他的這一特質直接斷送了他執教一九九二
年夢幻一隊的機會。本來，他的四枚戒指和天才執教很對選
拔委員會的胃口，但是，他的神經質讓委員會顫慄：他們知
道，夢幻一隊那些自大狂巨星們需要一個甘於伏低做小、好
聲好氣哄順他們的溫和老者，而萊里是一個挑剔絕倫的極端
魔鬼。他會日復一日地靠砸碎黑板來鼓舞鬥志。

　　就是這樣一個人，來到了紐約尼克。

　　一九九一年，喬丹規劃過自己的未來：到一九九五～
一九九六球季，就退休。

　　但事實上，一九九六年合約到期後，他續簽了一年
3000萬美元的合約；一九九七年，他又續簽了3300萬一
年的薪水。但在一九九八年，故事已到結尾。一九九八年
二月，禪師說：「要說再見很艱難，但在訓練營時，我就
知道，這個賽季將是天鵝絕唱般最後的舞蹈了。」

　　是說再見的時候了。麥可‧喬丹與世界你來我往了太
久。到35歲時，他真的已經疲倦了。

第二十六章　與世界交戰

　　一九九一～一九九二球季，公牛進行得順利。開季習慣慢熱、1勝2負之後，是一波14連勝。公牛像台機器，上足了油，運作流暢。卡特萊特和派克森年紀漸長，但史戴西・金、普度和阿姆斯壯都有長足進步，能替他們打球了。

　　喬丹平平靜靜地贏著球。這是他職業生涯最得心應手的時候。提姆・格拉弗的訓練計畫讓他體能充沛，他舉手投足的技巧無可挑剔，他和公牛的團隊間也了無拘束。特克斯・溫特教練很驚訝：他發現喬丹，剛打了一年多三角進攻，儼然已是此道高手。

　　老溫特教練，一如許多體育心理學家，相信巨星們都是偉大的學習者：他們能用圖像、邏輯、視覺、聽覺、動作來學習。比如，格蘭特擅長透過動作來學習，約翰・派克森習慣看戰術板來學習。而喬丹是天才中的天才：他可以同時做到這些。而且，他有一種自己獨有的狀態──一種匪夷所思的精神狀態。

　　賴瑞・柏德曾經說過，當他進入自己某種「冥想狀態」時，周圍的一切都會變慢，而他可以隨心所欲地左右比賽。多年以後，NBA最快的精靈艾倫・艾佛森則能夠在賽前圖解描畫一樣，想像出自己整場比賽會怎麼做。

　　喬丹，在超能力之外有自己的模式。多年以來，他總會

穿北卡的舊短褲，彷彿這是他的守護靈符；然後是他的招牌食物：牛排與馬鈴薯。他吃得很挑剔，因爲他相信這些食物能讓他全場比賽體能充足，哪怕這可能只是安慰劑效應。然後就是比賽前必須穿雙新鞋，並且自己穿鞋帶，他會犯強迫症，要求自己每次綁鞋帶的款式都一模一樣。最後，就是他近於病態的好勝 —— 賽前賽後，他都得逼著隊友來打賭：賭投籃也罷，賭撲克牌也罷，他總得贏幾盤，讓好勝成狂的心暫時紓解一下。而每場比賽輸掉後，他會惱恨地打撲克牌到凌晨，一邊嘮叨不休，指責每個隊友的失誤。這樣的日子，對公牛諸將而言，恍若地獄。

幸好，公牛輸球的日子不太多。

但喬丹真正的心理活動 —— 用他自己的描述 —— 是這樣的：

他試著在比賽前不要興奮起來，試著放鬆，試著讓比賽變得好玩。喬丹說，他在賽前就能感受到對手要做什麼。他認爲，只要專注於打球，他就能進入那種隨心所欲的狀態，彷彿進入另一種空間，他將擁有無比的力量，統治一切。那時，他將停止思考，運用本能。每一個瞬間都全神貫注，了無其他。每當這種時刻到來時 ——「我離開地面，在空中停留著，感覺自己在飛翔，並且擁有無盡的創造力。」

然後他開了句玩笑：「但是每個人都是這樣感覺的，甚至傑瑞‧克勞斯也是。」

打籃球對他來說，意味著什麼呢？喬丹在一九九二年到來時說：「類似於心理治療。」

歷史最高USAGE RATE數值（33.1）及最多USAGE RATE數值之王（9次）

卡特萊特在一九九一年十一月底受傷，威爾·普度補上。十二月，公牛嘗試讓史戴西·金先發，戰績不錯。一九九一年結束時，公牛的戰績是24勝4負，領先全聯盟。一九九二年一月二十五日，公牛的戰績達到恐怖的37勝5負，全聯盟開始研究一個新話題：在此之前，NBA的例行賽紀錄是一九七一～一九七二球季的洛杉磯湖人，69勝13負。這個紀錄高不可攀，實際上，例行賽70勝被認為是不可能的紀錄。可是，公牛37勝5負，只要餘下的40場完成33勝7負以上的戰績，那就是……70勝？

但這話題只被討論了一週。一九九二年一月底，公牛開始西區連續客場之旅。在聖安東尼奧和休士頓，公牛連敗兩場；然後在鹽湖城，公牛輸給了爵士；之後一場對太陽，喬丹未出場，公牛再敗。6場裡輸掉4場後，70勝紀錄渺茫起來。

好吧，專心想些別的事。

喬丹在努力重建與隊友的關係。此前三年，因為角逐總冠軍，他變得越來越像個暴君。而現在，他試圖跟普度、卡特萊特、格蘭特重新成為哥兒們，而皮朋，簡直快成為他兄弟了。如是，你可以看出，喬丹在慢慢變成一個更好的隊友。當他倒地時，皮朋總會第一時間趕到現場，輕柔地扶起他，然後是格蘭特，然後是卡特萊特。喬丹是神，但他依然需要一些朋友。

一九九一年夏天，喬丹規劃了自己的未來。他考慮在一九九五～一九九六球季結束後退休，那年他33歲，不算太老，但也不年輕了。但在一九九一～一九九二球季中，他已

經重新開始考慮退休的念頭了。

　　因為這個賽季，全世界都在折騰他。美國媒體一向如此：他們製造神，然後粉碎他。《喬丹規則》在熱賣，客場球迷會捧著這本書，大聲在場邊念其中的句子，來激怒喬丹：「麥可！你就是個自私鬼！」

　　然後是些其他雞毛蒜皮的事：他沒去白宮會見布希總統；據說他在高爾夫球場賭博，輸了16萬美元；他從可口可樂轉投到開特力；最後，全世界都在拼命拿他和其他人比較，比如巴克利，比如滑翔機……他是新的標杆和靶子，他得承擔一切。

　　他也的確承擔著一切。他的樂趣就是勝利。贏球，然後隨時隨地跟隊友打賭。這裡贏李文斯頓350美元，那裡跟皮朋鬥一次左手三分球。但他得隨時面對一切。比如，他又聽說哥兒們巴克利出事了：巴克利在密爾瓦基打客場時，跟個球迷打了起來，喬丹認為媒體誤解了巴克利。

　　「有時候，查爾斯說出了我們很多人都想說的話。每個人的左肩都坐著一隻小魔鬼，只是查爾斯的那隻比較大而已，而且它總是不停勸查爾斯說點什麼 —— 但他其實是個好人。」

　　「我對他的忠告是：讓籃球成為醫治一切的藥物。站到場上，好好出一身汗，然後下場去處理你的那些問題。這就是這些年來我處理事情的方法。我總是回到我對籃球最初的熱愛，把所有的一切都放在一邊。」

　　這就是喬丹所謂的「心理治療」。籃球治癒了他，讓他

能逃離一切紛擾是非。他越來越依賴勝利來解脫心魔，甚至到了這個地步：

一九九二年全明星，魔術強森會帶病復出，打一場給NBA的告別賽。那一晚，魔術強森是最後一個走出走道、踏進球場的人，伴隨著掌聲和巨大的廣播聲：「魔術──強森！」根據微笑刺客的提議，每個隊員都走上去擁抱了魔術強森。

那一晚，東區的所有球員都打得心不在焉：他們不想打擾魔術強森的好日子，他們安靜地看著西區明星隊發威，看著魔術強森和滑翔機左出右入的舞蹈。只有喬丹不同：他依然想贏球。

但當比賽結束時，魔術強森還是拿了全明星賽MVP：他最後連續三記三分球、全場獨得25分，讓全場球迷歡呼與感歎。魔術強森，在他NBA生涯最後一個輝煌之夜，這麼總結：「我感到我是在一個夢裡，我不願意醒過來。」

他真的不想醒過來。就在他慢慢走出球館走道時，走廊裡燈火璀璨，外面一片黑暗，他就要告別自己最鼎盛的歲月，成為一個與HIV病毒對抗的普通人。這時候，喬丹出現了。放下好勝心後，他和魔術強森彷彿成了知心朋友。

「麥可！」魔術強森叫道。

他們彼此用手臂環住對方的胳膊，一邊走一邊聊天。這時候，他們不再是對手，不再是本星球最好的兩個後衛，而是兩個孤單的，被媒體折磨到身心俱疲的，茫然而無所適從的大男孩。

　　一九九八年喬丹退休後，皮朋去休士頓火箭待了一季，然後去了波特蘭拓荒者。很奇妙的是，他依然被認為是當世最好的防守者、鋒線指揮官之一，但他再也沒有進過全明星、再也沒有奪冠。彷彿他就是為喬丹而生的羽翼，一九九七～一九九八球季是他們最後一次一同奮飛。一九九八年，最後的舞蹈演完了，喬丹離去了，皮朋這對羽翼失去了靈魂，也就從此寂滅了。

第二十七章　羽翼

　　一九九二年二月，世界討論膩了喬丹：他是世上最好的球員，他是世上最好的得分手，他是世上最全面的球員……好了，說點別的吧。

　　「滑翔機」克萊德‧崔斯勒正帶領波特蘭拓荒者領先西區，而且，他可能比喬丹還要全面；大衛‧羅賓森僅僅三年級，但憑藉他的優雅、快速和跳投，可能已是NBA最好的中鋒；卡爾‧馬龍依然是NBA最穩定的得分手之一，每晚像卡車一樣貢獻28分12籃板，此外，他還在對戰活塞之夜，給了微笑刺客一肘子，差點讓他掛彩；金州勇士吸引了大家的目光，因為那裡的三劍客──擁有上帝之左手的神射手克里斯‧穆林，許多人相信他是賴瑞‧柏德再世；「甲蟲」提姆‧哈德威，180公分的小個子，正用招牌的胯下運球幹掉全聯盟的後衛；「岩石」米奇‧李奇蒙，可能正在成為NBA第三好的得分後衛，僅次於喬丹和滑翔機……

　　最後的話題人物：底特律活塞的丹尼斯‧羅德曼，連續兩年年度防守球員，這個賽季忽然神鬼莫測地找到了自己的籃板球天賦。兩年前，他還是個場均29分鐘裡抓9個籃板球的傢伙；而這個賽季，他開始瘋狂刷籃板數據，一九九二年一月二十三日，他單場抓了27個籃板！五天之後，32個！

　　然後是史考提‧皮朋。

　　全明星賽前，皮朋場均21.4分7.7籃板7助攻，這是喬丹一九八八～一九八九球季場均32分8籃板8助攻以來，NBA最全面的資料。前巨星比爾‧華頓認為：「想一想，皮朋可能是NBA第二好的球員。除了喬丹，誰比他更好？誰做的活比他多？」

　　世界開始審視皮朋。他跳得夠高，跑得夠快，運球好到足夠擔當組織前鋒，有足夠的背身單打技巧，能突破，是個不錯的中距離射手。許多人認為，他像J博士。傑瑞‧克勞斯在竭力吹噓，他認為皮朋潛力還沒到底：「他會成為一個更好的防守者，一個出色的投籃手，他的天分足以震撼你……他正在慢慢步入巔峰。」

　　禪師則認為：「皮朋的角色正在成長。你看得到他的可能性。他能抓籃板，能運球穿越全場，能背身單打，他有些電光火石的迅疾動作。你知道他會成為一個非常好的球員，但你不知道他能多好。」

　　事實是，隨著與喬丹日復一日的對壘，皮朋正在成為NBA最好的——可能是NBA史上最好的——外圍防守者。他有身高，有長臂，有匪夷所思的判斷力，有驚人的平衡感。他能防守任何位置的球員，而且，用活塞主帥查克‧戴利的說法，「皮朋是個完美的填空者」，他能夠封死一切空間。他和喬丹有著類似的能力：都能靠防守幹掉對手，都能迅速協防讓球場變成鬥獸的鐵籠。而且皮朋說，他喜歡和喬丹在訓練賽對壘。雖然他從沒贏過。有記者開玩笑問道，如果他們倆作為對手遇上，會發生什麼事。喬丹笑：「他怕

我，他不會來防守我。」

「我不怕。」皮朋說，「我確認，我會做得不錯。」

「你怕的。」喬丹說。

「你知道咱們倆的底子。我不會怕的。」皮朋說。

一九九一～一九九二球季結束，這一年，滑翔機打出了職業生涯最好的一季，場均25分6.6籃板6.7助攻，帶領拓荒者稱雄西區。大衛·羅賓森場均23.2分12.2籃板之外，還以可怕的2.3抄截和4.5阻攻成了年度防守球員。約翰·史塔克頓連續第五年助攻王，而且還順便拿了抄截王。一九九一年狀元賴瑞·強森成了年度新人，而丹佛金塊的新人中鋒迪肯貝·穆湯波——一位剛果來的218公分大漢，喜歡蓋完火鍋後搖手指，號稱26歲但實際年齡不明，喬治城大學出身，是尤英的師弟，與師兄一樣的一座禁區大山——每場得到16.6分12.3籃板外加3個火鍋。但最大的驚奇，還是丹尼斯·羅德曼神話般的場均18.7籃板——這簡直是六○年代張伯倫、羅素才打得出的數據；而且在一九九二年三月四日，他還單場抓了34個籃板。

但例行賽最大的勝利者，依然是公牛：他們取下隊史最高的67勝15負，理所當然的全聯盟第一，離歷史紀錄的單季69勝只差兩場，無可挑剔了。喬丹場均30.1分6.4籃板6.1助攻2.3抄截，命中率52%，連續第六屆得分王，連續第六年NBA第一陣容，連續第五年NBA第一防守陣容。最後，他衛冕了例行賽MVP：他的第三個例行賽MVP。

此外，皮朋亦相當出色：一九九二年，他第二次進全明

星，而且是先發——這意味著，球迷開始認識他了。例行
賽，他場均21分7.7籃板7助攻1.9抄截1.1阻攻，他進了NBA
年度第二陣容，而且進了NBA第一防守陣容——從此開
始，他將和喬丹並列霸佔這個席位。事實上，他和喬丹在年
度防守球員選票榜上，並列第三。

這一年，格蘭特也打出生涯最好表現：場均35分鐘裡得
到14.2分10籃板2.7助攻，命中率是可怕的58%。他的射籃日
益精純，他的防守也非常到位，足以彌補卡特萊特老去下滑
的空缺。此外，阿姆斯壯作為替補控衛表現精悍，已代替派
克森，成為球隊第四得分手。

季後賽首輪，公牛遇到邁阿密熱火：這也是熱火隊史
上第一個季後賽系列。熱火有203公分的葛林‧萊斯和史
帝夫‧史密斯這對2、3號位置組合，前者擅長於急停出手
遠射，後者除了三分拿手，後轉身也是一絕。喬丹素來記
仇，還記得前一年熱火的葛林‧萊斯怎麼跟他打嘴仗。好
吧——

喬丹開場就劍拔弩張，攻防兩端殺氣凌人。抄球，發
動快攻，用轉身假動作嬉耍對手後衛布萊恩‧蕭跳投得手，
橫空霹靂蓋掉葛林‧萊斯的投籃，強行突破愛德華茲上籃得
分，抓防守籃板穿越全場滑翔扣籃，兩人包夾下命中後仰跳
投，突破蕭在籃下面對雙人包夾滯空上籃，然後是力拔千鈞
的快攻扣籃：當他起飛時，熱火的格蘭特‧朗甚至不敢伸手
干擾。下一回合，朗就證明自己是正確的：喬丹突破籃下，
213公分的中鋒羅尼‧塞卡利果斷嘗試封阻，喬丹視若無

歷史上拿下10次助攻同時得分最高：57分。

睭，垂空劈下：扣籃，加罰！上半場第25分。全場比賽，喬
丹46分11籃板9助攻。公牛113比94大破熱火隊。

第二場了無新意：公牛上半場就64比41領先，最後120
比90完成屠殺。喬丹打了35分鐘33分13籃板，皮朋30分。
第三場，邁阿密迎來隊史第一個主場季後賽，大發神威：第
一節就33比19領先公牛。喬丹第一節僅得2分，公牛全虧皮
朋的首節11分支撐大局。邁阿密球迷歡騰了：他們有可能扳
回一場了！他們有可能擊敗公牛了！

但隨後，他們就知道自己錯了。羅尼·塞卡利說：「這
傢伙就像個沒有插銷的手榴彈。」

他說的是喬丹。

數據資料會告訴你：公牛第二節32比23反超，單節將
熱火的命中率限制到41%，第三節初用一波18比7完成69比
63領先……但數據資料不會告訴你的是以下故事：喬丹在第
二節獨得17分，包括左翼跳投、抄球快攻單人蛇形突破扣
籃、右翼負角度跳投、面對兩人阻攔滯空跳投得手、在四人
包圍中上籃得手，加上皮朋的8分，兩人第二節合計25分。
公牛在第二節中轟出一波17比3，公牛44比43；然後是喬丹
連續包攬17分。第三節公牛領先後，熱火試圖追擊，但第四
節過半，雙方96平時，喬丹一記大幅度後仰投籃，公牛98比
96領先：這是他第44分。而後，剩下的5分半裡，喬丹又得
了12分。全場比賽，喬丹34投20中，56分。公牛119比114
取勝，3比0淘汰熱火。

「又一次，喬丹變身超人來拯救世界了。這傢伙的話

題，永遠說不完。」格蘭特說。

喬丹很興奮，流著汗，喘著大氣，「我怎麼投都進，節奏很好，我一點都沒猶豫，我總知道我該做什麼。如果他們讓我突破，好，我突破；否則，我就跳投！感覺真的很棒，我都不知道該怎麼描述！」

羅尼‧塞卡利給了最後總結：

「喬丹想得多少分都可以，只要他想；他可以得100分，如果他想。」

這個系列賽，喬丹三場平均45分10籃板7助攻，而皮朋後兩場也有平均32分。公牛輕鬆晉級時，媒體又掀起了這話題：「喬丹是世上最好的球員；皮朋可能是世上第二好的球員——他們還會有對手嗎？」

到一九九二年東區準決賽第一場，世界就知道答案了。

一九九七～一九九八球季，受傷的不只是皮朋，還有他的老對手。在長達十年只休息20場的鐵漢拼命後，在和公牛鏖戰了半個九〇年代後，紐約之王派屈克‧尤英真的老了：一九九七年底大傷，休息停戰56場。一九九九年，他已不再是靈魂，但還是扛著紐約過了第一輪，完成了老八傳奇。

他和師弟阿隆索‧莫寧的爭鬥，是那些年NBA的經典傳說。歲月已經把尤英鍛造成了一個殘忍的成年人，他在紐約人的憎恨中一路走來，永遠不會知道什麼叫心軟。

而莫寧，他的怒吼許多時候是在掩飾他的沉靜。當然，很多年後，當他退休時，尤英這麼説：「等我們都打不動籃球了，友誼還會在的。生活就是這麼回事：每人都想贏，想賺錢……但如果你沒有朋友和家庭，你還有什麼？」

　　他的不幸，也僅僅是：從一九八二年NCAA決賽，到九〇年代的NBA，他到處遇見喬丹。

第二十八章　突圍

一九九二年五月五日，東區準決賽第一場，芝加哥公牛 VS 紐約尼克。比賽結束時，世界被震驚了：尼克第一節就25比16領先，之後三節始終分寸不亂。他們擊敗了公牛：94比89。派屈克・尤英統治禁區，34分16籃板5抄截6火鍋，而且他牢牢控制禁區，逼喬丹跳投；公牛方面，喬丹23投12中31分，皮朋18投8中22分，但公牛全隊被封鎖：他們無法在禁區取得優勢，全場只有一次扣籃。

此前，在芝加哥主場，紐約尼克是浩浩蕩蕩的17連敗。

次日，禪師招呼全隊早起，6點30分就集中在訓練營觀看比賽錄影。他沒多說，但全隊感受到了他的意思。第二場，喬丹第一節就揮灑了15分，讓公牛27比24領先，但此後，比賽進入僵持：第二節，公牛19比13；第三節，公牛18比17。雙方纏鬥，不分上下，最後的比分是公牛86比78取勝。尤英被卡特萊特牽制，11分16籃板。喬丹第一節11投8中，但之後13投4中，全場27分6籃板5助攻。而皮朋12投2中，只得6分，公牛還得靠賀瑞斯・格蘭特的14分11籃板、阿姆斯壯的18分救場。

如此這般，前兩場結束，公牛與尼克打到1比1。

皮朋腳踝有傷，而喬丹嘛，禪師認為，「喬丹可能是累壞了」。喬丹則不太領情：「菲爾可真會給我找藉口。」

歷史最高半場抄截：8次（該紀錄與其他十人共同保持）。

第三場，紐約麥迪遜花園廣場，雙方的肉搏角力無休無止。頭兩場沒機會扣籃的喬丹，在第一節就憤然飛身爆扣，隨後用興奮地嚼口香糖來暗示公牛的殺心。上半場，公牛前仆後繼地衝擊籃板，抓到26個籃板球，一度48比39領先9分：在這個血淋淋的系列賽，這就是大比分領先了。半場結束，公牛51比50領先，然後是第三節的狠辣防守；第四節，喬丹殺進禁區，前有尤英，後有麥可丹尼爾，喬丹沒選擇傳球或滯空上籃：他瘋狂的好勝心膨脹，強行一記劈扣，劈倒對方兩人，然後追吼一聲：Yeah！

這一擊終結了尼克：公牛94比86取勝，喬丹32分9籃板，皮朋26分5籃板，格蘭特10分13籃板，大功臣是替補中鋒威爾‧普度：16分鐘內6分7籃板，而且以碩大身軀，擋住了尼克對籃框的侵襲——當然，還是無法阻止尤英的26分11籃板4助攻2火鍋。

但第四場，尼克再次得逞：全隊抓了52個籃板，多公牛19個；他們逼喬丹用了26次投籃才得到29分，他們把皮朋限制在13投4中。禪師第三節朝裁判迪克‧巴維塔怒吼「你怕他們不讓你回家嗎」，被罰退場。

尤英只得15分，16投5中，但麥可丹尼爾、傑拉德‧威金斯、查爾斯‧奧卡利發威站了出來。尼克93比86取勝，2比2。

喬丹很是憤懣：「他們就是這種打法！這和底特律活塞沒有區別！」

但紐約的安東尼‧梅森不這麼認為，他的說法是：「如

果裁判給我們點面子，我們現在會3比1領先芝加哥。或者，我們已經4比0晉級了！」

禪師沒那麼悲觀，但他已經明白了：「我們這個系列賽，看來要打七場。」

好的，我們該來認識一下紐約尼克了。

他們擁有派屈克・尤英：霸王龍一般的牙買加籍中鋒；十年前帶領喬治城與喬丹決戰全國決賽的大猩猩；他在紐約過得並不愉快：雖然他年年場均20＋10，是東區首席中鋒，但紐約人總是嫌他笨、嫌他不華麗、嫌他太兇神惡煞、嫌他不夠硬氣。於是他總懷著憤恨打球。

他們擁有馬克・傑克森：一個道地的紐約後衛，一個喜歡用屁股拱人的滾地蟲，一個滑不溜手的好控衛。很多年後，他會成為NBA史上第三個總助攻數超過一萬的人──第一是約翰・史塔克頓，第二個是魔術強森。

他們擁有約翰・史塔克斯：他是紐約黑幫的外圍第一打手，鬥牛犬一般的人物，NBA最好也最大膽的三分球射手之一。至今你去看舊比賽錄影，望見他桀驁不馴的眼神和動輒拉短褲擺防守造型的表情，都像個剛嗑完藥、手持電鋸的瘋狂殺人魔。當然，他也是NBA史上最不穩定的球員之一。

他們擁有查爾斯・奧卡利：喬丹的好哥兒們，老保鏢，NBA最大的惡棍、藍領、地痞流氓。一九九一年，尼克對壘超音速時，他一個人單挑對方的尚恩・坎普、蓋瑞・裴頓與麥斯威爾，一九九二年，又在玫瑰花園打傷克里夫・羅賓森。

他們擁有傑拉德‧威金斯：那是「人類電影精華」多明尼克‧威金斯的堂兄弟，擁有與兄長類似的體格，以及遠超過兄長的勤奮防守意志。

他們擁有夏維爾‧麥可丹尼爾：他的名頭一向是無可比擬的敬業、剛烈兇猛的防守者，以及最可怕的，「蜘蛛人」。

他們擁有安東尼‧梅森：這傢伙身長201公分，體重114公斤。他出身寒微，選秀大會上只列53位，一度淪落到去土耳其打球。但靠著兇殘、努力和無私，他成了紐約打手團的先鋒猛犬。

喬丹說紐約尼克的風骨與活塞並無不同，這不奇怪：主帥派特‧萊里，當年帶領湖人與活塞百戰餘生，最知道活塞怎麼碾壓全聯盟。他讓尼克對公牛放手發威：全場防守；緊逼壓迫；堵塞籃下；隨時上手；喬丹無論走到哪裡，傑拉德‧威金斯都將手黏在他身上。偶爾還得這裡挨一拳、那裡挨一肘。公牛的替補內線史考特‧威廉姆斯總結：「前臂、肘子、雙手按在你背上 —— 你走到哪裡，身上都離不開這些。」

麥可丹尼爾認為這很正常：「如果其他人付出了200％，好，那你就要付出400％！」

第五場，麥可丹尼爾帶領全隊，自己得了26分，還守到皮朋11投4中。但卡特萊特守住了尤英 —— 紐約媒體抱怨說，尤英捨不得對自己當年的老大哥下狠手，所以第五戰14投僅5中，而且還6次犯規退場。

　　拯救公牛的，依然是喬丹。他全場23投11中，而且撲擊籃下，勢若猛虎，全場17次罰球，37分5籃板。每次喬丹被尼克按倒，總是會回頭睥睨對他犯規的傢伙。意思很簡單：「試試看對我下狠手啊？——誰怕誰？」

　　公牛96比88贏得第五場，3比2。

　　但第六場，喬丹被紐約尼克祭出雙人包夾：他全場25投9中21分。雖然有8次助攻，但公牛進攻乏力。尼克在第四節打出32比16的大反擊，100比86取勝。3比3。

　　於是要迎來第七場了：喬丹職業生涯以來，第二次第七場。第一次是一九九〇年東區決賽、公牛決戰活塞——也就是皮朋偏頭疼發作那場。

　　第七場前，裁判傑克・奧東納特意去找尼克前鋒蜘蛛人麥可丹尼爾：「給我看看你的手指甲。」

　　「為什麼？」

　　「看是不是長到超標。」

　　這是外界對尼克的印象：似乎他們這夥黑幫真會全身上下插滿利器，拿來對付公牛似的。但第七場開始的第一球，比賽氛圍就奠定了：喬丹奮不顧身地撲進禁區，製造犯規，兩記罰球；第一節稍後，喬丹突破不休，8罰8中，還跟麥可丹尼爾動了火氣，額頂額，眼瞪眼，奧東納急忙圓場，給這兩人各一個技術犯規。第三節，喬丹面對尼克的三個球員完成一記飛翔上籃；然後，當麥可丹尼爾抄掉他球後，喬丹飛速回防，反將球抄了回來——

　　這一切，一如瑞弗斯所言：「喬丹的每場球，每個回

合，都好像在打自己最後一次籃球似的。」

第七戰，喬丹完美地結合了飄逸和兇狠：他殘忍而偏執，完全控制了尼克的神經。他全場得了42分，29投15中，而且完成2抄截3火鍋；皮朋打出17分11籃板11助攻3抄截的大三元；格蘭特14分4抄截4火鍋；阿姆斯壯7投5中12分。尼克下半場僅得30分，命中率被壓制到38%。傑拉德·威金斯心服口服：「喬丹推動全隊前進。這就是超級巨星所該作的。」

皮朋賽後，如此描述喬丹：「他開場就和麥可丹尼爾槓上，就是在告訴紐約：我們不會退縮。」喬丹自己解釋說：「我們決不會畏懼突擊內線。我們就是要摧毀他們！」

比賽結束後，公牛更衣室來了個意外的客人：禪師的恩師、曾經帶領紐約尼克拿了一九七〇、一九七三年兩個總冠軍的老王爺雷德·霍爾茲曼。他和禪師談起了萊里，兩個人一起表揚了萊里。最後，霍老爺爺看著禪師說：「菲爾，你也是一個好教練了。」

東區決賽，老對手克里夫蘭騎士出線。但喬丹的心情反而放鬆許多：他之於騎士，就像活塞之於曾經的他，他了解騎士對他的恐懼已根植心底，幾乎成為迷信。而且對紐約的七戰，對他著實有利：「紐約把我們喚醒了。我們整個系列賽都在夢遊。直到第七場，我們沒退路了，才做出回應——這是我們應該有的樣子。」

比起一九八九年那支遭喬丹絕殺的隊伍，一九九二年的騎士有所不同。布拉德·多爾蒂是東區屈指可數的好中鋒，

馬克‧普萊斯是全明星後衛，32歲的前扣籃王賴瑞‧南斯依然能每場得17分8籃板，外加3記火鍋，外加喬丹尊敬的防守者克雷格‧埃洛，當年惹惱過喬丹的威廉姆斯，以及射手史帝夫‧柯爾。曾經「很像喬丹」的朗‧哈潑已經離開，但不妨礙騎士成為NBA第二好的進攻球隊──第一是公牛。

但這個系列賽，進行得很奇怪。首戰騎士未加抵抗就繳械，公牛103比89輕鬆取勝。喬丹33分6籃板7助攻，格蘭特12分10籃板7助攻，皮朋29分12籃板9助攻。可是次戰，喬丹嗓子不適，膝蓋也酸痛，於是前6投全失，全場22投7中；皮朋和格蘭特則隨著喬丹一起沉默，公牛第一節就14比30落後，上半場落後到34比59，全場81比107遭血洗。禪師感嘆：「有時候，我們太依賴麥可帶來的動力了。」

喬丹確實是風向指標。第三場來到克里夫蘭，他36分6籃板9助攻，於是公牛猛醒：皮朋23分9籃板7助攻，格蘭特15分11籃板。公牛上半場就57比37領先，下半場騎士猛追，為時已晚，公牛105比96取勝。第四場第一節，騎士的丹尼‧費里就被罰出場，但這事激起了騎士的血性：全場比賽，喬丹獨得35分，但公牛其他人黯淡無光，公牛85比99敗北。

又是2比2。公牛中鋒威爾‧普度說：「簡直是角色錯亂！」

芝加哥媒體開始膩了。他們聽膩了「信心、動力、決心、意志、專注」這些詞，有媒體開始抱怨：「這系列賽太悶了……真該讓麥可丹尼爾留著，讓比賽見見血！」

　　第四場後，喬丹和禪師都覺得不妙。他們都或多或少地開始對媒體張嘴聊，溫和地，但有所指地，聊公牛的替補們：如何不幫忙，如何打不過騎士板凳群。公牛替補們並不好欺負，阿姆斯壯代表替補發了言：「如果菲爾和麥可想拿替補開刀，我覺得，應該內部解決，而不該對媒體說！」

　　可是這話有了效果：第五場，公牛三大替補李文斯頓、史考特‧威廉姆斯和阿姆斯壯一同站了起來。威廉姆斯7投6中12分8籃板2火鍋，阿姆斯壯12分4助攻，李文斯頓12分。加上喬丹的37分5助攻4抄截、格蘭特的13分14籃板和皮朋的14分15籃板6助攻，公牛末節發威，112比89大破騎士。3比2。公牛內部有位先生，如此評價禪師這種激發替補的作法：「雖然迄今為止本季很成功，但其實，菲爾他教導球隊比以往艱難，他得處理這樣那樣瑣碎的事，比去年麻煩得多……」

　　第六場前三節，喬丹打得不好，20投僅5中。但公牛諸將很努力：他們克服了克里夫蘭的嘈雜主場，前三節戰罷，雙方72平。然後，喬丹的記憶復甦了：這裡是克里夫蘭，是他征服過無數次的地方──騎士不可能擊敗喬丹，不可能！

　　喬丹第四節7投5中，獨得16分。公牛進入招牌的「大家防守，然後喬丹帶我們回家」模式，公牛99比94擊敗騎士，4比2晉級。

　　「好，我們又來了。」喬丹對著一九九二年總決賽說。

　　這一次，西區冠軍、前來挑戰公牛的，是波特蘭拓荒

者，以及他們的22號「滑翔機」克萊德‧崔斯勒。

一九九七～一九九八球季結束，喬丹退休之前，滑翔機崔斯勒悄然先他一步退休了。他與喬丹退休的方式差別，一如他們的風格對比：喬丹高飛鶴唳，滑翔機踏雲無痕。

除了飛翔，崔斯勒的標誌動作之一，是突入前場時會埋頭疾行，不抬頭看球場。這種奇妙的習慣卻很少使他撞人犯規。終其一生，除了膝蓋，他很少為傷病困擾，這對一個經常飛天遁地的搖擺人而言算是罕見。他的溫和性格使他甚少敵人。在九〇年代之後，他更趨於與世無爭，而可以與他對照的麥可‧喬丹，則走在帝王之路上。許多時候，性格可以指著人走向命運的兩端。

幸好他不是巴克利、尤英、馬龍那樣的悲劇英雄，因為他還有一枚足以告慰一生，使他職業生涯圓滿的，總冠軍戒指。

歷史最高半場罰球數（23次）及罰球命中（20個）。

第二十九章　衛晃

　　十年之前的一九八二年，喬丹的北卡與喬治城決戰之前，曾在準決賽跨過了休士頓。那是喬丹和滑翔機第一次對決。

　　十年之後，他們在總決賽重逢了。他們各自帶領著聯盟最好的兩支球隊。喬丹是例行賽MVP，而滑翔機票數第二。他們是聯盟最好的兩個後衛，而且是聯盟最好的兩個球員。如果需要補充一下的話：喬丹場均30＋6＋6的數據和滑翔機場均25＋6＋6的資料都極全面；而且，他們可能是聯盟裡兩個最能飛的人。

　　但他們卻又是兩個截然不同的傢伙。

　　12歲前的崔斯勒是個胖男孩，為了排除這種自卑，他腳踝綁沙袋跑步，跳繩，終於擁有了匪夷所思的飛翔能力。雖是如此，他在大學裡依然是個冷靜溫和的青年。這並不總是好事：他很溫和，溫和到不想冒犯任何人。他很紳士，他是個好隊友。哪怕他聽說夢幻一隊不想選他，他都不會公開表示生氣，只是溫和地抗議：「我和喬丹不衝突！我們可以起不同的作用！」

　　他的個性和波特蘭所在的奧勒岡州類似：這裡生活著大量中產階級，大家都希望滑翔機與他們一樣心平氣和、缺少狂熱。高中時，他有一年沒碰籃球，因為他覺得籃球影響了

他的學習。對他最刻薄的評價，來自西區某位教練：「他的天賦如此偉大，他註定在比賽中得到不凡的成績。但在季後賽，他總是失敗。也許是因為他感到無聊，也或許是因為他感到挫敗，或是因為比賽變成了陣地戰，天知道下一次是因為什麼。他總是在關鍵時刻消失。」

他不算是一個手段多樣的得分手，然而確實是個攻守兩端都聰明的、技巧全面的球員。在那個飛人漫天縱橫的時代，相對於不屑進行任何閃躲直接轟炸籃框的威金斯，崔斯勒與喬丹在空中的閃展騰挪顯得更為瑰麗。而作為一個經典的老好人，崔斯勒紳士般的優雅也讓他在場外頗得人緣──雖然他的拓荒者年復一年地敗給湖人隊。在一九八九年，拓荒者找來了著名籃板怪獸巴克‧威廉姆斯，提拔了艾德曼做主帥，塑造了鋼鐵藍領內線，由崔斯勒、柯西這樣的飛人衝擊對手，而波特在三分線外為對手傷口上撒鹽。他們一路橫衝直撞殺入了總決賽，但結果遇到了身懷喪父之痛的喬‧杜馬斯，以及藍領內線的老祖宗活塞隊：在這些霸道的對手面前，崔斯勒的優雅顯得纖巧脆弱。拓荒者1比4被解決。

這好像註定了崔斯勒的命運：在遇到更為霸道的對手時，他難於匹敵。一九九一年，他帶領拓荒者打出隊史最高的63勝，可是球隊卻被垂老的湖人擊敗。

他試圖改變這一切。比如，一九九一～一九九二球季，他是聯盟第二好的球員；在季後賽對湖人第三場，他打出42分9籃板12助攻；在西區準決賽對鳳凰城太陽，最後三場他

拿到37分、33分、34分，終結對手；西區決賽對爵士，第二場他打出36分12助攻——類似於此的漂亮表現。

但誰都沒想到，總決賽第一場，他就遇到了大麻煩。

拓荒者的替補後衛丹尼・安吉是喬丹的老朋友。當年他在塞爾提克時，親身經歷了喬丹那傳奇的「今晚上帝穿了23號球衣」之夜。一九九二年總決賽第一場，他又產生了類似的幻覺：一記投籃劃過他的指尖，直墜籃心。喬丹的第四個三分球。

上半場甚至還沒結束。

喬丹跑得很有節奏。傻子都看得出，他此時如庖丁解牛，一舉手一投足都隨心所欲。下一回合，滑翔機接球，喬丹如幻影般閃過滑翔機身旁，忽然間，球已在他手裡。安吉翻身急追，企圖對喬丹犯規——根本無效，喬丹如火箭噴發，直取籃框。滑翔機在遠處看著：他真的只看得見喬丹的背影。

喬丹單挑滑翔機，起速突破；全波特蘭靠攏來，企圖圍死喬丹；喬丹傳球：格蘭特在籃下接到，輕鬆上籃得手。下一回合，喬丹故技重施，格蘭特接球，拓荒者輪轉補位，格蘭特把球傳給三分線外的喬丹：喬丹出手，第五記三分球。

然後是皮朋斷了滑翔機的傳球，上籃，不進，但喬丹在皮朋身後起飛，把球點進籃框。拓荒者面露慘色：他們知道喬丹很可怕，但沒想到如此可怕。

然後是又一次，喬丹在三分弧頂接球，拓荒者的克里夫・羅賓森朝他撲來。晚了。喬丹的投籃越過羅賓森的指

尖，直墜籃框。半場第六記三分球，半場35分——全都是總決賽紀錄。

喬丹在原地跳了跳，往回跑時，他做了NBA史上最著名的動作之一：聳聳肩，揚揚眉毛，攤開手掌。那表情可以這麼解釋：

「我也不知道我是怎麼做到的。」

這一晚，喬丹上半場就得到35分，全場39分外加11助攻，皮朋24分9籃板10助攻。公牛上半場66比51領先，第三節結束時分差已經到了104比68，全場122比89大屠殺。滑翔機16分5籃板7助攻：他不是不努力，只是，他遇上了喬丹展現他之所以是喬丹的夜晚。

第二場，拓荒者首節一度領先8分，半場領先9分，但隨後情勢變幻莫測：第三節，喬丹和派克森引領起一波華麗的32比16反擊，77比70領先進入第四節。第四節剩4分36秒時，滑翔機6次犯規下場，公牛92比82領先，眼看2比0在握，總決賽已無懸念，但神奇地——拓荒者完成了一波15比5的反擊，其中控衛神射手波特得到7分；雙方97平進入延長，安吉在延長賽獨得9分，包括最後一分鐘6分，拓荒者115比104取勝。滑翔機26分7籃板8助攻，喬丹39分5籃板10助攻，對決上，滑翔機輸了。但拓荒者的其他人——巴克‧威廉姆斯19分14籃板、柯西12分8籃板、波特24分、達克沃斯14分8籃板——為拓荒者贏了比賽。

這是連續第三輪系列賽，公牛以1比1結束頭兩個主場。

　　總決賽第三場前，賀瑞斯‧格蘭特說起一件往事：兩年前，助教巴赫錄了一個波特蘭籃板怪獸巴克‧威廉姆斯的兩小時集錦錄影帶，讓格蘭特學習，並告誡他「少投籃，多籃板，打團隊，挑釁人，打硬點」。

　　「巴克就是這麼打球。我現在也就是這樣。」格蘭特如是說。

　　第三場，格蘭特主導了公牛的風骨：拼身體，拼防守。全場他18分8籃板6助攻，逼到巴克‧威廉姆斯5投1中6分9籃板5犯規。滑翔機得到32分9籃板，但拓荒者全隊除了他以外，命中率只有32%。喬丹26分7籃板4助攻3抄截，而且與皮朋、格蘭特聯手完成了第一節到第二節之間30比13的超級高潮奠定勝局，第三節的12比3則徹底埋葬了拓荒者：在長達6分57秒的時間裡，公牛沒讓拓荒者投中一個籃。

　　這一場的公牛，像極了一九九〇年總決賽幹掉拓荒者的活塞。論天賦，拓荒者並不下於公牛，但在公牛雙目帶血、咬牙切齒的猙獰面目前，拓荒者，確切地說，滑翔機，後退了。就像人看見獅子，本能地後退似的。

　　但第四場，拓荒者的群狼鬥志又重現威風。開場他們一度0比10落後，隨後是9比22。比賽進行到最後半節，公牛還是80比74領先。但是，彷彿第二場翻版似的，拓荒者開始大逆轉：艾德曼教練發現了一個有效的小陣容——滑翔機、波特、安吉、柯西和克里夫‧羅賓森。拓荒者一口氣反超到83比82，此後是皮朋4罰1中，拓荒者93比88取勝，2比2。

歷史最高罰球命中：1463次。

　　稍微有點諷刺的是：這一晚，喬丹依然領先滑翔機：32分5籃板6助攻，而滑翔機21分6籃板9助攻。最奇怪的是，全場比賽，滑翔機都拒絕挑戰喬丹。事實上，連喬丹自己都知道這事實。很多年後，他會下這種斷語：「當滑翔機開場手感好時，我反而不擔心，因為他會開始跳投，拒絕突破籃下拼命。」

　　波特蘭可以滿足於「滑翔機是個團隊球員」，但媒體不買賬。《今日美國》的專欄作家彼得・維西如是說：「他還是把好好先生的形象保留到總決賽之後吧。你不可能一邊保持著容忍和尊敬的態度，一邊打敗喬丹。」

　　波特蘭需要有人站出來，說點擲地有聲的話。滑翔機不會說，那麼巴克・威廉姆斯就站出來了：「第五場，會是第四次世界大戰！」

　　雖然芝加哥記者忍不住掩嘴偷笑，恨不得去問威廉姆斯「都第四次了，那第三次是什麼時候打的呀？您發動了嗎？」，但波特蘭記者為之歡欣鼓舞：對！波特蘭要給芝加哥點顏色看看！第四次世界大戰！

　　但他們都忽略了一件小事：

　　千萬、千萬、千萬不要惹惱喬丹。

　　第五場的前7分鐘，可以如是描述：公牛有喬丹和皮朋，拓荒者沒有。公牛前7分鐘得了23分，其中19分來自喬丹和皮朋；防守端，他們倆像練過分身術一樣，遍佈每個角落。一個球就顯出當晚喬丹的決心：開場2比2，拓荒者獲得二打一的快攻機會，喬丹翻身殺回籃下，低手一抄，破壞了

對方的進攻，隨後翻身殺回，一記三分球；幾分鐘後，皮朋抄掉一記傳球，快攻急進，邊運球邊看右側跟進的喬丹，然後……皮朋沒傳球，而是迎著滑翔機頭頂，一記滑翔霹靂扣籃得分，加罰，公牛領先到20比11。第一節，公牛39比26領先，其中17分是逼迫拓荒者失誤所致。

這就是比賽的基調：公牛打得兇殘至極。喬丹每次得分，就立刻回防，隨時和滑翔機保持身體接觸，全場滑翔機30分10籃板，但21投僅9中，更多靠14罰12中的罰球，最後還被罰退場；而喬丹製造了19次罰球，外加23投14中，46分5籃板4助攻——他也有5次犯規，但狹路相逢勇者勝。皮朋24分11籃板9助攻，也付出4次犯規的代價。雙方犯規33次對34次，罰球45次對35次，最後，公牛贏了這絞肉機般的「第四次世界大戰」，119比106，3比2領先，回芝加哥主場了。

費城的記者比爾‧林恩，如此形容喬丹和滑翔機的區別：「他們之間的差距不在天賦，而在性格。喬丹的天性就是要掌握一切。他會鞭策隊友、責罵隊友、羞辱隊友。而滑翔機，他的天性更加被動。他會做好自己分內的，同時也假設隊友們會恪守本分地跟隨他。」

第六場前，芝加哥人載歌載舞：他們相信冠軍就在眼前，他們想彌補去年未能在主場慶祝冠軍的遺憾，他們指望喬丹再來一次偉大的演出，以此蟬聯冠軍……但是第六場打了11分鐘，芝加哥人就覺得不對勁：前11分鐘，喬丹沒有得分？

第一節，拓荒者25比19領先？

第二節過半，拓荒者領先到43比28？

第三節後半段，拓荒者居然領先到75比58？

第三節結束時，拓荒者領先79比64？

皮朋前三節12投4中；喬丹第三節有兩個上籃不進，還有一記被滑翔機蓋掉，而且累到腳步蹣跚……公牛，要輸了？

在這裡，我們得插一句，聊聊拓荒者的教練艾德曼先生。

很多年後，進入二十一世紀時，他會用普林斯頓進攻打造出一支偉大的沙加緬度國王，並在休士頓火箭執導姚明，但在此時，他還是個資歷較淺的教練。當年他也打過NBA：那是六○年代末七○年代初，他在火箭打了兩年，然後被換去波特蘭，當了拓荒者隊史首任隊長，28歲退役。八○年代，他在拓荒者當助教；一九八九年，媳婦熬成婆，上任拓荒者教練。他的風格是：每晚把藍領內線堆滿禁區，用肌肉砍切對方的每次進攻，然後放任搖擺人滑翔機和柯西快攻前場，波特負責用遠射朝對手傷口撒鹽。第一年當教練，他就把拓荒者帶進了總決賽。

但後來的時光，包括在國王、在火箭，都證明他自有其弱點：無論在進攻和防守端，他的體系都是給球員最大的自由度，讓他們發揮天分，代價是過於自由，關鍵時刻缺少隨機應變的調整。所以，遇到大砍大殺、心膽如鐵的隊伍，他就沒什麼辦法。

歷史最高單節罰球命中（13次，罰球數14次的紀錄被「砍鯊戰術」歐尼爾打破，但歐尼爾罰球25次僅命中12次）。

這一晚，他遇到了有生以來最大的難題：禪師看公牛落後15分，派上了個怪陣容：皮朋＋四個替補——史考特·威廉姆斯、史戴西·金、阿姆斯壯和鮑勃·漢森。拓荒者有點愣：公牛這是想打，還是不想打？

之後發生的一切，載入了史冊：

柯西對金犯規，金罰球得分。

皮朋突破，拓荒者不想犯規，任其上籃得分——70比79，還差9分。

拓荒者的羅賓森投了個三分球，沒進。滑翔機只能搖搖頭，毫無反應。下一回合，滑翔機面對皮朋，運球失誤：喬丹在板凳上揮舞拳頭。

拓荒者板凳上，氣勢慢慢凝重起來。空氣彷彿變成了固體，讓他們呼吸困難。安吉賽後承認：「從那時起，我們想的不是贏球，而是怎麼能不輸。」

拓荒者氣勢漸落，差距已到7分。滑翔機遠射不進，公牛的防守如絞索慢慢勒緊。拓荒者的掩護被吹犯規；投籃被蓋火鍋；波特甚至腳踢球出界失誤；巴克·威廉姆斯假摔，裁判不吹。史戴西·金跳投得分：拓荒者僅以81比78領先。

喬丹重新上場。剛一回來，喬丹就在滑翔機頭頂投中一球——動若脫兔，無跡可尋，滑翔機來不及反應。然後是格蘭特和派克森歸來，喬丹的聲勢如風雨大作：他抄掉威廉姆斯的球，上籃得分；比賽剩4分鐘，公牛89比87領先。

艾德曼教練連續叫暫停，無濟於事。滑翔機上籃把分差

追到89平,但皮朋一記跳投再讓公牛領先。從那之後,喬丹接管了一切:

一記16尺跳投,一記妖異絕倫、化身為光的右底線突破上籃,兩記罰球。針對他那記上籃,滑翔機說:「打總決賽前,我以為喬丹有兩千個招式。但我錯了。他有三千個。」

比賽結束,公牛完成了超級大逆轉:末節落後15分,反敗為勝,97比93取勝。喬丹33分,皮朋26分,滑翔機24分8籃板,但他依然不是喬丹的對手。公牛4比2擊敗拓荒者,衛冕總冠軍。喬丹,總決賽場均35.8分4.8籃板6.5助攻的喬丹,毫無疑問的,第二個總決賽MVP——也是NBA史上,第一次有人蟬聯總決賽MVP。

這一次,喬丹沒有如去年般嚎啕大哭。他很自在地帶領著隊友在體育館中心來了趟舞步。他跳上記分台,先比劃了一下高爾夫揮杆動作,然後比劃了一個「八」字手勢,意思很簡單:「下週一,又到了夏季茶點時間!」

但其實,遠沒那麼簡單。

芝加哥公牛的天分已經達到歷史級了嗎?一支例行賽67勝的冠軍隊?未必。安吉認為,公牛更像是支「有一個超級偉大球員的好球隊」,而非「偉大的球隊」。他們之所以整個賽季有67勝、未有一次三連敗、拿下總冠軍,是因為他們有喬丹。助教巴赫說了一件事:二月,在底特律、明尼蘇達和波士頓打比賽時,其他球隊都習慣取消訓練、窩在家睡覺,而喬丹在那些夜晚會繼續訓練,觀看比賽錄影。他影響了皮朋,然後是格蘭特、派克森,他們都被喬丹鼓動著、

駕馭著，一直走到了這裡。喬丹不像滑翔機那樣是個好好先生，但他用冠軍證明：他這樣的領袖，一樣能奪冠。

　　對喬丹來說，這是一個漫無止境的賽季，是他最艱難的賽季。他面對無數事件：賭博的傳聞；《喬丹法則》的出版熱賣；白宮事件的爭議；美國男籃的選拔；他和微笑刺客的嫌惡；和美國籃協的鬥爭；一切的一切，最後劃上了句號。他贏了總冠軍，籃球治癒了他。到最後，比冠軍更重要的是：他表現得像麥可‧喬丹──那個已經被世界奉為神的，在海報、新聞、廣告、遊戲裡飛翔的、完美無缺的、不敗的神。禪師，在身旁看著一切的禪師，這麼總結：「如果說去年奪冠之旅是蜜月旅行，那今年……就是一段《奧德賽》般的史詩旅途。」

　　直到二○○八年、二○一二年兩屆奧運會，世界都還在討論：美國男籃的夢幻八隊、夢幻十隊，是否可以媲美一九九二年的夢幻一隊？──這樣的對比，本身就足以說明夢幻一隊的地位。夢幻一隊是夢幻時代的開始。這支隊伍聚合了一切──最偉大的名字；對時代的總結；對世界的睥睨；史騰龐大的野心；對籃球的愛（魔術強森的HIV病毒和柏德的背痛）；古往今來最有表演慾的一支美國隊。那是第一次，美國將NBA的魅力毫無遺漏地潑灑到世界上，然後就像傳道者和播種機一樣，使世界籃球發生了地動山搖的變化。一個最生動的例子：一九九二年，一

個西班牙醫生家庭出身、喜歡打後衛的男孩子,在看過夢幻一隊後,瘋狂地想成為一個職業籃球內線——當然,後來他如願以償了。

　　他的名字,叫做保羅‧加索,多年後將成為洛杉磯湖人的冠軍內線。對那時世界上的孩子們來說,類似的:一九九二年,是一切籃球夢的開始。

第三十章　一九九二年夏天，巴塞隆納，夢幻之隊

　　很多年後，你會這麼記下一九九二年美國男籃 —— 也就是所謂夢幻一隊 —— 的名單：

　　喬丹、柏德和魔術強森，是二十世紀NBA最偉大的六位球員之三（只有羅素、張伯倫和天勾賈霸跟他們呼吸著同樣的空氣）。巴克利和「郵差」卡爾·馬龍堪為二十世紀最好的兩個大前鋒。派屈克·尤英和「海軍上將」大衛·羅賓森是九〇年代最偉大的四位中鋒之二（另兩位是大夢和「鯊魚」俠客·歐尼爾）。喬丹和魔術強森是史上最好的後衛，柏德是史上最偉大的前鋒。喬丹和史塔克頓合計有10個得分王、9個助攻王，而且他們是史上抄截最多的球員。而且在一九九二年，大多數人 —— 喬丹、皮朋、尤英、郵差馬龍、史塔克頓、穆林、巴克利、海軍上將、滑翔機 —— 都處在個人生涯的巔峰。至於當時大學籃球最頂尖球員克利斯蒂安·雷特納這樣的孩子，更像是去跟班學習的。

　　一九九二年夏天，就是這麼支隊伍去打了奧運會。

　　在各種傳說中，這支球隊的整合並不容易。美國籃協的官僚主義、媒體的無孔不入、各自境況的不同、賽季累積的宿怨，都讓諸位明星難以同心合作。然而魔術強森的熱情和

查克‧戴利教練的人格魅力，使這支球隊慢慢融匯起來。內向的尤英和毒嘴的柏德成了好朋友；大大咧咧的巴克利和沉靜羞澀的雷特納成了忘年之交；外界的質疑，讓他們同仇敵愾起來。

魔術強森，這支球隊實際的整合者，一直在試圖挑起喬丹的鬥志。傳說中，球隊飛到歐洲、在蒙地卡羅開訓時，他挑戰了喬丹。那是一場不爲人知的訓練賽：喬丹與尤英、郵差、皮朋同隊，魔術強森和羅賓森、巴克利、滑翔機另一隊。傳說中，魔術強森那邊打出14比2的開局，巴克利咧開大嘴，說了些招牌的垃圾話，然後喬丹大怒，開始把夢幻一隊的明星隊友當公牛的小弟們訓。他親自去追防魔術強森，他像打NBA總決賽一樣全力以赴。他甚至對魔術強森吼道：「現在是九〇年代，不是八〇年代了！」

這場比賽的恐怖程度，當時擔任助理教練的麥克‧沙舍夫斯基──現在，在我們叫他K教練多年之後，二〇〇八～二〇一二年，他將率領美國男籃拿下兩屆奧運會冠軍、一屆世錦賽冠軍，而且是NCAA史上最偉大的教練之一──如是描述：你待在屋子裡，聽見外面的風暴，深覺恐怖；但你打開門，親眼望見，才知道比你想像得更可怕。

這場可能是史上最高水準的比賽，沒留下任何現場錄影，只有傳說中的最終比分：36比30，以及喬丹的那句話，「我願意嘗試著……不去對每場比賽認真」。

在巴塞隆納，夢幻一隊獲得的待遇，彷彿眾神降臨。他們下榻豪華飯店，而不住在奧運選手村；他們每次出行都

遇到擁堵、圍觀和尖叫。但隨後，爭議就來了。比如，巴克利頭一天剛說，「我對安哥拉一無所知，除了他們將有大麻煩之外」，第二天就被媒體評論爲「傲慢的美國人」。史塔克頓只是平淡地說，「我們不住在選手村，並不違反奧運精神，對我來說，奧運精神就是在場上打敗其他地方來的運動員，而不是跟他們住在一起」，第二天媒體就認爲「美國人對奧運精神缺乏尊重」。喬丹很平淡地回答了這麼個問題：「如果有人稱我爲神？嗯，我會很高興的。」

隨後不久，對美國人的口誅筆伐，變成了恐慌和驚嘆：夢幻一隊對安哥拉之戰，一度打出46比1的豪華高潮。

夢幻一隊對克羅埃西亞之戰，面對歐洲的魔術師東尼．庫科奇，皮朋幾乎表現出了嫉妒和仇恨：這個在歐洲打球的天使男孩，就是傑瑞．克勞斯竭力網羅的傢伙，甚至不惜壓低自己的薪水？皮朋封殺了庫科奇，然後叨念：「庫科奇可以成爲一個偉大的球員，但他現在的聯盟才是他該待的地方，他還沒準備好進入NBA。」喬丹則說：「我很肯定，史考提想要一卷比賽的錄影帶，寄給傑瑞．克勞斯看。」

對德國，他們完成了40分的大屠殺：背傷沉重的賴瑞．柏德復活，得到了19分。

他們血洗了巴西、西班牙，他們擊敗了擁有沙波尼斯的立陶宛，報了一九八八年奧運會一箭之仇；他們在決賽上重遇克羅埃西亞，贏了32分。冠軍。

整個奧運會期間，夢幻一隊真正夠格的對手，其實是美國奧運組成委員會的官僚：他們在嘮叨不休，逼美國隊上頒

歷史最高39歲以上球員單場得分：45分。

獎臺時，穿戴有贊助商Reebok標誌的服飾。對喬丹這些每年從Nike那裡拿成千上萬美元的人來說，這事顯然是砸他們飯碗。最後的解決方案：他們可以穿Reebok的服飾，但用國旗遮住了Reebok標誌了事。

夢幻一隊在巴塞隆納奧運會的表現，像外星高科技君臨地球。世界列強甚至沒有抵抗的心思，而忙於賽前賽後博取簽名合影。不是世界太卑躬屈膝，而是因為他們的名聲過於龐大。

當初，弗拉德·狄瓦茲初去湖人打球，見到魔術強森時，就說過以下的話：「我12歲在訓練營裡，每天和德拉贊·彼得洛維奇、東尼·庫科奇、佩拉索維奇幻想。我們做的最多的夢，就是能在奧運會上遇到你們，打敗你們。」

事實的確如此。夢幻一隊場均籃板36比22領先、30次助攻、命中率60%比36%壓倒對手，場均贏44分，最小分差32分。他們在所有方面都是壓倒性的勝利：速度、技術、想像力、跳躍、力量。FIBA的籃球不可說不強大，但那不是同一個層級的事。這麼說好了：FIBA的籃球是地面層層疊疊的壕溝營壘，不可謂不堅實，但夢幻一隊是在半空飛翔的翼手龍，超越FIBA籃球意識之外。夢幻一隊在準決賽屠殺了沙波尼斯的立陶宛，在決賽32分血洗了彼德洛維奇和庫科奇的克羅埃西亞，完全信手拈來。

他們把所有能召喚的、最偉大的名字都帶去了。他們帶給世界的影響不是毀滅，而是最璀璨的演出：這個星球可以擁有的最強的籃球手，是什麼樣子的。

　　事實上，三連霸的最後一年總是最困難的。一九九七～一九九八球季的公牛為了奪冠，不惜放棄了許多東西，比如三角進攻，比如更衣室的和諧，比如凌駕於全聯盟兵不血刃的風度。一九九三和一九九八年，喬丹最疲倦的兩年：他得儘量接管比賽，得與對手拼死周旋，得靠他的威嚇、嘲罵、鼓勵，才能把公牛儘量向前拖一點，再拖一點。

第三十一章　艱難前進

一九九二年夏天，麥可‧喬丹在人生最巔峰時期：連續兩年總冠軍，連續兩年例行賽MVP，連續兩年總決賽MVP，巴塞隆納奧運會上的金牌像爲他的人生畫龍點睛。他是神，是王族。實際上，奧運會期間，他們會見摩納哥王子時，魔術強森就微笑著說：「此前我唯一一次跟王族接洽，還是和……麥可在一起的時候呢。」

他已經統治了籃球世界，然後統治了媒體，統治了世界。一九九二年夏天，美國人相信：如果一個初到美國的傢伙要見識美國與眾不同之處，他就該去紐約看帝國大廈、去舊金山看金門大橋、去達科他州看羅什莫爾總統山。最後，必不可少的一站──無論你是否喜歡看籃球──去芝加哥看一場麥可‧喬丹的比賽。

他唯一的對手，只剩下自己。麥可是神，麥可理應讓一切神話成眞，麥可應該無往不利，比如，嗯，一九九三年總冠軍，他也該拿到手才是，這樣就是三連霸了──事實上，在一九四六～一九九二年的NBA漫長歷史上，三連霸只出現過兩次：五〇年代的湖人；六〇年代不朽的塞爾提克。但麥可是神，他理應做到這一點。

事實上，喬丹自己就是這麼想的。

但這一切並不容易。派特‧萊里當年在湖人時，以切身

體會說道：「殺死冠軍的，是冠軍本身。當你拿到過冠軍，你就不會再願意領低薪、做配角、沒日沒夜地虐待自己。」公牛蟬聯冠軍之路步步荊棘，喬丹和禪師像兩個帶隊軍官，哄誘、謾罵、驅逐、逼迫，讓公牛始終走在正確的路上。但是一九九二年，麻煩開始來了。

此前，賀瑞斯‧格蘭特是公牛的首席內線，三當家。他遵守巴克‧威廉姆斯「少投籃，多籃板，打團隊，挑釁人，打硬點」的風骨，沉靜自持。但一九九二年，他心情有些變了。喬丹隨時隨地被聚光燈簇擁，而他與皮朋總在一邊看著。一九九一年，皮朋還能自嘲。當記者問皮朋：「你想成為麥可嗎？」皮朋半開玩笑的答：「不想，我只想擁有他的銀行帳戶。」

但到一九九二年夏天，皮朋已經成了全明星、進了夢幻一隊，躋身於天之驕子之中，而格蘭特，儼然是公牛三巨頭裡被遺忘的角色。

他是個性魯直、有話直說的人。當年山姆‧史密斯寫完《喬丹規則》時，格蘭特曾說「我不知道你寫了我好話還是壞話，但只要你寫得是真實的，那就沒問題」。他記得當年喬丹說他笨、缺乏天賦；他做了太久的藍領，連他自己都厭倦了。一九九二～一九九三球季開始前，格蘭特噴了火：「為什麼我們得參加『印第安跑』訓練，喬丹和皮朋可以不參加？」

「印第安跑」是禪師設計的一個訓練：一個反覆慢跑、衝刺的玩意。

那天，喬丹和皮朋沒參訓。喬丹請了一週假，理由是：他們夏天參加了奧運會，很疲憊。

格蘭特離開球場，回了更衣室。那一天，喬丹明白了：情勢不太對勁。很多年後，喬丹寫道：「我們失去了某些東西。」

然後是其他的事：

一九九二年東區決賽期間，B.J.阿姆斯壯曾代表替補發言，抗議喬丹和禪師拿替補當代罪羔羊。一九九二年夏天，先發控衛約翰‧派克森動了膝蓋手術，球隊開始琢磨：派克森和阿姆斯壯，誰先發好呢？理論上，派克森更老辣聰慧，阿姆斯壯更有衝擊力。後者其實更適合打替補，以引領第二陣容，但阿姆斯壯自己會不高興。於是球隊做了改變：阿姆斯壯為先發。約翰‧派克森顧全大局，親自去找阿姆斯壯聊天：「哥兒們，這事不會影響我們的關係，真的！」

一九九二年夏天，公牛隊的新練習場建成：兩個球場，健身場所比過去大六倍，有跑道，有按摩浴池，有三溫暖，以及最重要的一點：相對封閉的管理，將記者擋在門外。但禪師稍微變了一下訓練制度：此前若干年，公牛總是一天兩次訓練；一九九二～一九九三球季，一日一練。禪師很明白：卡特萊特35歲，派克森32歲，他們都老了；喬丹和皮朋在過去五年裡每季都有逼近4000分鐘的出場時間，一九九二年夏天，他們還沒休息。格蘭特不太高興；阿姆斯壯要習慣先發；一切都很艱難。

與此同時：

歷史最高40歲以上球員單場得分（43分，最年長單場40分以上紀錄）。

一九九二年夏天，繼前一年魔術強森退役後，偉大的賴瑞·柏德也掛起了球衣。但NBA甚至來不及顧念他老人家的背傷，就開始忙於研究新故事。比如，巴克利終於逃出費城76人，去了鳳凰城太陽；「大夢」歐拉朱萬一九九二年夏天一度憤怒到在飛機上斥責全隊，並想離開休士頓火箭，但終究被勸留下來了；但最大的新聞，還是選秀大會上：

一九九二年六月選秀大會，出了兩個怪物。榜眼是喬治城大學出品，尤英、穆湯波的師弟阿隆索·莫寧：與師兄們同樣端莊嚴肅、彷彿戴著鐵面具的火神。而另一個，是路易斯安納來的怪物，奧蘭多魔術挑中的狀元：「鯊魚」俠客·歐尼爾。

鯊魚生在一九七二年，進NBA時剛20歲。單親家庭，生父不負責任不知所蹤，繼父是個軍人。這小子13歲就有198公分高，18歲就有216公分134公斤，並且一撞就把路易斯安納州立大學的籃框支架移了13公分。他可以一縱身讓手指點到籃框以上75公分。天勾賈霸認為他「不是下一個誰，而是『鯊魚一世』」。比爾·華頓則一語道破：「鯊魚不像任何中鋒。若非得找個例子，我覺得他像個大一圈的查爾斯·巴克利。他有巴克利那種不講道理的快速和爆發力。這種粗暴蠻橫的狠勁，是重訓室練不出來的，是他與生俱來的。這小子的體格和天分，足以讓他成為史上最好。不過，我以前告訴過他：重要的不是數據，而是他如何控制比賽。」

當然，那時候，喬丹完全不知道，這個小他九歲的怪物，會與他有如何的恩怨糾結。畢竟，一九九二年夏，奧蘭

多魔術還不在公牛的眼裡。

　　賽季開始，前8場，公牛7勝1負。十一月二十日在洛杉磯，公牛118比120延長賽輸給湖人：喬丹當晚39投21中54分13籃板，皮朋28投12中25分，但湖人三大前場控制比賽：帕金斯26分15籃板，狄瓦茲19分11籃板，渥錫23分8次助攻。兩天後，在鳳凰城，喬丹27投16中40分，皮朋9投8中18分，格蘭特10投5中12分，公牛128比111擊敗了太陽。又兩天後，公牛101比92擊敗了勇士，喬丹30投18中49分，而格蘭特、阿姆斯壯、皮朋合計投籃32次，得了37分。

　　芝加哥的媒體鼻子靈敏，嗅到了一絲不對：喬丹連續三場得分超過40分，妙極了；公牛依然在贏球，也不壞；但這情景如此眼熟，讓人不安。十一月二十八日，公牛去紐約麥迪遜花園廣場，喬丹20投僅4中，17分；尼克112比75把公牛打到體無完膚。派特・萊里又得意了：「我猜我們的防守奏效了。」

　　四週後，公牛與紐約打聖誕大戰，喬丹在芝加哥主場34投15中42分8籃板5助攻，公牛89比77取勝，報了一箭之仇；但這晚，又一次：除了皮朋得到16分外，公牛無一人得分過8。實際上，聖誕節前兩天，喬丹面對華盛頓子彈隊37投22中得到57分時，公牛其他人也就得了50分而已。

　　僅僅兩個月，喬丹已經兩次單場50分了──要知道：之前兩年例行賽加起來，喬丹也才兩場超過50分。

　　一九九三年一月十六日，奧蘭多魔術和鯊魚首次造訪芝加哥。喬丹給出的歡迎禮是開場連續的右翼跳投、左翼翻身

後仰跳投，前7投5中，得到10分，公牛首節32比26領先，其中喬丹14投11中22分。

然而鯊魚開始發威了。鯊魚就是翻身單打，震開卡特萊特，當頭一記驚天動地的霸王扣籃。喬丹還以一個急停跳投；鯊魚再一記勾手，喬丹還一記弧頂跳投。兩人你來我往，但公牛內線控制不住籃板，魔術隊第二節打出32比20。雖然上半場尾聲，喬丹匪夷所思的右翼負角度滯空投籃，滑過鯊魚的指尖投中，但公牛還是52比58落後。

喬丹認真了。

下半場開始，喬丹後仰投籃得手時摔到右腕，但沒妨礙他繼續在右翼連續跳投得手。第三節剩3分鐘，喬丹已得到42分。公牛第三節結束時以88比78領先10分，似乎大局已定。可是第四節，公牛替補問題再現，魔術開始追分。喬丹被迫繼續接管：最後一分鐘，喬丹左翼突破，撞到體重幾乎是他1.5倍的鯊魚，翻身倒地，搏到罰球——這是他們各自職業生涯裡，罕見的，飛人遇見洪荒猛獸的，最頂級身體接觸。

比賽被拖入延長，然後是鯊魚控制籃板。喬丹在最後剩3秒時射中三分，但於事無補：公牛124比128敗北。鯊魚29分24籃板5火鍋，喬丹則49投27中得到64分。

這是喬丹一九九○年以來，第一次單場60分以上。事實上，這也是喬丹最後一次單場超過60分。他與鯊魚的初次相遇，就以這華麗無比的對決結束。那時，他們誰都想不到，之後會有如何的恩怨。

但一九九三年一月，公牛過得並不快樂。他們88比91輸給湖人，95比117被騎士大敗 —— 克里夫蘭球迷樂開懷了 —— 然後在費城91比104輸給76人。他們主場輸給黃蜂，客場輸給馬刺，一個月內居然7勝8負。雖然他們依然保持著「公牛絕不三連敗」的傳統，但居然一個月內贏少輸多？沙加緬度國王隊經理傑瑞・雷諾茲幸災樂禍道：「無論公牛出了什麼問題，我都希望繼續蔓延下去。」

助教巴赫認為，公牛有點「暈船」。不是大病，但肯定有問題。簡單說吧：進攻方式、傷病，以及球隊化學反應。

事實上，喬丹沒什麼問題：他依據提姆・格拉弗的建議，每週練六次舉重。他的體能很好。他依然可以每場得50分、60分，但球隊進攻策略改變了。禪師讓公牛打得更慢些，再慢些。他將以往的三線推進，改為四線。換言之，公牛會放棄閃電戰快攻的機會，以便自然過渡到半場攻防的三角進攻。但喬丹和皮朋 —— 順便一提，他們在夢幻一隊打閃電狂飆，已經有點上癮 —— 認為三角進攻太滯澀了。喬丹用這句話表達了他們的立場：「我們從來不尋找反擊機會，因為我們忙著組三角呢！」

一月二十四日，客場對馬刺。喬丹把皮朋和格蘭特拉到一邊，私自決定提高速度。那晚喬丹得了42分11籃板，但公牛依然輸了。之後，禪師默認了這事。他重新改回三線推進，允許球隊打快一點。但是，嗯，皮朋，記住：「還是要以三角進攻為主！」

另一個問題。

季後賽歷史個人場均得分第一（**33.45分，艾佛森以29.7分位列第二**）。

一九九三年全明星賽前，喬丹場均投籃到了26次，是他一九八七年以來的最高。這事讓禪師汗毛直豎，覺得公牛又將回到「喬丹解決一切」的時代。喬丹也承認自己投籃太多，而且「許多投籃確實不合理」。但他說了句：「問題是，為什麼我會投那麼多籃？」

喬丹自己解釋了：

「我們的半場進攻不太流暢，每次24秒倒數計時快結束時，隊友只好把球傳回我手裡。」

進入二月，因為卡特萊特的受傷，公牛用史考特‧威廉姆斯和普度撐了段先發，效果不壞。喬丹想盡一切辦法鼓舞每個人，比如，那個賽季他最常用的口號是：「加油，百萬富翁們！」

平心而論，那是喬丹個人的第二個競技高峰。他不如一九八九年那麼飛天遁地、隨心所欲了，但依然是全NBA最迅猛的球員。他與提姆‧格拉弗的合作，給了他一副鋼鐵般的肌肉體格，足以碾壓聯盟九成的後衛；他可以更隨意地在接近籃框處要位，然後施展各種技術；隨著賽季進行，他的體能不降反升，在一九九三年三到四月間，達到自己的高峰；最重要的是，他已經對自己的技術達到爛熟的地步：在「如何」與「何時」選用自己眼花繚亂的進攻武器時，他把握得極其完美。

但公牛隊與他，無法同步而進。格蘭特和他關係變淡了。卡特萊特和派克森老了。皮朋依然在進步，但依然不足以與他相比。那個賽季，每隔兩週，喬丹會和北卡的恩師迪

恩‧史密斯打電話，聊周圍的一切，聊打球的煩惱。但對公
牛其他球員而言，喬丹高不可攀，他們為之苦惱的都不是一
個級別的問題。那年的一個雪佛蘭汽車廣告，是當時喬丹形
象的最完美說明：雪天郊外，阿姆斯壯和皮朋車陷雪中，無
從措手；此時，皮朋望一眼身旁，兩道清晰的車輪印瀟灑地
指向遠方。皮朋說：「看，那是麥可的軌跡。」

　　一九九二～一九九三球季例行賽結束，公牛57勝25
負，比前一年大為退步。喬丹出賽78場，場均39.3分鐘，是
他一九八九年以來最多。場均32.6分——實際上是他所有奪
冠年份裡，得分最高的一季——連續七屆得分王，追平了
張伯倫在一九六六年創造的紀錄；場均2.8抄截，個人第三
次抄截王，此外還有場均6.7籃板和5.5助攻。皮朋場均18.6
分7.7籃板6.3助攻2.1抄截。兩人聯手出席一九九三年全明星
先發和年度防守球員。喬丹理所當然的年度第一陣容，皮朋
第三陣容。

　　但這年，喬丹沒能三連霸例行賽MVP：公牛的戰績
遜色於死對頭紐約尼克，而聯盟戰績第一是西區的太陽，
查爾斯‧巴克利拿下場均25.6分12.2籃板5.1助攻，例行賽
MVP。此外，鯊魚以場均23.8分13.8籃板，當選年度新人。
兩個NBA史上最著名的幽默大師大屁股，一個在這年達到人
生巔峰，一個在這年開始NBA生涯。

　　但是，用芝加哥媒體的話說：在總冠軍決出之前，這一
年的贏家是誰，還沒塵埃落定呢。

　　一個不為人知的故事：四月例行賽結束前夕，在電話

裡，迪恩‧史密斯教練靜靜地聽喬丹傾訴了一切苦惱，他聽到喬丹說出「我覺得我需要休息」的話，他明白了弟子的苦衷。他對喬丹說：「這是一段偉大的旅程，你已經完成了很多。」

然後，他聽見喬丹說：「是的，結束了。」

那時，沒有人知道，喬丹心裡下的那個決定。

如果說一九九一～一九九三賽季，喬丹是遷就著三角進攻來激發他的隊友，那一九九六～一九九八賽季的喬丹則多少開始受益於三角進攻。後三連霸時期，喬丹著名的背身單打，其實不是憑空而來：早在他入行時，背身技術就很扎實。一九九一～一九九三賽季，他有許多經典的「背身，晃肩，翻身突破」。速度快到令人嘆為觀止。

一九九五～一九九八賽季的他，頂多是把這招練到精純了：腰位接球，靠著對方，翻身投籃。因為如尼克‧安德森一九九五年所說，「他以前真是轟然起飛，但現在就是加速，但飛不起來」。他變慢了，但也變強壯了。所以後三連霸時期的背身動作不快，但穩，節奏分明，而且非常致命。你可以放成慢動作一格格來做教科書分析，也可以看到當他要到位置、接到球、開始靠對方時，防守者通常開始轉頭向弱側：「包夾！」

一九九八年，他也許老了，不復一九八九年的運動能力或是一九九三年的悠長體力。但他的記憶、經驗和心臟

依然在。他越來越像賴瑞・柏德和魔術強森，依靠棋手般的指揮來運算與把握。從早年對壘蒙克里夫、強森的速度與飛翔，到晚年的閱讀、思考和應對，相似的場均30分上下，隱藏著無數個不同的麥可・喬丹。

第三十二章　全世界都想封殺喬丹

一九九三年季後賽首輪，公牛平靜地3比0輾過了老鷹隊。喬丹首戰29分鐘35分，公牛114比90大勝。第二場，年已33歲的「人類電影精華」多明尼克・威金斯得到37分，但用足31次投籃，公牛打出華麗的全面攻勢，全隊33次助攻，117比102打敗了老鷹，喬丹29分。第三場，喬丹39分，公牛98比88取勝，晉級。

東區準決賽，又是陰魂不散的克里夫蘭騎士。這一年，騎士換了招式：他們找來了傑拉德・威金斯。

這位仁兄，是多明尼克・威金斯的堂弟。他有不下於乃兄的運動能力和傑出防守，前一年，東區準決賽，他是紐約得分後衛。公牛被尼克逼到第七場，喬丹全系列場均「只有」31分，所以紐約媒體起了性，把他誇成了「喬丹封殺者」。於是騎士把他招來了：

嗯，「喬丹封殺者」，快去封殺喬丹！

於是……

東區準決賽第一場，喬丹一開場就是個切出接球跳投，然後是連續三次強行突破上籃；第二節，他面對雙人防守一個翻身跳投打板球得分，然後是一記靠在威金斯身上的滯空

季後賽歷史個人總得分第一：5987分。

跳投得分加罰——落地時，他還在嘮嘮叨叨，撕牙咧嘴，滿臉恨意。

「喬丹封殺者，嗯？」

然後是假動作晃動後的突破飛翔上籃，是下半場連續變向後的擦板上籃，是快攻中急停遠射，是大幅度變向後從兩人間穿過，面對騎士中鋒多爾蒂的浮空放籃。第四節，他用假動作晃飛對手跳投，然後是一條龍突破扣籃，造成威金斯第5次犯規——威金斯只剩了叉腰搖頭。公牛91比84取下第一場，喬丹獨得43分。賽後，他說出了一句彰顯喬丹殘忍本性的話：「嗯，我猜『喬丹封殺者』今晚過得很不愉快。」

之後的一切了無懸念：公牛4比0橫掃騎士晉級。第三、四場在克里夫蘭，喬丹照例得到32分和31分。此役之後，克里夫蘭媒體才總結出這件事來：威金斯從來不曾自稱過「喬丹封殺者」，偏偏是這個媒體鼓吹的綽號激發了喬丹的怒火，如是，謀殺威金斯的真正兇手，是這稱號本身。

但是東區決賽，紐約尼克決定來封殺喬丹試試——事實上，還挺成功的。

前一年，派特‧萊里用鋼鐵絞肉機對付公牛，雖未勝，但拖到第七場，嘗到了甜頭：這一季，萊里繼續推行紐約黑幫打手戰略，還嫌肌肉不夠強力，特意招來了羅蘭多‧布萊克曼。顯然，他知道布萊克曼當年在小牛時，可以憑自己的身高、敏捷、步伐和進攻能力，與喬丹來對上幾個回合。那時的紐約，進攻幾乎可稱乏味：尤英要位，伸出猿臂要球，接球，或者使出他的兔兒蹦式翻身騎馬射箭，或者遞回球，

二次要位。一旦包夾，傳球，外圍遠射。球隊剩一群進攻籃板狂人，專等著揀外圍射丟的球。

如果要總結的話，就是：一定要選最野蠻的藍領，怎麼也得有一身橫肉，胳膊最長的，腿最粗的，拳頭最硬的。什麼犯規呀，進攻籃板呀，能帶的都帶上。就是一個字，硬。你敢進來禁區，別說扣籃，上個籃都給你脫十八層皮。你一把球傳出去，外頭就站一堆射手，膽子特大，有事沒事就投，一高興就衝進去扣幾個籃，面子十足。打球時不用問，都找尤英，二十四小時蹲禁區，蹲到人家不包夾他，都不好意思。

東區決賽首戰，喬丹被封住：27投僅10中；皮朋19投8中24分。當然，紐約忙於包夾，漏了阿姆斯壯和格蘭特：這兩位合計18投11中得了27分，但紐約不在乎：尤英統治內線25分17籃板，史塔克斯三分7投5中25分5籃板4助攻，奧卡利惡狠狠的4分14籃板，板凳的布萊克曼和梅森合計20分。紐約98比90取勝。1比0。兩天之後，紐約再勝：96比91，2比0領先。喬丹36分，但用了32次投籃。而且在比賽最後一分鐘，紐約人看見了隊史最經典的進球之一：

向來沒頭沒腦、沒遮沒攔、滿頭冒火、不計後果的約翰‧史塔克斯，在右翼運球，尤英過去給他掩護，史塔克斯根本沒用到掩護，而是直衝底線，腳踩風火輪般進了禁區；補防的賀瑞斯‧格蘭特慢了一步，史塔克斯奮然起飛，左手持球，狠狠砸下。喬丹回身補防時，史塔克斯已把球劈進籃框。紐約球迷沸騰了：史塔克斯幹掉了公牛！幹掉了喬

丹！——雖然喬丹只是被攝影鏡頭擋住，甚至都沒靠近史塔克斯，但紐約人民不管：

史塔克斯扣了喬丹！公牛0比2落後了！他們完了！

那天，只有一個紐約人感覺不妙。板凳上，派特‧萊里的年輕助教傑夫‧范甘迪，一個眼神如吸血鬼般陰沉嚴肅、多年後會成為NBA防守大師的矮小教練，在麥迪遜花園廣場的沸騰人浪中獨自思索。很多年後，他說：「這是我在NBA，第一次看到這樣的防守戰術：第四節尾聲，防擋拆時，公牛還把對手往底線逼迫？」

他很敏銳，他發現了公牛與眾不同之處。在那個全世界都還崇尚單防與協防壓迫的時代，公牛是第一支「空出一些部分，堵塞另一些部分，把對手誘入陷阱」的球隊。格蘭特的補防慢了一步，導致公牛防守戰術的失敗；但他們的協防依然沒有停止。

這是公牛的指標性防守，此後二十年，這套防守影響了一代又一代的教練。當然，那時候的紐約，還沒發現這點陰影。

但他們很快就要領會了。

0比2落後，第三場的公牛已入絕境。但第二場尾聲派特‧萊里那句「公牛被他們自己的手指掐死了」，顯然觸到了喬丹的內心。喬丹鼓動所有人：格蘭特，踝傷？你想就這樣顯示你是個怕傷病的懦夫嗎？皮朋，你想再次被人嘲笑關鍵時刻縮頭嗎？派克森，你想被人認為你已經不行了嗎？

紐約媒體不識時務地另點了把火。他們說，東區決賽第

二場前夜，喬丹沒在紐約的酒店養精蓄銳。不不，喬丹去了紐澤西州的大西洋城！凌晨兩點半還有人在那兒看見他！據說他輸了5000美金哪！繪聲繪影，有如小說。加上公牛第二場敗北，紐約媒體更樂不可支了：公牛王朝，就要葬送在大西洋城的輪盤和紙牌中啦！

喬丹喜歡賭。更確切地說，他喜歡贏。他會和皮朋賭投籃。他會在賽前賽後跟隊友打紙牌。傳說中他跟人賭高爾夫，曾經一下午輸掉16萬美元。最窮極無聊的傳說是：某次去波特蘭，下了飛機領行李，他跟隊友賭：「我的行李會第一個出來！」

他贏了，理由僅僅是，他偷偷給機場工作人員塞了點錢。他只是病態地喜歡贏，如此而已。

紐約媒體意圖毀掉喬丹的形象。某種程度上說，他們成功了。但他們顯然沒想到，惹惱喬丹的後果是什麼。

第三場，紐約尼克的查爾斯·史密斯賽前拒絕和喬丹握手，這招喬丹不陌生：當初，活塞的大惡人蘭比爾就用這方法表示傲慢。但隨後，尼克就知道麻煩所在了：這晚，喬丹還是沒手感，18投僅3中，但靠罰球就得了16分，全場22分8籃板11助攻，皮朋29分，派克森7投5中14分。

但更可怕的是公牛的防守：

第二場末，范甘迪注意到的公牛壓迫誘導式防守，第三場出現了：尼克被逼出了20次失誤，上半場就被公牛62比43打了個落花流水。全場公牛103比83大勝：他們從懸崖邊上站了回來。

　　第三場後，紐約媒體對尤英不滿。他們覺得尤英13投7中得21分表現不夠兇猛。事實上，紐約和芝加哥媒體都指出一件事：

　　公牛中鋒是尤英的老大哥卡特萊特，尤英貌似兇悍的內心，總為這個大哥留了些溫暖在。於是，在和老大哥卡位時，他揮肘子亮膝蓋時，總會有所顧忌。這也是卡特萊特之於公牛的最大價值：他跑得慢，數據一般，但只要他在，公牛禁區就總有個真正的長人。

　　然後，第四場。

　　喬丹開場就強力擠壓史塔克斯，後仰跳投得手；然後閃過史塔克斯的抄截，三分命中；之後是面對尤英的跳投得手，以及連續兩次用運球假動作晃倒史塔克斯後出手。史塔克斯的確能憑年輕、補防和敏捷，阻擋喬丹往籃下滲透，但喬丹的跳投出手太快，史塔克斯跟不上。下半場，喬丹連續用試探步原地晃開空間後跳投得手；當裁判給了喬丹一次犯規後，喬丹大怒，然後就是一記三分球和一記急停跳投。比賽最後剩一分半，喬丹突破，急停，把史塔克斯晃飛出三公尺遠，一記跳投鎖定勝負，拿到自己第52分──在此之前，只有六〇年代塞爾提克的巨星山姆‧瓊斯在季後賽對紐約尼克單場得到過51分。加上兩記罰球，喬丹得到54分。公牛105比95取勝，2比2。這是喬丹第六次季後賽單場過50分。

　　紐約感受到了一種無可名狀的絕望。紐約媒體叨念說：即便最後喬丹已疲憊不堪，身背5次犯規，他還是可以讓紐

約絕望。有位匿名球員做了以下陳述：「他是麥可‧喬丹，而我們不是。」

但第四場後，皮朋出來說了些話。他先承認喬丹手感極好，但：「當麥可手感好時，就會有許多單打，尼克反而能趁此挽回比分。不是我們不想讓麥可得分，只是那樣不能讓全隊手感都熱。」

第五場，紐約尼克和麥迪遜花園廣場的觀眾，如貓恐慌般豎起毛髮，預備喬丹再來一次大屠殺。但這一晚，喬丹玩了個花招。皮朋賽後承認：「他讓我在前面多擔待些。他會留到下半場。」

顯然第四場後，皮朋的話，喬丹聽進去了。

喬丹開場不斷傳球，尤其是傳給皮朋的弧頂內切，皮朋揮灑自如：內切扣籃、內切上籃，前5投全中。公牛全隊運作流暢，輪番去紐約內線偷食，首節31比28領先，雖然尤英第二節大發神威領導紐約反擊，但公牛還是撐住局面，上半場僅以55比56落後。第三節打到剩4分鐘，喬丹還只出手14次，得到12分，但已送出12次助攻 —— 皮朋和格蘭特受益良多，演出多次反擊快攻、突破扣籃 —— 但此時，轉捩點出現：尼克的後衛瑞弗斯突破時膝蓋頂到喬丹胸口。喬丹倒地，許久，才爬起身來。

瑞弗斯當初很明白，「喬丹的每場球，每個回合，都好像在打自己最後一次籃球似的。」

但他居然沒想到，把喬丹撂翻，會是什麼結果。

喬丹起身後，比賽氛圍不變：就像電影忽然換了插曲。

季後賽歷史最高季後賽球員效率：28.80, 178場。

喬丹先是一記弧頂跳投，然後是借掩護面對包夾，在尤英的巨靈掌上一記長虹跳投。第三節尾聲，喬丹一記撤步跳投。第四節初，喬丹右翼突破史塔克斯，面對補防的老哥兒們奧卡利，後仰跳投得手——派特·萊里憤怒得在場邊來回奔走，喊著尤英的名字。下一回合，喬丹右翼跳投，得分加罰，史塔克斯滿臉茫然。

紐約再找尤英接球，尤英施展招牌的跳步投籃，但喬丹像異時空穿越般出現，伸手，蓋掉尤英，前進，撿球——尤英和史塔克斯在他身後兵荒馬亂、跌成一團——飛向前場，上籃得分。下一次他上籃得分加個罰球後，喬丹連續包攬了公牛的17分——這段時間，他9投7中，5罰3中。

但最經典的故事，發生在比賽末聲。

最後一回合，公牛95比94領先。剩14秒，尤英倒地之前，把球傳進禁區，206公分的查爾斯·史密斯接球，籃框就在頭頂。史密斯起身，格蘭特在面前飛起，把球捅掉；史密斯起跳，抓到球，晃動，讓過格蘭特，再起手，喬丹從身後斜飛而至，將球抄掉；史密斯再次匪夷所思地撿到球，你都不知道這是命運對他的眷顧還是嘲笑。整個麥迪遜花園廣場都站起來了：只要一次，近在咫尺，把球點進去，紐約就可以3比2領先公牛！

史密斯再次起跳上籃，球出手瞬間，另一隻手從身後飛來：這次是皮朋，球被敲在籃板上。史密斯再次拿球，喬丹和皮朋合圍住他，史密斯最後一次跳起，皮朋將球蓋掉，格蘭特將球點給喬丹，喬丹飛步而走，還來得及助攻阿姆斯壯

再來一次上籃：比賽結束，喬丹帶頭跳躍著竄進更衣室。

　　尤英本場33分，但無濟於事：公牛97比94取勝，皮朋28分11籃板，格蘭特11分10籃板；喬丹則29分10籃板14助攻2抄截1火鍋——他職業生涯季後賽第二次大三元。派特‧萊里完全呆住了：「我滿眼都是揮舞著的手掌和手臂！」

　　這是公牛的防守。他們沒有巨人，但有一群能蹦能跳、能夠迅速從三分線回到禁區的蜘蛛人。他們靠協防，而非個人，完成恐怖的防守。《紐約每日新聞》說：「你可以想像，查爾斯‧史密斯次日一大早，回到麥迪遜花園廣場，在籃下，就他一個人，想投進球，喬丹和皮朋還是會從某個地方忽然飛出來，把他蓋掉。」

　　第六場，尤英抖擻精神，26分13籃板，無可挑剔，但公牛不會給他機會了。喬丹和皮朋合計5次抄截，製造了尼克19次失誤。喬丹25分9助攻，皮朋24分6籃板7助攻，格蘭特11分11籃板。公牛96比88取勝，4比2淘汰尼克，連續第三年晉身總決賽。紐約與派特‧萊里的黑幫電鋸式防守就這樣被埋葬。喬丹依然在生紐約媒體的氣，不願對媒體張口——不管他們有沒有繼續炒作賭博事件。記者們只好去找皮朋：「史考提，你覺得你有必要證明自己嗎？」

　　皮朋，在自己第六年職業生涯時，也已經學會了表達高傲。他看著記者，很平靜地說了句足以表現公牛氣質的話：「我有兩個總冠軍戒指。我想，我沒什麼需要證明的了。」

　　全世界都想封殺喬丹和公牛，甚至連時間本身都參與

了。但是，最後，沒有誰能阻擋他們重新回到一九九三年總決賽。

當時很少人料到，大西洋城賭博傳說，會對之後的天下之勢產生多大影響。魔術強森算半個知情人，在賽季中，他就不斷強調：喬丹對籃球的熱愛無與倫比，但他已經被籃球之外的東西折磨到筋疲力盡了。在聽到大西洋城事件後，魔術強森，曾經被洛杉磯媒體用各種大尺度圖片和辭彙曝光緋聞隱私的魔術強森，開始有了不祥的預感。喬丹的心事固然只會說給家人和迪恩‧史密斯聽，但魔術強森已經先說了：「有些媒體，這回玩過頭了。」

現在，我們如此評價查爾斯‧巴克利：史上最矮籃板王。連續11個「20分10籃板」賽季，一九八七～一九九七年連續11次全明星。一九九二～一九九三季例行賽MVP（在喬丹的時代從他手裡搶MVP難如登天）。一九九三～一九九五三季先後敗給喬丹一次、敗給大夢兩次都屬於天也命也，非戰之罪。史上最強大的屁股。巔峰期的個人單打刷分可能是史上最偉大大前鋒第一。激情、鬥志、力量、爆發力、血性的集中聚焦。比爾‧華頓一九九一年看鯊魚打球時認為「鯊魚是最接近巴克利的人」。領銜毆打蘭比爾創造「費城群毆」大快人心。羅德曼這輩子最忌憚的對手。夢幻一隊得分王。史上最偉大的鬥士之一。史上最會搞笑的NBA球員，沒有之一。

　　和尤英一樣，他是又一個「如果沒有──」的偉大巨星。事實上，一九九三年，他輸給喬丹；一九九四、一九九五年，他連續兩次七場輸給總冠軍火箭。他是NBA史上最讓人嘆惋的球員，沒有之一。

　　一九九八年喬丹退休後，同齡的巴克利步入低谷。他又打了一年半，最後以一種如他性格般壯烈的方式結束職業生涯：在場上抓籃板受傷，退場，結束。

第三十三章　三連霸

　　一九九三年夏天的太陽是支偉大的球隊：例行賽，王牌後衛凱文・強森缺陣32場，但他們依然完成62勝。他們缺身高，輪換陣容裡沒人高過208公分，最高的長人是206公分、號稱126公斤但實際上無人知曉的大肥球奧利佛・米勒——巴克利曾說：「米勒想扣籃？把個漢堡放籃框上就行啦！」——但他們的進攻聯盟第一。他們有NBA最快的閃電後衛凱文・強森，有精幹勤奮的白人射手「雷公」丹・馬爾利，有扣籃怪客塞巴羅斯，有體格健碩、客串3、4號位置皆能的爆炸機器理查・杜馬斯。當然，他們的核心，依然是偉大的查爾斯・巴克利：

　　這個球形閃電，這個號稱198公分實際可能只有196公分的死胖子，這個NBA史上最強屁股的擁有者，這個曾經成為史上最矮籃板王的魔怪，這個天生鬥士，這個笑口常開的空中飛豬，這個敢和蘭比爾打架、一九九〇年爆發「費城群毆」的混世魔王。因為有他的存在，太陽的比賽隨時熾熱，足以燙傷眼球。

　　一九九三年季後賽，太陽有令人驚佩的血氣：首輪對湖人，他們連丟兩個主場0比2落後，但之後連勝三場；次輪對馬刺，他們無法阻擋大衛・羅賓森第一場32分10籃板7火鍋、第四場36分16籃板之類的偉大表現，但巴克利整個系

列賽場均26分13籃板，在最後一場28分21籃板，尤其是決勝時刻，面對高他近20公分的羅賓森，一擊絕殺，4比2晉級。西區決賽與超音速，雙方打到天昏地暗。巴克利在第五場打出43分15籃板10助攻的大三元，第七場打出44分24籃板的神話表現——這兩場，他合計休息了3分鐘。當教練要換他下場時，巴克利吼出了石破天驚的名言：「老子死了之後，有的是時間休息！」

公牛企圖壓制住的，就是這如太陽般熾燃耀眼的傢伙，更可怕的是，太陽這支逢主場就熊熊燃燒的隊伍，在總決賽還有主場優勢。禪師有些緊張，他跟隊員們叨念：我們一定得在鳳凰城贏一個主場！

喬丹平靜的糾正禪師：「不，兩個。」

芝加哥媒體找到兩個話題。其一，一九九一和一九九二年總決賽，喬丹都是例行賽MVP，他對壘的魔術強森與滑翔機，都是例行賽MVP票數排行第二；可是一九九三年總決賽，是巴克利作為例行賽MVP，來迎戰前任例行賽MVP喬丹。以喬丹的好勝，心裡一定會多次叨念「這死胖子，居然拿了我的MVP？」；其二，太陽射手丹‧馬爾利當初險些來了公牛——至少傑瑞‧克勞斯是這麼認為的。我們已經知道了：克勞斯所愛，即喬丹所憎。

總決賽首戰，公牛用奇招：格蘭特擔當主攻，首節11分，公牛34比20領先首節，再未落後。第二節過半，公牛一度領先到46比26，令鳳凰城球迷全場哀嘆不絕。公牛的防守策略很簡單：不包夾巴克利，壓制太陽其他人；但針對

巴克利，堵塞他突擊籃下，只放他跳投。結果巴克利全場手感不佳，25投僅9中。凱文・強森被壓到13投4中。比賽剩4分半時，太陽一鼓作氣，追到85比88，但喬丹忽然出現：此前，他不溫不火，只得17分；但最後4分半鐘，喬丹連取14分，全場31分7籃板5助攻5抄截──最大的受害者，就是5次失誤的馬爾利。加上皮朋的27分9籃板5助攻、威廉姆斯23分鐘內的10籃板，公牛100比92取勝。

　　次戰，公牛繼續用精確的協力防守，控制了凱文・強森的閃電突破分球。太陽能依賴的，只剩查爾斯・巴克利了。於是，王者對王者的決戰開始：巴克利開場就是單挑格蘭特，一記試探步跳投得分，喬丹還以一記追身中距離投射；喬丹助攻皮朋一記空中接力扣籃，加一記右翼跳投後，巴克利還以一個壓彎籃框的扣籃，還製造格蘭特犯規；格蘭特不久就被犯規打暈，公牛只得換皮朋來防守巴克利，然而以皮朋防守之佳，依然阻止不了巴克利的大屁股要位撤步跳投；喬丹以牙還牙，連續還以機關槍掃射般的跳投。巴克利第二節剛一記扣籃，喬丹就穿越雙人防守，面對第三人助攻格蘭特，自己再強行上籃得分。上半場末了，喬丹在巴克利面前點進進攻籃板後，邊往回跑邊回頭盯巴克利：籃板王，哈？巴克利大怒，下一回合從公牛兩大內線手裡強取籃板，上籃得手，然後是一記強行突破，身上掛著兩個公牛球員，彷彿卡車披著彩帶般上籃完成三分打成功──半場結束，喬丹19分，巴克利25分。公牛59比53領先。

　　你可以想像，喬丹在想什麼。

　　下半場一開始，喬丹跳投得手後，露出了他招牌的橫眉冷視：還沒完呢，巴克利繼續虐待公牛內線：掛著格蘭特，撞倒史考特·威廉姆斯，上籃完成三分打得手，還不忘回頭瞄喬丹一眼。喬丹先助攻格蘭特扣籃，然後是突破馬爾利，面對太陽的錢伯斯強行上籃。

　　比賽在第四節完全癲狂了：巴克利連續將性命置之於度外地強行上籃，倒地，爬起，回防；喬丹還之以飛翔上籃、左翼跳投和快攻中上籃製造犯規。比賽不到半節時，巴克利得到自己第42分，但喬丹還沒完：突破馬爾利兩次跳投得手，再兩次罰球，同樣是42分。比賽最後時刻，公牛106比105領先，丹尼·安吉——沒錯，前一年拓荒者的射手，這一年又在太陽了，彷彿是命中註定他要跟公牛作對似的——起身投三分球。在出手瞬間，他看見一道黑影如閃電般掠過。

　　那是皮朋一記橫空封阻。

　　公牛鎖定勝局，111比108取勝。格蘭特13投10中24分8籃板——事實上，喬丹很注意給格蘭特傳球，他知道：格蘭特進攻手感與防守巴克利的熱情，是成正比的。皮朋15分12籃板12助攻。太陽方面，安吉14投8中20分，馬爾利被喬丹防到14投4中13分，凱文·強森只有8投2中可憐的8分。

　　而王者對王者的兩個人：巴克利26投16中42分13籃板4助攻，喬丹則是42分12籃板9助攻。公牛2比0，太陽兩個主場全破。歡快的、直爽的、熱情的巴克利，賽後說了這段擲地有聲的話語：

「我是說過，世上沒有任何籃球運動員強過我。」他停了停，然後繼續道：「但如果必須有個人，我必須輸給他，那麼喬丹是唯一我願意輸的人。」

但是，他畢竟是NBA史上最傑出的勇士之一。

總決賽第三場前，芝加哥人歡欣鼓舞：他們2比0領先，而且有連續三個主場。拿下兩個，冠軍就到手了。萬事看來都很有利：凱文・強森被公牛封殺了；巴克利孤軍奮戰；太陽完全防不住喬丹，一切都很完美似的……

但太陽頑強得匪夷所思，凱文・強森到了客場，反而找到了感覺。雖然失誤甚多，但強森積極抓防守籃板、快速推進，將比賽打進太陽的節奏裡。最驚人的一個細節是：太陽開場移走了馬爾利，而用185公分的凱文・強森來防守喬丹。

久違的戰略。

在喬丹前三個賽季，全聯盟都試過這個策略：用和喬丹同等身高的後衛來防守他，簡直就是讓喬丹玩開車繞椿；所以：191公分的蒙克里夫、193公分的丹尼斯・強森、191公分的阿爾文・羅伯森、191公分的喬・杜馬斯，包括一九九一年總決賽191公分的拜倫・史考特，這些人是防守喬丹的標準配置。他們身高不足，但可以靠速度彌補。

但在一九九三年，再對喬丹使這招，不免大膽：矮個子可以跟上喬丹的速度，但喬丹的身高、體格優勢都在，你無法阻擋他的背身單打和跳投。事實上，凱文・強森的確制約不了喬丹，但太陽換回馬爾利，防守了喬丹兩節後，發現還

是不行。

算了,還是用回強森吧。

第四節,強森的防守見了效。他的策略:緊貼喬丹,卡住下盤身位,把喬丹往底線逼迫,然後雙人包夾。這招確實奏效:第四節,太陽領先,剩7分半鐘時領先到99比88。但公牛使出防守絕技,一波15比4的反擊,追到103平,把比賽逼入延長。第一次延長賽,雙方體力用竭,誰都攻不開,107平再戰。第二次延長賽裡,公牛有三次領先到4分,但巴克利和馬爾利的跳投又追上比分:114平,第三次延長賽。

太陽教練保羅‧衛斯特法爾,當時勢必一陣眩暈:NBA總決賽上一次發生三度延長時,還是在一九七六年。那是一九七六年總決賽第五場,實際上,那天,衛斯特法爾也在場:他那時是太陽隊的球員,親身經歷了那個號稱「史上最偉大比賽」的夜晚。

一九七六年總決賽第五場,太陽輸掉了那場三度延長。但在一九九三年,命運還了他們一場。馬爾利的一記三分球和兩個罰球,巴克利的三分,太陽贏了:129比121,三度延長。

這是場道地的血戰,巴克利全場53分鐘,24分19籃板4助攻;凱文‧強森創總決賽紀錄的出賽62分鐘,25分7籃板9助攻,馬爾利28分,三分球8投6中。喬丹打了57分鐘44分9籃板6助攻,但用了多達43次投籃。賽後,凱文‧強森太得意了,忍不住自誇:「我找到了對付喬丹突破的辦法。」

這是一九九三年季後賽,繼傑拉德‧威金斯、查爾斯‧

季後賽歷史最多連續總決賽最有價值球員（3次，該紀錄與俠客‧歐尼爾共同保持）。

史密斯後，又一個表現錯誤感情的人。

根據傳言，總決賽第四場前，喬丹和巴克利打了一整個下午高爾夫，末了，喬丹給巴克利買了個二萬美元的耳環。巴赫問喬丹此乃何意，喬丹答：「這個系列賽，查爾斯他不會再對我下狠手了……二萬美元，對我來說算什麼？」

第二天，巴克利將明白：喬丹這個好哥兒們，究竟有多殘忍。

總決賽第四場，喬丹從一開始就殺神附體。空切走位接球跳投，底線走位接球跳投，根本不給凱文‧強森逼住他步伐的機會；然後是一左一右，兩記翻身後仰跳投，明擺著用身高和後仰欺負強森的身高。太陽再換198公分的馬爾利來防守，喬丹先是一記跳投，然後就是四次突破：換手上籃、扣籃、左手上籃，逼太陽再用凱文‧強森來對付他，於是他繼續用跳投來懲罰太陽。上半場結束前，喬丹快攻中流水般繞過馬爾利，直撲籃框一記扣籃，然後是一記跳投：上半場，喬丹20投14中，33分。

他在隨心所欲地選用武器，輪流修理快而矮的強森、高而慢的馬爾利。下半場，太陽招數用盡，只好用理查‧杜馬斯來對付喬丹，喬丹還以一個三分線火箭突破，一過罰球線就起飛，空中騰挪過六條手臂，完成上籃。比賽最後剩半分鐘，公牛106比104領先，公牛斷球，太陽杯弓蛇影，雙人夾擊喬丹，喬丹一個左手加速，離弦之箭般飛出，擺脫凱文‧強森，讓過沒來得及補位的馬爾利，朝籃下起飛。巴克利在前躍起，伸雙臂阻擋——

　　喬丹在空中，迎面撞上巴克利。他側身，滯空，身體向右飛，停在空中，左轉身，他依然停在空中，將球從腰間托起，他依然停在空中，指尖將球拋出。巴克利已仰天倒地，聽見裁判吹他犯規，看到球正從籃網穿過。得分，加罰。巴克利懊恨得倒地不起，雙手擊地。而喬丹，前一天還和巴克利在高爾夫球場談笑風生的喬丹，雙手握拳高舉，跳了一跳：他完成了這一擊，解決了比賽，幹掉了巴克利。這是勝利的示威。

　　然後，芝加哥18676名球迷的歡呼如夏雨般轟然墜下。

　　喬丹罰中一球，得到本場第55分，鎖定勝局。公牛111比105取勝，3比1領先太陽。喬丹全場37投21中18罰13中55分8籃板4助攻，NBA史上總決賽第二高分，僅次於一九六二年總決賽埃爾金‧貝勒的61分。

　　「我真的不覺得自己接管了比賽。我只是不斷突破，努力獲得出手機會。」喬丹淡淡地說。而太陽那邊，保羅‧衛斯特法爾教練有些語無倫次了：「我沒說我們能守住喬丹。根本沒人能守得住喬丹。連喬丹自己都守不住喬丹……他是史上進攻最好、防守最好的組織後衛；他是史上進攻最好、防守最好的得分後衛；他是史上進攻最好、防守最好的小前鋒。哪怕他去打大前鋒和中鋒，他也能排名前五。」

　　公牛3比1，冠軍已在指尖了。芝加哥人預備好了，第五場奪冠，然後大肆慶祝。但太陽再次搞砸了宴席：第一節，太陽就33比21領先；下半場開始，三年後會因毒癮離開NBA的理查‧杜馬斯，打出了人生最璀璨的時刻：獨得11

分，帶領太陽打出一波18比9，公牛再未追上。凱文‧強森20投10中25分8助攻，巴克利24分6籃板6助攻，但最大的奇兵是杜馬斯：30分鐘內14投12中25分。太陽108比98取勝，追到2比3。喬丹唯一的收穫是：憑藉全場29投16中41分7籃板7助攻，NBA史上首位連續四場總決賽40分以上的人物。

錦繡前程忽然蒙上了陰影。公牛不止是被太陽追到3比2，而且他們錯過了最好的機會；眼下，他們打完了所有主場，得去鳳凰城打剩下的兩戰。讓人恐懼的是，公牛似乎已經彈盡糧絕：格蘭特在第五場只得1分；卡特萊特2分。公牛除了喬丹、皮朋和派克森外，找不到一個人，能像太陽的杜馬斯般創造奇蹟。伊利諾州名球員、當時擔任主播的強尼‧柯爾說眾人上飛機時：「安靜得就像在太平間裡。」

但隨後，喬丹用這種方式鼓舞了所有人。他登機時穿得五顏六色，戴墨鏡，叼雪茄，提前進入了假期。

「世界冠軍們，我們去鳳凰城踢他們的屁股吧！」

總決賽第六場，鳳凰城。喬丹又換了花樣：首節他得到13分，既非中距離投射，亦非突破，也不是背身單打碾壓強森，而是三分球4投3中。公牛首節命中率64%，37比28。但次節，太陽的防守奏效，上半場，公牛56比51領先。第三節，皮朋發威，得到10分，公牛87比79領先進入第四節。

但隨即，問題來了。

太陽的堅韌，在第四節初表現無疑。整整7分鐘，公牛只靠罰球得了1分。丹‧馬爾利一記三分球得手，然後雙手握拳，如英雄般跑回半場：太陽反以91比88領先——12比1

季後賽歷史最高總決賽場均得分：41分。

的高潮。

鳳凰城球迷開始震天鼓譟，情勢很明顯：公牛已經氣息奄奄，太陽正在後來居上。比賽還剩5分半，太陽在主場領先，只要取勝，就是在鳳凰城決戰第七場勝負！

一九九一年，當公牛終於奪冠時，全世界都覺得，主要原因是喬丹學會了信任隊友，成為了一個更有團隊意識的傢伙……但一九九二年公牛奪冠時，媒體的世界觀又紊亂了：滑翔機作為隊友，比喬丹更和藹可親、謙遜低調，但為什麼到最後，奪冠的反而是公牛和喬丹？

一九九三年的公牛已經老了。不在身體，而在心靈。如萊里當年所言，他們已經失去了一九九一年那支公牛銳意奮進的心志。他們的化學反應弱化了。他們之間的友情減少了。很多時候，幾乎是喬丹和皮朋兩個人在獨自推動著公牛；到最後時刻，公牛剩下的，是對喬丹一個人的信賴。

NBA史上有許多這樣的故事，比如一九六九年老邁的塞爾提克：他們已經失去了凌駕於世界的實力，剩下的是經驗、狡猾和不知何為敗北的驕傲。一九九三年的公牛就是如此：很奇怪地，最後，他們還是要回到依靠喬丹的時代。

喬丹看了看大螢幕。喬丹對隊友們做了個簡單說明。簡單說，喬丹要接管之後的一切進攻了。

喬丹弧頂試探步後，一記中距離出手得分。與此同時，約翰·派克森，喬丹最老的戰友，在場邊做暖身運動，預備上場。

凱文·強森還了一記拋射，太陽隊板凳席集體跪倒讚

嘆，但喬丹還了一記右翼翻身跳投。比賽剩44秒，喬丹抓
到防守籃板，頓了一頓，開始起跑：橫貫全場，直抵籃框，
一記最簡單的上籃得手，公牛96比98落後2分。禪師奮力鼓
掌：還有機會。

公牛守下了太陽的進攻，掌握球權，比賽還有最後一擊
的機會。全世界都知道：公牛第四節只得了9分，全部是喬
丹投中，還有其他可能嗎？

太陽全隊望著喬丹後場運球，推至前場，離三分線近
了──忽然間，喬丹傳球給皮朋，太陽全隊錯愕。皮朋向
籃下運了一步，再給禁區的賀瑞斯・格蘭特。

巧妙的轉移球，但還沒完。

格蘭特接到球時，太陽的安吉已補防到位。格蘭特不作
停留，將球一揮到左翼三分線外。

喬丹最老的隊友約翰・派克森，在那裡等著。

一九九一年總決賽第五場，他曾經8投8中。那年奪冠
後，他輕描淡寫地說：「我只是在空檔站著，把傳給我的球
都投進去，如此而已。」

派克森揚手，一記三分球。保羅・衛斯特法爾教練事
後說：「我覺得那球在空中停了一小時之久。」好吧，作為
一個決定三連霸與否的投籃，如果真的停一小時，那也不為
過──但是，約翰・派克森的心臟未必受得了。

所以上帝給了個好答案：球進了。派克森投進人生最著
名也是最重要的一球，可能也是NBA史上最著名的「替補絕
殺」。

「派克森總會擊穿你的心臟。」喬丹賽後說，「他總是擅長關鍵時刻射中跳投。當我看見他無人防守時，就知道這球必進。」

「接受安排，從先發降為替補，其實還挺艱難的。我太老了，太慢了，帶替補們打球，頗有不足，很讓人頭疼。但現在，一切艱難時刻，都像歷史一樣了。」派克森說。

公牛99比98領先，剩給太陽3秒。凱文‧強森的最後搶投被格蘭特毀掉，比賽結束。公牛4比2擊敗太陽，一九九三年總冠軍。更偉大的是：三連霸。

幾乎是喬丹順手完成的一卡車系列賽紀錄：

喬丹六場系列賽場均41分8.5籃板6.3助攻，其中場均41分和連續四場得分超過40分，全都是總決賽紀錄。

理所當然的總決賽MVP，NBA史上第一個三度總決賽MVP──這紀錄要在二十一世紀，才由提姆‧鄧肯和鯊魚來追趕。

公牛三連霸：自五○年代的湖人和六○年代的塞爾提克以來，第一支達到此般地步的球隊──魔術強森與柏德，以及可恨的微笑刺客，都沒完成這般偉業。

他成就了古往今來鮮有的霸業，將自己的名字刻在了時代之上。他成了神，成為地球上最成功的體育運動員。但麥可‧喬丹，在比賽後，躲進了一間安靜的房間。他接受完ESPN一個小採訪，然後手持一瓶香檳酒、一支未點燃的雪茄，對採訪他的丹‧派屈克說：「OK。我能在這裡坐一分鐘嗎？外面都瘋掉了。」

在繁華的最頂點，30歲的最黃金年紀，他想獨自待一會兒。

事實上，麥可·喬丹退休過三次。一九九三年是為首次。一九九八年奪冠後第二次。二○○三年，第三次。關於這個，魔術強森說過：「偉大的球員時常會厭倦比賽——因為承擔了太多——但最後他們還是會回來的。因為他們太愛比賽、太愛在賽季中的感覺了。」

說到底就是：他們太愛籃球了。

季後賽歷史最高單場得分（63分，季後賽個人單場得分排行前10中喬丹占據5席）。

第三十四章 高處不勝寒

一九九三年七月，公牛三連霸的慶祝儀式已經結束，全世界仍在討論他。一九九一年就被討論過的主題，這回重新被提起：他是史上第一人嗎？一九七○、一九七三年兩次帶領紐約奪冠的偉大中鋒、紐約尼克隊史第一人威利斯‧瑞德說：「說喬丹是第一人，我覺得沒問題。比爾‧羅素贏了較多冠軍（11次），你無法否認，但如果你只談論比賽本身，你必須說，麥可是最好的。這傢伙拿到無數得分王，還是史上最好的防守球員之一。就這樣。」

七屆助攻王、控球後衛的開山祖師爺鮑伯‧庫西，以羅素隊友的身份評述：「麥可的天分，凌駕於所有人之上。羅素是我見過最高效的中鋒，他補足了我們球隊需要的一切天分。但你可以說，比如，他投籃不算好之類。麥可沒有那類缺點。」

當媒體再次提起六○年代偉大的奧斯卡‧羅伯森時，公牛助教巴赫再次提醒所有人——此前，禪師也提過這一話題——「奧斯卡的防守，只在他肯用心防守時才出色；麥可則像澳大利亞那種大嘴怪袋獾一樣殘忍。上帝只製造了一個麥可。」

最後總結的是「人類電影精華」多明尼克‧威金斯。他的原話斬釘截鐵的說：「沒人比麥可做得更好了！」

　　可是被談論的中心，偉大的、已經成為神的喬丹，卻在考慮另一件事。

　　一九九一年夏天，他構思過退休的時間：一九九五～一九九六球季結束離開，那年，他會是33歲。一九九一～一九九二球季中，被《喬丹規則》困擾時，他恨透了媒體，決心一九九二年夏天就退休。但在漫長的鬥爭中，他克服了自己。但一九九三年，他有點堅持不下去了。

　　魔術強森說得對：他有柏德，可以互相擔當挑戰的動力。喬丹沒有。支撐喬丹一直走下來的，是無比偏執的好勝心。一九九三年奪冠後，他完成了近古以來僅見的霸業，他已經累了。事實上，四月，他就對迪恩‧史密斯教練說過：「是的，結束了。」

　　一如史密斯老師對他說的：這是一段偉大的旅程，喬丹已經完成了很多。從那個髮際線過高、耳朵招風、修家政課的北卡少年，到這個星球最偉大的運動員、最有名的人物、商業偶像、美國眾神之一，他已經做了夠多，無可挑剔了。三連霸把他帶到了頂峰，也讓他失去了繼續奮戰的心神。

　　就這樣告別，可以嗎？

　　一九九三年的夏天寒冷而漫長，NBA到處出事。紐澤西籃網後衛、歐洲史上最偉大後衛之一德拉贊‧彼得洛維奇在德國車禍去世──僅僅一年前，奧運會決賽，他還代表克羅埃西亞，和夢幻一隊的喬丹同場對戰；隨後，又是車禍，邁阿密熱火後衛布萊恩‧蕭的父母雙亡。塞爾提克後衛瑞吉‧路易斯猝死。然後是最可怕的事件：

季後賽歷史最多次賽季場均得分超過30分（除新秀年28.3分，其餘所有季後賽場均得分全部在30分以上）。

奪冠後不到一個月，一九九三年七月二十三日，老喬丹——詹姆斯·喬丹——去世了。

事由本身很無言。老喬丹剛去參加完葬禮，回程途中，在他的Lexus車裡小睡；兩個人——一個叫賴瑞·馬丁·德默西，一個叫丹尼爾·格林——劫持了汽車，謀殺了老人家。案件不久後宣告破案。八月三日，老喬丹屍首被找到，八月十三日確認了身份。德默西後來叨念說，他們只想搶車了事，不知道格林怎麼就開了槍。他們還補充說：事實上，他們是喬丹的球迷——當然，那時在美國，沒人不是——但在殺完人搶到車、看見車裡的兩枚總冠軍戒指之前，完全不知情。

就像是命運的諷刺。

很多年後，喬丹回憶父親時說，父親是他最好的朋友。「他教了我人生當中的很多東西，其中一課就是：一切的發生，都是有原因的。」

所以喬丹覺得，哪怕父親的死亡，也是上帝的指示。

「我意識到，我必須開始獨立地做決定。我依然詢問建議，我也會聽別人的建議，但責任是我自己一個人的。我必須做那種男人該做的決定，我必須自己做決定，沒有誰的肩膀可以倚靠。」

他已經有三個總冠軍，達到了史上巔峰。他30歲了。他不缺錢，不缺榮耀，世界把他當作神，唯一的對手只有媒體——紐約人依然在嘮叨不休，說他去大西洋城賭博的事。最後，他還失去了父親。

　　在世界巔峰，他又想起了少年時的一切。他少年時期的最大成就，是隨棒球隊拿下北卡州冠軍，他本人當選MVP。他無數次說道：他當時的安打率「好像達到了50%」，他「在7場比賽中有5支全壘打」。為了籃球，他沒能繼續打棒球。但是一九九三年，他開始動這個念頭。

　　為什麼不呢？

　　他一向是個實幹派，不喜歡拖泥帶水。那年八月，他和提姆‧格拉弗開始訓練。九月，他去見了禪師。

　　「菲爾，給我個繼續打球的理由。」

　　禪師看了他一會兒。以他洞悉人心的聰明，自然明白喬丹在說什麼。

　　「上帝給了你那麼好的天賦，你有責任運用這些天賦造福他人。」

　　喬丹承認這點，但他強調，他早晚要退休的。禪師明白他的意思了。

　　一九九三年十月六日，喬丹召開新聞記者會，宣布退休。

　　「我失去了打球的渴望。」他沒忘了用這最後的機會，表達對媒體的恨意。「你們這些人可以上別處挖掘故事了。」

　　於是他就這樣走了。將23號球衣當作旗幟親手升起，然後宣布退休。九年NBA生涯，七度得分王，三個例行賽MVP，三個總冠軍，三個總決賽MVP。巔峰期的麥可‧喬丹──跟美國職棒的芝加哥白襪隊簽約了。

一九九八年東區決賽，公牛的對手是擁有雷吉‧米勒的印第安納溜馬。

很奇怪的：之後的輿論總相信，喬丹和米勒決戰了一整個九○年代，但事實是他們倆只在一九九八年季後賽相遇過。你可以這麼理解：那年季後賽的七場大戰，太過於驚心動魄了。

那支溜馬隊，其實可以描述爲「雷吉‧米勒隊」。如果不看比賽，你無法理解一個場均20分3籃板3助攻的射手，是如何影響這個球隊的。在七季時間裡，他們大體保持著這樣的一群先發：控衛馬克‧傑克森、得分後衛米勒、小前鋒德瑞克‧麥基、大前鋒戴爾‧戴維斯和中鋒瑞克‧史密斯。在他們的替補裡是安東尼奧‧戴維斯（後來再猛也不過爾爾），特拉維斯‧貝斯特（平淡），傑倫‧羅斯（二○○○年他成爲球隊的得分王，後來就簽了那筆大垃圾合約），克里斯‧穆林（職業生涯的後期，成就了卡特那記展腹風車反扣），克羅希爾，阿爾‧哈林頓（他職業生涯頭兩季），以及沃克曼。一九九三～二○○○賽季中，他們五次到達東區決賽，三次以3比4敗北，一次是2比4，最後一次，即二○○○年夏，他們殺進了總決賽。

一九九三～一九九七年，他們由賴瑞‧布朗率領；嚴謹、團隊，戰術紀律森嚴，有聯盟頂級的無球跑位體系。一群基本功扎實的地面部隊。一九九八年與公牛相遇時，他們的教練是偉大的賴瑞‧柏德。他們的存活依靠的是防守，史密斯的中距離投射，戴維斯在禁區的死鬥，以及永

遠跳躍不停的米勒。他們是那些年份裡精神狀態最怪異的隊伍：依靠米勒的一個三分，他們就能夠從死氣沉沉中驟然甦醒。那就是他們奇異的旗幟：那個31號，他那永遠戴腕帶、撲粉的雙手所投出的球，遠不只是記分牌上晃動的數字，還意味著場上這群傢伙的心神狀態。而他，在所有人汗出如漿、金鼓齊鳴的戰場，卻從不讓人失望。

雷吉・米勒這個人，把一個射手無球跑動攻擊提到了一個匪夷所思的變態高度——以前不會，將來也不會再有人將瘋狂跑動、各角度倉促出手、推開對手雙臂——利用反作用力一直跌撞向底角——接球遠射這些鬼東西做到如此接近於行為藝術的程度了。你可以理解，為什麼他是喬丹之外，紐約麥迪遜花園廣場最憎恨恐懼的球員了。

第三十五章　那一年半

　　喬丹後來承認過，眞踏進職業棒球後，才會發現愛好和職業是兩回事。最明顯的：以往，他靠指尖玩弄籃球；但一九九三年多天，他得跟提姆‧格拉弗一起研究：如何加強肩膀和手臂，如何每天訓練擊球300至400次而不受傷。白襪隊助理教練華特‧赫尼亞克很幫忙，一九九四年春天凌晨六點就來陪喬丹練習。

　　喬丹後來說起他的棒球生涯，用詞頗爲巧妙。他說打棒球的人生很充實，他自己掏腰包花了33萬美元給球隊買了大巴，他描述說球隊裡的關係無比融洽：純潔、坦然而眞誠。他可以穿上45號球衣——他哥哥賴瑞‧喬丹小時候穿的號碼，顯然一直烙印在他記憶中——然後打球。可是眞到了棒球場上，熱愛、融洽、純潔就不管用了。

　　作爲棒球運動員，他太高了。偉大棒球手普遍更結實粗壯，身長180公分上下，脂肪含量高到20%。跟這批人一比，喬丹高挑身段、細長小腿，全成了累贅。喬丹很努力地增加力量、增厚胸背，但他30歲了。

　　芝加哥白襪隊沒讓他直接打大聯盟，先將他下放到附屬小聯盟的伯明罕男爵隊。球隊經理泰瑞‧法蘭康納對喬丹甚爲照顧，但他到底不能親自上場幫喬丹打球，無法拯救喬丹0.202的打擊率，阻擋不了喬丹127場比賽裡114次被三振出

季後賽歷史最多次單場得分超過50分（8次，張伯倫以4次位列第二）。

局。可是教練還是被記者們包圍——他有生以來，從來沒被這麼多人訪問過，於是也客氣回答了幾句：「沒人能比得上他，他不是來玩票的！他的目標和所有人一樣——晉身大聯盟！」

當然，末了，資料會告訴你：男爵隊史上，僅有六人完成過30次盜壘成功、50支超出內野的安打，喬丹是這六人之一，但他完成這些擊球，卻用了436次擊球機會，而且只有三支全壘打。第一個賽季結束後，喬丹認為「我所做的一切就是在告訴人們，相信自己，勇於嘗試，不要輕言放棄。雖然為此我付出了很多代價，但我從不後悔自己當初的選擇。假如你有機會去嘗試自己真正喜愛的事情，那就去做吧。」

他的隊友就是這樣做的。男爵隊的葛蘭·薩奇納說：「他依然是麥可·喬丹——比賽的時候，很多人設法跟他要簽名。」事實上，當時來跟喬丹要簽名的人瘋狂到一個地步。某場比賽前，對方捕手特意來跟喬丹要簽名，「我兒子是你的超級球迷」。要完簽名後，還特意附耳跟喬丹說「後面幾個球，我打算怎麼配球，您可以選擇不打；我會要投手丟幾個壞球的……」之類的。

一九九五年，喬丹再次成為棒球隊友們的知心大哥：那年，美國職棒大聯盟MLB發生了傳奇的大規模罷賽。很多年後，你回望一九九四、一九九五年，都會感到驚詫：當年MLB例行賽只打了115場，罷工持續232天，世界大賽被取消。美聯、國聯的冠軍欄至今都像缺了門牙的嘴，空蕩蕩地掛著。從那之後，MLB票房大跌，元氣大傷，直到

一九九八年，傳奇巨星馬克‧麥奎爾和山米‧索沙開始曠古絕今的全壘打對轟大競爭，觀眾才開始回到球場——當然，那是後來的事了。單說一九九五年，喬丹那些棒球隊友們一起來請教他問題。在他們眼裡，喬丹是神，他來打棒球只是來渡個假。這就像，你在療養勝地做服務生，看見個巴菲特級的億萬富翁來游泳，跟他成了朋友，於是就去求問投資秘訣。如是，棒球隊友們一擁而上：「我們該怎麼規劃職業生涯呢，麥可？」

　　與此同時，在喬丹已經放棄的那片領地之上：他退出了NBA，留下一個空蕩蕩的王座，待世界去搶奪。查爾斯‧巴克利作為他最後的對手，對媒體說出了這句話：「現在能稱為人物的，只有『大夢』歐拉朱萬、『鯊魚』歐尼爾、大衛‧羅賓森和派屈克‧尤英……至於我？我是超級巨星。」

　　在巴克利眼裡，這時代的權柄屬於四個偉大的中鋒外加他，在這五個人手裡。

　　當然，還不只這些。

　　喬丹帶走的不只是王朝和對冠軍的壟斷，還有一整個市場。他親手將NBA提拔成一個全球化的商業聯盟，他的偉大商業形象需要一個後繼者。

　　一九九三年夏天，奧蘭多魔術選中了「一分錢」安東尼‧哈德威：一個201公分、技術全面、21歲、清瘦秀雅、可以打控球後衛的天才，與鯊魚相配。奧蘭多魔術被安排了17場全國直播，聯盟最多。意圖明顯：NBA想推廣新人。一九九二年狀元、一九九二～一九九三球季的年度新人鯊

魚？他有龐大到如卡通片形象般的身材，自封有小飛俠彼得‧潘的活力，能歌善舞，是巴克利之外，最熱鬧好玩的形象了——而且，他在一九九二～一九九三球季，還兩次扣碎了籃框！

喬丹退役，NBA回到中鋒時代。這一年，NBA最流行的打法：射手散開接應，中鋒單打。大夢的火箭、尤英的紐約、羅賓森的馬刺、鯊魚的魔術，皆是如此風格。有效，但是乏味。一九九三～一九九四球季，NBA得分榜前五位裡，多達四位中鋒：得分王是「海軍上將」大衛‧羅賓森，鯊魚次之，大夢第三，派屈克‧尤英第五。阻攻王是金塊隊的非洲大山穆湯波。丹尼斯‧羅德曼去了聖安東尼奧馬刺，場均抓到17.3個籃板稱王。史塔克頓繼續他的助攻王偉業。例行賽NBA最大的成功者是「大夢」歐拉朱萬：他拿到例行賽MVP和年度防守球員。自一九八七～一九八八球季喬丹以來，首位囊括年度雙獎的人物。

再說到芝加哥公牛。

隨著喬丹退役，卡特萊特和派克森也邊緣化了。皮朋、格蘭特、阿姆斯壯依然在球隊，皮特‧邁耶斯取代喬丹成為先發。此外，球隊引進了其他人：

218公分的澳大利亞巨人隆戈‧龍利，25歲一個中距離、卡位、傳球出色，性格溫和的大白個子。

213公分的加拿大巨人比爾‧溫靈頓，31歲，一個掩護出色的巨人。

191公分的射手史帝夫‧柯爾，在太陽、騎士和魔術待

過。一九九二年，他說過一句可愛的俏皮話。當喬丹說「騎士只有埃洛配得上防守我」時，柯爾接了話：「麥可這話太欺負人了！放馬過來呀！我保證守到你得不滿65分！」

最後，就是皮朋念茲在茲、惱恨不已的東尼・庫科奇：這個211公分、英俊秀雅、據說無所不能的歐洲魔術師。

喬丹剛退役那半年，芝加哥似乎還被他的印象纏繞。傳聞裡被他打過耳光的普度回憶說：「看那些人群。以前，麥可總是看看大巴外，說人太多，不肯出去；我們就說：你不出去，我們就不出去。」對黃蜂的一場例行賽，最後時刻，公牛122比123落後，剩7.5秒，公牛用了個戰術，新的先發得分後衛邁耶斯跳投，不進，格蘭特點進進攻籃板制勝。賽後，格蘭特——雖然和喬丹關係已經淡化，但他依然是個直爽漢子——說道：「如果23號在這裡，那個球準能投進。但他不在了，我們得學習，得腳踏實地。」

皮朋成了公牛的王牌。他想複製喬丹，比如，季前訓練時，他企圖單挑庫科奇，懾服他，一如當年他被喬丹懾服一樣，但隊友們不知所措：他們還沒習慣被皮朋領導。庫科奇說他還得習慣，「你們知道，美國人在歐洲開車時，得花好久時間來習慣，才能確定自己該開什麼車速，對吧？這就是我現在在NBA的感受」。格蘭特很欣賞他，一九九三年十一月，庫科奇一記三分絕殺公鹿後，格蘭特說：「這人很可靠。他比賽裡有許多亮點。一旦他找到感覺了，等著瞧吧！」但柯爾有點猶豫：「那些說他能打四個位置的，誇大了。在NBA，他打不了控衛，他打不了得分後衛。他是個運

球很好的小前鋒。」

　　而全NBA運球最好的小前鋒是誰呢？嗯，可能是皮朋。

　　所以，你可以想像皮朋的不快。但公牛打得確實不壞：失去了喬丹，他們的進攻大跌，到了聯盟中間水準；但新加了幾個巨人，公牛防守提升。一九九四年二月，格蘭特第一次，也是最後一次，入選了全明星。但當晚的主角是皮朋：之前打了三屆全明星、兩次先發，合計只得18分的皮朋，在一九九四年全明星之夜大顯神威。29分，5記三分球，11籃板，4抄截，全明星賽MVP，明星中的明星。那年3月，皮朋甚至開始朝媒體放話。他說巴克利「只是在親吻喬丹、魔術強森這等級巨星們的屁股」，他抱怨公牛不做交易，以便讓球隊四連霸；他批評芝加哥主場觀眾會噓黑人球員，卻對白人球員網開一面。

　　你可以想見，皮朋多麼想擔當個好領袖。

　　事實上，他打出了職業生涯最好的一季：帶領公牛完成例行賽55勝27負，自己場均22分8.7籃板5.6助攻2.9抄截。生涯第一次，他入選了NBA年度第一陣容，外加年度第一防守陣容。而且在MVP選票榜上，他衝到第三。這意味著，他幾乎可說是NBA的第一線明星球員了。

　　但季後賽，皮朋力不從心。公牛3比0淘汰了騎士；但在次輪，公牛連續第三年遇到了紐約。頭兩場，皮朋合計34投12中，公牛兩連敗。第三場，打到最後1.8秒，公牛與尼克102平。禪師叫暫停。皮朋等著禪師叫他的名字，但禪師抬

頭，找了庫科奇。

「你來投這一球。」

你可以想像皮朋當時的心情。多年以來，他努力不懈，想對抗這種命運。他曾經是NBA最好的副手，但眼下，他奮鬥成了NBA最好的明星球員。他理應承擔這個球的責任，但禪師卻選擇了……庫科奇？皮朋憤怒，拒絕上場。但接下來的一切，對他可大為不妙：公牛發球，庫科奇罰球線接球，轉身，出手，球進，104比102，庫科奇高舉左手：他絕殺了紐約尼克。芝加哥球迷勢若山崩般湧入球場。皮朋，又一次在角落裡，被遺忘了。

但禪師來不及顧到皮朋的感受。賽後，他接了個電話，令他頗為詫異。那個電話來自一個棒球運動員：

麥可・喬丹。

那時，禪師想起B.J.阿姆斯壯偶爾跟他說起的事情：「我和麥可還經常通電話……他好像，還願意談籃球。」

到最後，公牛還是3比4輸給了紐約尼克。雖然很少人預計他們會拿四連霸，但芝加哥人多少有些失望。紐約尼克在此後的東區決賽裡4比3險勝印第安納溜馬，但過程並不輕鬆。第五場在麥迪遜花園廣場，溜馬偉大的射手雷吉・米勒前三節14分，第四節25分，獨自擊敗了尼克。賽後，派特・萊里如此誇獎：「米勒打出了一場喬丹級的演出。」

你可以想像，紐約人對喬丹——哪怕已經退役了——懷著多麼複雜的感情。

一九九四年NBA總決賽，休士頓火箭VS紐約尼克，大

夢VS尤英，一九八四年狀元對壘一九八五年狀元，兩個超級巨人對決。他們都是喬丹的舊對手，事實上，十年之前，一九八四年NCAA決賽，尤英的喬治城擊敗了大夢的休士頓奪冠。十年後，宿敵重逢分外眼紅。總決賽前五戰，尼克3比2領先火箭；第六場，最後時刻，紐約84比86落後，剩2秒，全場已得27分的約翰・史塔克斯正準備投出一記三分球拿到冠軍，大夢橫空飛出，一掌蓋飛。火箭贏球，扳到3比3平。芝加哥媒體這時還不忘調侃：「沒有喬丹，史塔克斯也投不進關鍵球——麥可一定躲在某個地方偷笑呢。」

第七戰，向來可靠的史塔克斯只有18投2中，尼克敗北，火箭奪到一九九四年總冠軍。這七戰慘烈無比：雙方沒有任何一戰單場滿100分，雙方七戰分差都不到10分。絞肉機一般的大戰。大夢成爲史上第一位同年囊括例行賽MVP、總決賽MVP、年度防守球員的人物。紐約媒體又一次回憶起喬丹：「我們最好的年華都被麥可葬送了，簡直像被他下了詛咒一樣。」

但隨即，聯盟發現一件不對勁的事。

NBA總決賽的電視收視率，自一九八三年後穩健上揚，一九八九年達到巔峰，但一九九○年，活塞二進總決賽時，收視率暴跌；但一九九一～一九九三，公牛三連霸時期，收視率重回巔峰，一九九三年，NBC的「收視率尼爾森調查」，達到前所未有的17.9。但一九九四年總決賽，收視率跌回12.4，一夜倒退十年。媒體又忍不住嘲諷了：「如果麥可在，公牛會四連霸嗎？火箭會是公牛對手嗎？」

一九九四年夏，NBA開始尋找「喬丹接班人」。他們需要一個天使，拯救這個被中鋒統治的聯盟。他們還真找著一位：一九九四年選秀大會，榜眼是加州大學的傑森‧基德——多年後，他會成為這一代最偉大的控球後衛——而探花，底特律活塞選擇了杜克大學的小前鋒：擁有兩座NCAA冠軍、一九九二年度最佳球員頭銜的格蘭特‧希爾。新秀季，這個年輕人就以最高票數入選了東區全明星——NBA史上第一次。

在一九九四～一九九五球季，如果不去熱愛格蘭特‧希爾，簡直就是異類。因為那一年，球迷們太饑渴了，他們每天聽說著以下新聞：一九九○年狀元德里克‧科爾曼被球隊罰款時直接扔出一張空白支票，一九九三年狀元克里斯‧韋伯和教練老尼爾森在數萬英尺高空中吵架，比飛機引擎還響；一九九四年多倫多男籃世錦賽，代表美國隊出陣的鯊魚和尚恩‧坎普齜牙咧嘴嚇壞了孩子們；一九九四年狀元葛蘭‧羅賓森剛入行就要求一億身價；一九九四年總決賽沒有任何一場某隊得分達到100……籃球之神歸隱，野獸橫行。NBA不能指望32歲的巴克利、大夢和34歲的尤英挽回形象。

而格蘭特‧希爾呢？

當他身披底特律球衣，第一次用他標誌性的變向晃開對手、高高飛起時，全世界的眼睛產生了幻覺，他們以為看到了神——那時人們記憶中的神，將滿32歲的麥可‧喬丹，正在陽光下手握球棒，琢磨著對方的投球路線。格蘭特‧希

爾，203公分身高，秀雅斯文的面容，整潔的平頭。比賽結束時，他瀟灑地擦拭汗水，接受採訪，微笑時嘴角勾得像月亮一樣柔和，吐字清晰，聆聽時略微側耳，他居然還會衣冠整齊地坐在椅上，那在螢幕上怒扣後抓框的手指可以在鋼琴鍵上行雲流水地點動。媒體找到了他父親的光榮歲月：一個職業橄欖球手——幾年後科比‧布萊恩的父親喬‧布萊恩同樣被人不斷問起他在快艇隊當NBA球員的經歷——至於格蘭特的媽媽，噢，原來她還是第一夫人的同窗好友！

希爾的明亮光芒，使底特律陰森灰暗的形象改觀了。這支在人們記憶中充滿了拳頭、鐵肘、垃圾話、羅德曼和蘭比爾、假摔的隊伍，曾經不斷屠殺喬丹的隊伍，變得單純而乾淨。格蘭特‧希爾，擁有NBA中最頂級的第一步，快如閃電般越過防守者，或者用簡潔明淨如利刃一樣的節奏，一個體前橫移，迅速變向——防守者像被他玩繞的木偶一樣，任由他如閃電般從身旁掠過，回頭時偶爾能夠跟得上他飛起的身影。

但在一九九五年春天，另一些事出現了端倪。

一九九四年夏，芝加哥公牛搬到了新球館聯合中心，而阿姆斯壯依然有時接到喬丹的電話。喬丹問起了一些細節，比如，一九九三～一九九四球季年度第一陣容後衛，勇士的拉特雷爾‧史普利威爾，是個怎樣的球員……嗯，天賦很好，很強壯？於是喬丹出發去舊金山，看了史普利威爾；然後，喬丹又打聽了：一九九四年的榜眼基德是個怎樣的球員，魔術的「一分錢」哈德威怎麼樣……皮朋很識趣。

一九九四～一九九五球季過半，入春時節的某場比賽，皮朋在板凳上坐著，看見鏡頭對準他，皮朋抬起球鞋，亮出飛人標誌，然後對螢幕勾了勾手指。

那意思是：回來吧，兄弟！

二〇〇一年春天，喬丹第二次復出，加盟了華盛頓巫師。他那年38歲，速度已慢，只好打小前鋒。他打了兩季，第一季場均22.9分5.7籃板5.2助攻，第二季場均20分6.1籃板3.8助攻——對別的球員來說，不壞，甚至出色；但以他的標準來說，很黯淡。

二〇〇一年那次復出前，他自己，肯定比任何人都明白，復出成功率有多低——他肯定無法再複製在芝加哥的成功了；他一旦復出不成功會遭遇多少言論是非。但他還是復出了。功利主義者可以把這一切想像成勝利、金錢、榮耀、自我滿足、權力。但說到底，麥可・喬丹只是比我們絕大多數人想像中的，更喜歡籃球。

第三十六章　I AM BACK

一九九五年三月十八日，美國人正悠然自得看著電視，忽然，大片新聞排山倒海插播而來。下一秒，這句話讓全美國地動山搖：I AM BACK。

喬丹回來了。

許多年後，有無數論文陳述：當日這句話，如何影響了股市道瓊指數、如何震動了整個華爾街、如何讓Nike的高層們血湧腦門；有無數記者分析：喬丹為什麼復出，是出於對籃球的愛，還是商業利益，抑或是他的好勝心……而當時的美國，只剩下全民狂熱。作為當事人，喬丹自己都有點被嚇唬住了：「有點尷尬。」他後來說，「我只是個普通人，和每個人一樣，但人們把我當作神。」

他沒把23號球衣從球館天花板放下來，而改穿了45號球衣。他復出前一天，公牛剛贏了公鹿，達到34勝31負。一九九四～一九九五球季的公牛流年不利：雖然庫科奇偶爾表現得像歐洲魔術師，皮朋依然盡心竭力，但賀瑞斯‧格蘭特去了奧蘭多魔術，皮朋有些獨木難支。一九九五年二月，公牛甚至動了心思，想把皮朋換去西雅圖超音速，交易聯盟頭號暴力美學怪物尚恩‧坎普。三月十九日，公牛去印第安納客場挑戰溜馬，喬丹預備出場。

全美國都瘋了。電視臺一路安排鏡頭，從公牛大巴到達

季後賽歷史最多連續比賽得分超過28分：60場。

球館就開始追拍，但喬丹躲開了：他坐私人飛機晚一天到達印第安納，住進了另一個旅館。比賽當日，溜馬教練賴瑞·布朗看著來找他的記者，微微一笑：「你們真善良。披頭四和貓王都回來了，你們還來訪問我？」

對溜馬一戰，喬丹滿身是鏽：他去打了17個月棒球，有長達21個月沒進行正式籃球比賽了。很自然，他跳投不穩，28投只有7中。阿姆斯壯認為喬丹主要是體力問題，「以前，他前三節得個40分，到第四節還是絲毫不喘；但這場，第一節結束前，他就開始彎腰拉球褲喘氣了」。雖是如此，當喬丹抄掉溜馬巨人瑞克·史密斯的球、獨自突破前場、一記滑翔上籃後，球迷還是發了瘋。印第安納球迷倒戈，為喬丹鼓掌。公牛最後輸了，但禪師不急：「畢竟許多隊員，都是第一次和喬丹打球。」

比如，東尼·庫科奇當初加入公牛，就是希望和喬丹搭檔。不料一九九三年秋天，他答應來，喬丹便退役。這一場，他淨顧著看喬丹了，全場27分鐘只得7分。喬丹也很無奈：「我已經盡力讓他放鬆了！」

你不能怪庫科奇：因為人人都想看喬丹，這場比賽一不小心就成了一九七五年以來，NBA例行賽收視率最高的一場。

第二天，喬丹就回來了一點：在波士頓花園廣場，他26分鐘內17投9中27分。公牛輕取塞爾提克。復出後一週，公牛去亞特蘭大，喬丹全場26投14中32分，而且不止如此：終場前5.9秒，公牛97比98落後。喬丹面對一九九四年夢幻

二隊後衛、203公分高的史帝夫‧史密斯，右手運球，推
進前場。踏進三分線後，喬丹一個晃動，側步，起跳，出
手。史密斯來不及封阻，球直落籃框：99比98，喬丹完成絕
殺。

　　接下來的情景，令人難以相信。當場16378名球迷，半
數舉手歡呼，好像根本不管喬丹絕殺了他們的主隊似的。球
迷高舉「歡迎回來，麥可」的字樣尖叫，喬丹回身，握拳，
抿嘴，然後單膝跪地，用右手輕輕敲了敲亞特蘭大的木地
板。

　　是的，麥可‧喬丹回來了。

　　又三天後，麥迪遜花園廣場的球迷也得到了這消息：喬
丹回來了。一開場，喬丹就存心讓老冤家尤英和史塔克斯難
堪。前7投6中後，名球評馬夫‧亞伯特已經明白了：「喬丹
想拿50分！可能60分！」

　　第一節喬丹11投9中，公牛31分裡他拿下20分；上半場
結束他19投14中，35分。當然，如阿姆斯壯所說，他體力
還不夠，所以下半場，他只得了20分「而已」。終場前一
分鐘，他擺脫史塔克斯跳投，被尤英蓋掉；喬丹看了尤英一
眼，沒多話；終場前26秒，喬丹跳投得手，公牛111比109
領先；史塔克斯還以兩個罰球，111平。喬丹再次突破史塔
克斯，尤英早已料到，放開自己盯防的公牛長人比爾‧溫靈
頓，伸長手臂前來干擾喬丹。

　　但喬丹傳球了。

　　溫靈頓接球扣進，公牛113比111擊敗尼克。喬丹全場

55分。派特‧萊里只能搖頭：「所有在喬丹身邊的人，都相信自己戰無不勝。這就是他的力量。」

例行賽結束，喬丹出賽的17場，公牛13勝4負，比先前的34勝31負大有進步，但47勝35負，也只在東區排第五而已。那年，例行賽MVP給了馬刺的海軍上將，三年級的鯊魚拿下得分王。

好吧，再來討論季後賽。

季後賽首輪，公牛對壘夏洛特黃蜂：對面有一九九一年狀元，賴瑞‧強森，有三年級卻已成為聯盟最頂級中鋒之一的阿隆索‧莫寧，以及喬丹的老對手、前費城76人的赫西‧霍金斯。但是第一場，夏洛特球迷就目瞪口呆：皮朋受犯規所困，27分鐘，只得8分；庫科奇表現全面，17分7籃板9助攻。但喬丹大發神威，前三節得到28分，第四節和延長賽合計20分，全場32投18中11罰全中，48分9籃板8助攻。莫寧雖然獨得32分13籃板7火鍋，到此也無可奈何。霍金斯作為喬丹的老對手，做了個完美總結：「當麥可把你摜倒後，他不只是要按住你，他還要刺穿你的心。」

第二場，莫寧奮力得到23分20籃板，賴瑞‧強森補上25分，黃蜂統治內線，下半場發威擊敗公牛，但喬丹還是輕鬆得到32分7籃板7助攻。回到芝加哥後，庫科奇發揮神勇：第三場10投9中22分4籃板5助攻，第四場21分11籃板3助攻，公牛連取兩場，3比1擊敗黃蜂晉級。芝加哥媒體開始高興起來，有幾個記者開始說道：「格蘭特走了，庫科奇來了……這筆買賣划算啊。」

可是季後賽次輪，格蘭特又回來了：只是這次，他是奧蘭多魔術的先發大前鋒。

一九九四～一九九五球季，鯊魚是得分王，例行賽MVP選票第二。驚人的是，二年級的「一分錢」哈德威，場均20.9分4.4籃板7.2助攻1.7抄截，外加驚人的51%命中率，入選聯盟第一陣容。加上尼克‧安德森和拜倫‧史考特這兩位射手，加上老格蘭特，加上替補控衛布萊恩‧蕭 —— 總而言之，東區首席中鋒和聯盟最好的後衛之一，魔術年輕氣盛，才華橫溢。在媒體看來，這是兩個超自然怪物的對抗：飛人VS鯊魚，NBA最逸倫超群的外線對NBA最洪荒巨獸的怪物。

系列賽一週後，雙方2比2。魔術學到了一件事：儘管喬丹離開籃球場17個月，他依然是這個星球最可怕的人物之一。魔術94比91贏下第一場，但第二場，公牛104比94贏下第二場，喬丹38分。魔術取下第三場，但無法阻止喬丹得到40分。第三場後，一度有過質疑：喬丹前三場一共出手93次，是不是佔用過多出手？第四場，喬丹變換節奏，21投9中26分7籃板4抄截，公牛隊皮朋24分、庫科奇13分9助攻7籃板、阿姆斯壯18分，將系列追至2比2平。

但公牛也發覺，魔術不再是個季後賽菜鳥。在芝加哥打第三場時，布萊恩‧蕭知道「所有人都不相信我們能在芝加哥贏客場，他們不相信我們能搞定喬丹。但是我們贏了」。

鯊魚對喬丹倍感敬意：「他是超人，我是超男孩。」但他知道：對好勝成狂的飛人，唯一的致敬方式就是擊敗他。

一向罰球奇差的鯊魚，在前四場面對公牛龍利、溫靈頓等中鋒圍擊，神奇的56罰40中，而且在關鍵的第三場上半場得到了20分，提前奠定優勢。「我媽，我外婆，所有人都要我朝籃框移動時快點，所以啦！」

但最讓公牛頭大的，是老戰友賀瑞斯‧格蘭特。公牛忙於包夾鯊魚，格蘭特閒暇無事，可以遊刃有餘找到空檔進攻機會。前四場他平均19.5分12籃板；畢竟，論到對公牛防守之熟悉，全NBA大前鋒都不足以與他相比。

但最經典的一個細節，是公牛VS魔術第一場最後時刻：

喬丹運球，但被尼克‧安德森抄掉。當魔術雙人快攻直飛前場時，喬丹因為失去平衡跟蹌倒地。這鏡頭被傳送到全世界，令人錯愕：在此之前，對手總只來得及看見喬丹的鞋底和背影，但這一次，喬丹被年輕和銳利擊敗了。

忽然之間，他就顯得老了。

雖然第一輪對黃蜂，喬丹單場48分後曾經微笑：「我的步伐並沒有許多人想像得那麼慢。」但尼克‧安德森大膽說出了意見：「45號喬丹，不再是23號喬丹了。23號可以隨意飛過你，就像飛機轟然起飛似的；45號會加速，但是並不真的起飛。」

雖然喬丹立刻在第二場得38分、第三場得40分來回擊此話，但魔術全隊都堅信：喬丹老了。第五場，喬丹依然無敵，28投15中39分，鯊魚則20投7中23分，但魔術贏了：鯊魚22個籃板、4次助攻和5次火鍋，加上一分錢的19分11助

攻、格蘭特的24分11籃板，魔術取下第五場，3比2領先。第六場，喬丹終於失準：19投8中24分的他，無法挽回大局。鯊魚27分13籃板，帶領魔術108比102取勝。4比2，奧蘭多魔術淘汰了芝加哥公牛。

喬丹上一次輸掉系列賽，還是一九九〇年的夏天。進入九〇年代之後的13次系列賽，他戰無不勝。三連霸，高處不勝寒，退役，復出。雖然一九九五年他復出後，似乎尚未揮去打棒球期間，身上累積的時間之鏽，但沒人敢看輕他：畢竟，他上演過太多的神話，他不敗的意志讓他兀立在世界之巔。直到喬丹眞的敗北的一刻，世界才敢小心翼翼地開始說：

喬丹的確還沒恢復到巔峰水準 —— 或者，他還能恢復到巔峰水準嗎？

安德森的那記抄截，成了一九九五年夏季被播放最多的鏡頭：他抄截，喬丹倒地，魔術快攻得分。那一幕，彷彿是魔術擊敗公牛系列賽的縮影：年輕的巨人擊敗了老去的飛人。九〇年代的新勢力挑戰了王朝的舊主人。用鯊魚自己的詞來形容，就是「超男孩擊敗了超人」。

之後，魔術擊敗溜馬成爲東區冠軍，卻在一九九五年總決賽遭遇滑鐵盧：休士頓火箭出人意料的4比0橫掃魔術，成功衛冕；大夢成爲繼喬丹之後，首位蟬聯總決賽MVP的球員；火箭的堅韌被全世界讚美，連續兩年帶領太陽與火箭大戰七場、最後敗北的巴克利如此總結：「休士頓火箭就像德州蟑螂。你以爲踩死他們了，但一抬腳，他們還在呢。」

火箭主帥湯姆賈諾維奇先生說：「永遠別低估一顆冠軍的心。」而最快樂的，還是一九九五年初從波特蘭交易到火箭的滑翔機：他和大夢重聚，而且終於拿了個總冠軍，補上了一九九二年總決賽敗給喬丹的遺憾。這年，他33歲，而大夢也32歲了。

很詭異的：一九九七～一九九八球季，公牛的多事之秋，丹尼斯‧羅德曼反而很安靜。他出賽了80場，場均15個籃板，連續第七屆籃板王。季後賽，他成了替補，但依然表現出色。比如，東區準決賽對黃蜂的五場比賽裡，他場均18個籃板。在危急存亡的時刻，他似乎反而是英雄而站了起來。

第三十七章 拼圖

就這樣，一九九五年春天，喬丹用一句「I AM BACK」宣布歸來。但歸來的喬丹是45號。他能在麥迪遜花園廣場得55分，能在季後賽拿40分，能絕殺亞特蘭大老鷹，能像當年的麥可·喬丹那樣從容微笑。但世界鍾愛的喬丹，是九○年代初那個所向無敵的23號。他神勇無敵，他隨心所欲，他是神，是《喬丹規則》竭力想毀掉的形象，是麥可·喬丹自己竭力製造的一個形象，一個夢。尼克·安德森的話語，像代表時間判了喬丹死刑。

而這是喬丹一生中，最痛恨的事。

一九九五年夏天，32歲的麥可·喬丹開始訓練，像個新人那樣訓練。經紀人大衛·法爾克來找他，說起一個計畫：華納兄弟想找喬丹拍電影，《怪物奇兵》──簡單說吧，外星怪物和兔寶寶、兔女郎等動畫人物比賽打籃球，然後竊取了全NBA巨星的才華，只有退役的喬丹躲了過去；喬丹和兔寶寶等卡通明星聯手，擊敗了怪物隊，拯救了NBA──道地的動畫片大喜劇故事。喬丹對這電影不反感，他只有一個顧慮。事實上，這個顧慮，是整個一九九五年夏天，他唯一關心的事：他要華納兄弟保證訓練場地，「我不能八個星期不打球」。

財大氣粗的華納兄弟電影公司真的出手了，造了個停

車場大小的體育館，準備好了喬丹需要的一切訓練場地。於是，喬丹拍電影期間，中午練力量，晚上練籃球。

九○年代初，喬丹與提姆‧格拉弗合作，為期三年，將體重從90公斤提升到95公斤以上，提升肌肉、力量和體能。那期間，朋友都擔心他會失去速度優勢。一九九五年夏天，喬丹繼續考慮提升力量。他知道，自己已經過了跟年輕人好勇鬥狠、賽跑跳高的年紀了。他開始雕琢自己的打法，尤其是背身單打和後仰跳投。往昔的繁華龐雜，都被他慢慢放下了。喬丹在時間之河裡洗滌自己，使招式日益精純、簡潔。

與此同時，芝加哥人在琢磨：賀瑞斯‧格蘭特走了，要找誰來代替？

一種傳說是，那年秋天，《芝加哥太陽時報》的作者瑞克‧特蘭德曾提議：公牛何妨引進丹尼斯‧羅德曼？傑瑞‧克勞斯矢口否認，熱烈反對：「絕不可能！」但稍晚些時候，克勞斯卻去找了禪師，然後找喬丹和皮朋。這三位都無異議後，克勞斯還不放心，又打電話去找查克‧戴利老爹，諄諄求問：丹尼斯‧羅德曼可靠嗎？

為什麼這號人物，需要這麼多次的打探？

丹尼斯‧羅德曼生於一九六一年，大喬丹兩歲，大皮朋四歲。身高203公分，體重95公斤，沒什麼耀眼的天賦。從小無父，被倆姐妹和老媽嘲弄，進高中時才168公分，連上籃都不會。野雞大學出身，畢業了沒工作被迫去看飛機場，還偷過手錶。他從小缺乏愛，到20歲還是處男，長期覺得

自己可能是雙性人，不只一次有過自殺念頭。他25歲才進NBA，提拔他的是戴利，所以，他視查克·戴利為老爹。他依靠防守和籃板絕活在NBA立足，擅長挑潑耍賴、擅使小動作、假摔天才、表演大師。他是那支活塞的超級藍領，是喬丹和皮朋的死敵。

　　但在一九九二年，即他31歲之前，他只是一個完美的防守藍領，除了嘈雜愛鬧一些，別無其他。但自從戴利離開活塞後，羅德曼自覺「失去了精神上的父親」。一九九三年他開始朝令夕改地染頭髮，在自己身上一切空著的地方紋身刺青。一九九二年，他不參加活塞的訓練營，此後又拒絕去客場打比賽；一九九三年三月，和公牛比賽時打架；一九九三年十二月，頭撞史戴西·金；一九九四年，頭撞史塔克頓；一九九五年，推倒穆湯波；一九九五年在聖安東尼奧，持冰袋砸主帥鮑勃·希爾，又在西區決賽拒絕幫大衛·羅賓森包夾大夢，「是男人你自己去搞定啊」。至於在場外，一九九三年他在色情場所被抓住，另一次因持械被員警逮到；一九九五年因為騎摩托車受傷停賽；到處傳揚他和瑪丹娜的豔情傳聞——總而言之，活塞時期那個悍勇奸狠的10號黑頭髮羅德曼，在一九九五年是個玩世不恭、放蕩的混世魔王。一九九五年夏天，許多球隊對羅德曼羨恨交加：他像毒品一樣誘人又傷人。公鹿教練麥克·鄧利維——也就是一九九一年帶領湖人大戰公牛的那位——想了個合約方案：羅德曼每得一分、每抓一個籃板、每上場一分鐘，都得1000美元。按勞計酬，是想激勵羅德曼。

戴利老爹對克勞斯說：羅德曼只在搶籃板方面自私——他對籃板數據有點偏執。其他方面，他很努力，而且聽教練的話。當然前提是，你得說服他。

克勞斯和禪師給羅德曼打了電話，請他來芝加哥會面。會面挺順利，禪師對羅德曼這人不陌生。事實上，二十年前，禪師在紐約尼克時，也就像羅德曼一樣嬉皮。他很知道羅德曼這樣的人物在想什麼。這樣的混世魔王，你必須給他贏球的指望，他才會為你竭盡全力。羅德曼那天對禪師說：「你不會在我這兒遇到問題。而且你會贏得一個總冠軍。」

一九九五～一九九六球季開始前四星期，公牛出手了：他們把中鋒威爾·普度送去馬刺，換來羅德曼。於是，芝加哥公牛的陣勢成型了。一九九五年十一月，他們排定的先發是：

先發後場：9號朗·哈潑，將滿32歲，198公分；23號麥可·喬丹，差三個月33歲，198公分。

先發前鋒：91號丹尼斯·羅德曼，34歲，203公分；33號史考提·皮朋，30歲。

中鋒：13號龍戈·龍利，218公分，27歲。

主力替補陣容：第六人東尼·庫科奇，211公分，27歲；替補射手史帝夫·柯爾，191公分，30歲；替補中鋒比爾·溫寧頓，213公分，32歲；替補內線迪奇·辛普金斯，23歲，206公分；替補搖擺人裘德·布伊奇勒，198公分，27歲。

事實上，板凳上還坐著兩個老面孔：31歲的約翰·薩利

和40歲的詹姆斯‧愛德華茲。他們倆，加上羅德曼，都是當年活塞壞孩子的一員。

全隊平均29.9歲，先發平均31歲。一九九五～一九九六球季的芝加哥公牛是支道地的老頭兒部隊。然後是他們奇怪的佈陣：他們沒有一個專職的控球後衛，沒有小個子：後場是喬丹和哈潑兩個人高馬大、198公分的得分後衛；但他們的先發也不算高：後衛到前鋒都在198到203公分之間，只有中鋒高達218公分。

總而言之：一支老邁的、身高平均的球隊，就這樣出征了。直到賽季開始前，全世界還在琢磨。記者試探地問皮朋：

「公牛找了羅德曼……還能想出比這更詭異的運作嗎？」皮朋答：「那就是把蘭比爾給挖回來了！」

皮朋心裡，以及他當年受傷縫針的下巴，都還記著當年底特律的血海深仇。

這樣的老頭兒部隊，能走多遠呢？

但是一九九五年深秋，還沒多少人真正參透之前湯姆賈諾維奇教練的那句話：「永遠別低估一顆冠軍的心。」

所謂冠軍的心，是可以無視年齡、無視陣容、無視一切因素的。丹尼斯‧羅德曼是最後一塊拼圖。看似平淡無奇，可能還會引發更衣室暴力，但拼圖一旦湊成，一副殘缺的景象就忽然畫龍點睛、破壁飛騰了。

不久，全聯盟就明白過來了。

　　一九六八～一九六九球季，媒體認為之前十二年十次冠軍的波士頓塞爾提克「已經老了，蒼老的血管裡流著蒼老的血液」，但他們還是在總決賽4比3擊敗洛杉磯湖人，奪取冠軍。湖人的後衛傑瑞·衛斯特和中鋒張伯倫之後都談起這話題，「那一年我們本該贏的呀！」事實上，塞爾提克奪冠之夜，當記者跑去採訪塞爾提克核心巨人比爾·羅素時，十三年拿了十一個戒指的他一時呆住，就佇立著，說不出話來。

　　事實上，一九九五～一九九八的公牛，是一年比一年弱的。如果說一九九五～一九九六球季，公牛強到凌駕於一切之上，那在一九九八年，如果按照「應該」的理論來看，他們的冠軍並不那麼理所當然。但他們最後，還是奪冠了。沒有理由。

　　事實上，冠軍的方程式，是無法描述的。

第三十八章 所向無敵

　　一九九五年十一月三日，公牛主場迎戰夏洛特黃蜂，是一九九五～一九九六球季開幕戰。上半場，皮朋打了一會兒就出場了，黃蜂乘機48比40領先，但第三節，風雲變色：公牛一陣暴風呼嘯而過，單節打出40比18的超級高潮。黃蜂被徹底擊潰，第四節雙方虛應了事結束，公牛105比91，兵不血刃。喬丹42分6籃板7助攻，羅德曼27分鐘裡抓了11個籃板，庫科奇15分9籃板6助攻，布伊奇勒13分。

　　第二天，公牛主場戰塞爾提克，首節就25比12領先，上半場46比40；第三節又是35比19的旋風高潮，打垮了塞爾提克，全場107比85。喬丹只打了21分鐘，15分。公牛全隊輪流出場，陪塞爾提克玩了個盡興。第三場，公牛輕取暴龍，喬丹38分，皮朋26分，羅德曼11分13籃板6助攻，哈潑13分，龍利6投5中10分5籃板。

　　令世界震驚的是：公牛贏得從容自在，理所當然一般。

　　公牛一直贏到十一月中旬，才輸了第一場：在奧蘭多客場，公牛沒有羅德曼，魔術沒有鯊魚。公牛遭遇了一分錢哈德威的突襲：一九九五年夏，一分錢給自己增加了9公斤體重。他的突破犀利鋒銳，襲擊籃框如一柄月光鑄就的利刃，全場36分。

　　但十一月下旬到十二月初，公牛在連續七場客場裡只輸

了一場──在西雅圖，喬丹遭遇圍擊，19投6中只得22分，公牛92比97敗北──但從那之後，他們的贏球已成慣性。十二月九日，公牛作客密爾瓦基公鹿，對面的首席王牌是一九九四年狀元「大狗」葛蘭‧羅賓森，沒進NBA就號稱「我是身價一億的男子」。喬丹和他飆上了：全場大狗39分，但喬丹回以45分，皮朋28分，羅德曼瘋狂抓到21個籃板球，公牛取勝。四天後，公牛回聯合中心主場，迎來了奧蘭多魔術。喬丹報復心大盛，36分；皮朋26分8籃板6助攻，羅德曼8分19籃板，庫科奇板凳出陣30分鐘裡21分5籃板4助攻。皮朋賽後，還嫌不過癮，指名道姓，說到受傷缺席的鯊魚：「我倒寧願鯊魚出賽，魔術隊現有的戰術，要消化他，估計並不容易。」

對了，這一晚，尼克‧安德森9投1中──顯然，喬丹心裡記著他，以及他說過的話。

公牛所向披靡的連勝，令世界大感意外。沒人敢懷疑他們的戰鬥力，但他們行雲流水般擊潰對手，比一九九一～一九九二球季巔峰期更隨意自在，全然不像一群逼近退役年紀的老頭子……好的，又得回到舊話題了：三角進攻。

雖然媒體肯承認，三角進攻為公牛帶來了一九九一～一九九三三個總冠軍，但一九九○～一九九一球季，喬丹花了大半個賽季，才真正習慣三角進攻。一九九二～一九九三球季，他公開對這套進攻表達過不滿：這套東西繁瑣艱難，而且限制了他和皮朋雲合電發的速度，而且還把他不喜歡的卡特萊特──與這套進攻一樣緩慢拖累──定為三角的運

轉軸,實在讓人不快。「喬丹不需要三角進攻」是事實,主帥禪師公開承認過,助教巴赫暗地裡透露過。說白了,三角進攻就是:給喬丹周圍的夥伴一點靈魂和機會,讓他們別做提線木偶了。一九九四年,喬丹打棒球期間,巴赫被開除了。一般認為,是他與隊員們過於親密,而且背地裡捅破了不少禪師的錦囊,讓禪師不快了。但也據說,真正的死穴是:他勸過喬丹別打三角進攻,「那只是菲爾的花招罷了」。

　　但在一九九五年初冬,公牛卻真正用上了三角進攻。這套戰術需要出色的低位攻擊手、弱側射手和聰明的球隊,一九九五年,這一切備齊了:喬丹和皮朋的籃球智商老練已到仙境,全面到無可挑剔;朗·哈潑早年和喬丹爭鋒,但這時也已經老辣醇厚,成了個老球皮;他和喬丹、皮朋都是能突破、能投籃、能傳球、能跑動、能客串三個位置的全面外線;東尼·庫科奇早有歐洲魔術師的美譽,雖然防守和對抗一如他俊秀面目似的禁不起風吹雨打,但進攻端的傳、投、切和聰慧毋庸置疑。柯爾提供了外線遠端火力支援,龍利是個能投籃、肯走位的無私巨人。

　　最讓人意外的是,羅德曼跟三角進攻,簡直一拍即合。

　　他是防守天才、籃板魔人,但進攻端,他單打技巧近乎於零,罰球一塌糊塗;出禁區之後,投籃像他頭髮顏色般沒個準。本來在尋常球隊,這樣一個人就是防守的魔鬼、進攻的累贅。然而在三角進攻這套大開大合、全隊運轉,需要考驗走位與傳球的戰術裡,他反而無師自通。喬丹對此不驚

訝，他認為羅德曼本來就聰明，何況——「他跟三角進攻交手太多次，對這個太熟悉了。」

於是公牛的半場攻防，變化如雲了無痕：他們沒有固定的持球組織者，喬丹、皮朋、庫科奇、柯爾、哈潑都可能運球過半場；他們沒有固定的內線軸心：喬丹、皮朋、龍利都可能去擔當三角軸心，在禁區要位單打；他們沒有固定的選擇，比如皮朋、喬丹和庫科奇在弧頂站著，可能轉移到強側三角去打，也可能自己突破分球，更可能自己單挑。最後，羅德曼一直在四處遊蕩：他可能去給隊友做掩護，可能點進進攻籃板，可能忽然送出一記奇妙莫測的傳球。他投籃不多，因為其一，如戴利教練所言：他只在籃板方面自私；其二，「我們隊有太多人能投了。我只需要去踢對手的屁股就行。哼哼，我要教教龍利，怎麼把對手放在帆布上來烤！」

但比之於行雲流水的三角進攻，那支公牛真正摧毀對手的武器，是他們的防守。

在慣常概念裡，防守不像進攻那樣有趣。防守需要的是思考、緊張感、判斷和耐心，在一個回合中完美的防守，和在五分鐘、一節、全場都持續保持穩定防守，是完全不同的事。所以在NBA，組織一支進攻型隊伍極容易：給隊員們以自由，讓他們放膽開火就是。但防守之難，在於你得哄著那些血性十足的莽漢，保持血液的低溫、狡猾的眼神，數十年如一日忍耐著躍躍欲試的衝動，持續完成防守任務。

喬丹的可怕之處：他並不是一個冷血冷心五臟六腑都像冰一樣沉靜的男人，所以他的防守也如他的進攻，帶有殘忍

的引導性和攻擊性──就像當年范甘迪牢牢記住的「公牛底線陷阱」似的。

一九九六年的無數個第三節，球過半場，命運已被鎖定。喬丹、皮朋和羅德曼將一個圍獵的劇本，演練過無數次。首先，一頭可憐的小鹿懵懂運球，來到了皮朋的身邊，喬丹、哈潑和羅德曼會做一些誘惑性的走位，就像獅子酣睡，發出一些聲音。鹿被驚動，向翼側移動，皮朋的手晃動著，暗示他向底線移動。小鹿走入底角，陷阱發動，兩頭惡狼按住了他，皮朋或羅德曼，像兩個報紙推銷員一樣貼著。球脫手，偶爾伴隨著年輕的小鹿朝裁判抱怨（比如「他媽的丹尼斯捅了我的屁股你沒看見嗎」），喬丹接球，哈潑已經飛過半場。接著又是一遍，一遍又一遍：喬丹和皮朋在半場就掐住敵喉，越過對手的陣線，一擊，回來；又一次。消耗的體力、失望、被不斷截下的球、24秒到時、一個又一個自己望塵莫及的快攻，喬丹的挑釁（「小子，很快呀，快和我一樣快了」）、羅德曼的手勢（指指自己的太陽穴，「小子，你沒頭腦吧？」），絕望，15分分差，第三節的結束鈴聲像下課的救命符，失去戰鬥的意念，只想回飯店睡覺，結束了。這就是公牛的防守，也只有這種事會讓喬丹樂此不疲：攻擊性的防守，把對手撕成碎片，把在那端半場秒殺對手的尊嚴移到這邊半場，用行動讓對手產生「只要他願意，他可以打我100比0」的幻覺。

選在第三節對對手下手，自有其道理。稍微想一想就知道：以公牛老頭子們的慢熱熟腿，如果第一節就施展這捕獸

夾般的防守，哪怕第一節領先20分，剩下三節還得承受年輕人連踢帶蹬的反擊；可是在第三節，當對方已經在上半場習慣了節奏，半場休息剛喘口氣時，他們忽然勒住對方的咽喉，可以輕鬆讓對手絕望。一如赫西‧霍金斯所說：「當麥可把你撂倒後，他不只是要按住你，他還要刺穿你的心。」

用防守勒死對方後，還需要一些精準狠辣的錘擊來粉碎對手，那就是公牛的守轉攻：喬丹、皮朋都能運球反擊，他們偶爾會順便轉入三角進攻陣地戰，但也有可能是以各自單挑技巧震懾對手。事實上，喬丹在一九九一年後，已經不太喜歡「騰雲駕霧翻雲覆雨三百多回後，將球強行上籃」了，他只在需要時這麼做一下，來讓對手時刻處在一種恐懼中——「喬丹不只是用跳投解決你，只要他高興，隨時可以飛過你們全隊得分。」

這就是一九九五～一九九六球季的公牛：他們用殘忍的防守扼殺對方，用偶爾的華麗進球讓對方絕望，用三角進攻維持日常行雲流水的運作，嫻熟地給對手開膛剖肚，讓他們在板凳上默默回味痛苦和自卑，偶爾還被羅德曼誇張的岔腿抓籃板、滿口垃圾話折磨，最後在懊喪與憤怒中，產生「我們永遠不可能擊敗公牛」的幻覺。老教練胡比‧布朗在一九九六年到來前，斬釘截鐵地說：「公牛已經是史上最好的防守球隊了！」

於是剩下的故事，就是一個又一個被征服的傳奇。比如，羅德曼直到入隊一個月後，都沒和皮朋說過話。皮朋的冷淡溢於言表：「我從來不和他說話，所以現在也沒什麼好

說的。」但這不妨礙他們在場上偶爾擊掌。羅德曼相信自己總會獲得所有的愛，「當你跟羅德曼做對手時，你會去恨他；但你跟他做隊友時，你就會愛上他」。在球隊裡，他異乎尋常的安靜。龍利是隊友裡首先與羅德曼接觸的——其他人，就像對待酒精，感興趣卻又怕有害健康似的，對羅德曼尊重但謹慎，龍利卻敢和羅德曼交交朋友，一起吃頓飯。然後他恍然大悟似的，開始傳揚：「羅德曼是個很安靜、甚至有點羞澀的傢伙呢！」

比如，十一月三十日，公牛戰灰熊。第四節，灰熊意外發現，他們還領先，於是沒辦法壓抑挑釁的慾望。剩下兩分鐘時，灰熊後衛達瑞克‧馬丁一記跳投，灰熊領先到8分，於是他得意忘形，竄到公牛板凳前：「我說過，我們今晚會擊敗你們！」

喬丹聽到了。喬丹繫好鞋帶，脫下外套，走上球場。喬丹走到馬丁身邊說：「小子，我說過，跟我說垃圾話是什麼下場。」

然後喬丹就演示了一遍：他包攬了接下來的9分，包括一記右翼突破後滯空變戲法式右手畫圈上籃，一記抄球後急速快攻——在滑翔扣籃前，還來得及回頭瞪馬丁一眼——最後10秒再次抄球，突破扣籃解決比賽的一球。公牛把灰熊擊倒，屠畢，完成逆轉，94比88贏球。喬丹29分：最後半節，他得了19分。

比如，一九九五年夏天入行的探花傑瑞‧史代克豪斯，在一九九五年底春風得意：他的NBA頭兩個月場均20分4籃

板4助攻；他年方21歲；他一九九三年就是麥當勞全美高中明星隊成員，在北卡待到大二，進了全國第一陣容；他被公認為NCAA史上最動人的扣籃手之一；他和喬丹一樣能跑能跳，身高198公分，打搖擺人，被選為探花。他於是自認為，哪怕與喬丹對決，「我也能應付自如」，他甚至願意讓媒體知道：論一對一，他可以擊敗喬丹。恰好那年，前公牛戰友史考特‧威廉姆斯也在費城，不免和史代克豪斯合演雙簧，對媒體大放厥詞，吹上幾句。費城76人得分後衛法農‧馬克斯威爾 —— 一位瘋瘋癲癲的仁兄，如果不是因為情緒起伏太大，火箭隊也不會在一九九四年奪冠後，還把這隊裡頭號神射手送走 —— 早對喬丹有成見 —— 又退役又復出，每天上頭條，折騰什麼啊？於是順口也跟了幾句不好聽的：「讓喬丹和皮朋見鬼去！他們可沒為我做什麼！你可以把這話登出來！」

　　然後就是傳說了：一九九六年一月十三日，喬丹帶芝加哥公牛到費城比賽，早餐時讀到報紙，看到史代克豪斯如何說可以幹掉自己，看馬克斯威爾那些「你可以把這話登出來」的對話，一言不發，隨手將報紙遞給他人。然後當天晚上，史代克豪斯發覺：自己的球衣像鬥牛士的紅布，迎來了公牛的踐踏。

　　喬丹開場就在史代克豪斯頭頂一記後仰跳投，下一回合，他湊到史代克豪斯耳邊嘮叨了兩句。隨後，史代克豪斯進攻犯規；隨後是喬丹的跳投得分、抄球得手、左翼三分球、假動作晃動後突破穿越三人上籃，費城球迷開始顫抖：

風暴即將到來。

最殘忍的一球出現在上半場末：喬丹一次底線穿越，把球傳給皮朋，自己跑到右底角，接到皮朋的回傳，抬手做了個投籃假動作。史代克豪斯草木皆兵，飛出來封阻，喬丹舉重若輕的一低頭，史代克豪斯整個人飛上了看臺。喬丹輕巧地踏前一步，跳投得分：四兩撥千斤。

喬丹用了34分鐘，28投18中得了48分。公牛在第三節結束時就98比68領先到30分，然後不打了。史代克豪斯11投4中13分，馬克斯威爾8投1中4分。賽後，喬丹說他不想把這事搞成私人決鬥，他還扮無辜，說史代克豪斯比賽裡太激動，「我想讓他冷靜下來」。

一九九五年十二月二十六日，在印第安納，公牛輸了賽季第三場比賽。29日回到主場，公牛把溜馬剝皮抽筋，大勝了27分來洩憤。之後的一個半月，公牛浩浩蕩蕩地連勝不休。到一九九六年二月二日，公牛完成了18連勝，至此，球隊例行賽戰績達到恐怖的41勝3負。

世界真的顫抖了。

此前，一九六六～一九六七球季的費城76人和一九七一～一九七二球季的洛杉磯湖人，是NBA史上單季贏球最多的兩隊，也都在一般公認的歷史最佳球隊之列。他們的戰績，分別是68勝13負（一九六六～一九六七球季，NBA例行賽還只有81場）和69勝13負。很湊巧：那兩支球隊的中鋒都是霸王威爾頓‧張伯倫。那年的76人開局打出過37勝3負，湖人打出過39勝3負：而公牛41勝3負之時，世界

交頭接耳：

芝加哥公牛能70勝嗎？

此前，一九九一～一九九二球季，公牛打出37勝5負時，世界也對他們如此期望過。

喬丹對此的回答是：「如果我們能做到那支球隊的成績（他的意思是：67勝，以及奪冠），我就很滿意了。我不在乎歷史。」

公牛兇猛狠厲，同時行雲流水，踐踏一切球隊。他們輸給過魔術，然後回主場擊潰了他們；他們在一九九五年十一月輸給過超音速，然後在一九九六年一月大勝對手26分；他們在一九九五年十二月二十六日輸給過溜馬，然後就見一次打一次：十二月二十九日先贏一場，二月十八日再贏一場——那晚，喬丹得了44分。二月二日公牛擊敗湖人後，復出的魔術強森——他老人家終究耐不住寂寞，出來又玩了一賽季——評價說：「他們和八〇年代奪冠時的湖人一樣好，他們比一九九一～一九九三三連霸的隊伍還要好。」

「永遠不要低估一顆冠軍的心。」——一九九五年，休士頓火箭冠軍教練湯姆貫諾維奇的這句話，可以直接用在一九九五～一九九八年的喬丹身上。

歷史上唯一單季同時獲得「得分王」和「最佳防守」的球員（1983年）。

第三十九章　冠軍的心

　　羅德曼賽季初身體微恙，但籃板功力不減；賽季漸進，他享受起贏球的感覺。就在一九九五年夏天，他還是全聯盟警覺的瘟疫；但一九九六年初，他是這個星球上最火熱的話題。他融入公牛如此成功，籃板領先聯盟，傳球怪異詭詐，甚至在一九九六年一月打出了自己人生第一個大三元。

　　喬丹是神 —— 實際上，芝加哥人都懶得謙虛，公牛媒體公關直接說球隊是「耶穌和他的門徒們」 —— 而羅德曼是神身旁的妖魔。他五彩斑斕、微笑邪詭、紋身遍佈，隨時打算說點原子彈似的話，觸怒對手或震驚世界。他一向喜歡離經叛道，被世界關注，於是喬丹的光環、公牛的舞臺，讓他樂不可支。他上了各類媒體頭條，被作為經典案例分析。他上脫口秀節目，被商家追逐，甚至有了自己的廣告代言。

　　禪師很聰明地使用著他。他了解羅德曼的嬉皮外表下，那個邪惡小孩的本性 —— 他自己當年，亦是如此。他知道羅德曼需要自由，於是便給他自由。只要不傷害球隊，羅德曼可以為所欲為。公牛管理層當然很緊張，覺得禪師在玩火，擔心羅德曼這把妖火若不控制，終會烤到自己的屁股，但沒辦法：喬丹和禪師是牢不可破的同盟，芝加哥媒體和全世界是他們的後盾。

　　所以，走一步看一步吧。

　　羅德曼百忙中出了本書。事實上，一九九四年他就出過書了，題目是中規中矩的《籃板球：羅德曼的故事》，端正，但沒有噱頭。一九九六年這本《我行我素》——這個翻譯算文明了，實際直譯應該是《我想多壞就多壞》。還怕不夠駭人聽聞，他拍了這麼個封面：一絲不掛，坐在一輛摩托車上。書裡頭，他把所有人罵了一遍。他強調約翰‧史塔克頓才是NBA最髒的球員；他罵大衛‧史騰是個道貌岸然的偽君子；他嘲罵舊主馬刺，最後以一個狡猾的方式為自己辯白：「整個球隊把我出賣了，我孤伶伶地站在荒島上，是最容易攻擊的目標。出了任何事，他們很容易找到替死鬼。就都怪丹尼斯‧羅德曼吧。」

　　他的形象成了世界級的logo。他的彩色頭髮、遍體紋身和不時的奸笑，構成了漫畫似的圖景。他成了大反派，帶著幽暗斑斕的暗色背景，成為了公牛奇怪的混合成分——但很奇怪，他沒有損害公牛的形象。對媒體來說，芝加哥公牛太端正了：喬丹已經被解剖到每根毫毛的褶皺；皮朋安靜地不發一言；在這樣一片紅色的公牛，混進了羅德曼這樣帶著酸、甜、苦、辣的邪惡調味料，忽然之間，一切都顯得誘惑十足。

　　但說到底，禪師敢給予羅德曼自由，是因為他知道公牛的底線所在：有喬丹在呢。

　　一九九五～一九九六球季的喬丹成為了NBA史上最全面的球員之一——無論攻防兩端。他技藝精純，已到隨心

所欲的地步；他的爆發力已不及年少時，無法隨時上演電光
石火的炫目表演，但他打得比任何時候都兇猛霸道。他在攻
防兩端壓迫對手，一如當年活塞壓迫他。而且，他真正擁有
了當年賴瑞‧柏德和魔術強森的那種可怕嗅覺──當初，
媒體一直認定他不會有：

　　他成為了一個更好的隊友。他隨時隨地，都能選擇最得
體的比賽方式。走位、傳球、掩護、訓斥、鼓勵、威嚇、憤
怒、微笑，他都能從心所欲不逾矩。他一向對隊友殘忍，哪
怕一九九○～一九九三的三連霸時期，他也總是以己度人，
認定所有人都該跟他一樣努力似的。就是他的這種嚴酷，令
公牛自一九九○～一九九一球季開季之後，就再沒有過三連
敗：他的求勝意志，他身先士卒的勇氣，總能催逼著公牛大
步向前。

　　但一九九五年開始，喬丹的殘忍裡多了點溫和。也許因
為他年長了，也許因為，經過了棒球生涯，他開始明白那些
普通球員的心情──他們不是神，他們也有自己的努力、
落空、苦難和漫長磨練。

　　在此之前的漫長歲月，喬丹一直在和小時候的自己做
鬥爭：那個耳朵招風、個子矮小、被家裡人覺得無所成就的
孩子。他一直在讓自己顯得像Nike廣告裡的麥可‧喬丹，那
個無所不能的飛人，那個心想事成的勝利者。他像羽翼，帶
著隊友們升天，讓他們享受一點他的光輝。但一九九五年開
始，他的隊友成為了他的羽翼。他開始真正理解禪師了。禪
師願意給球員們自由，包括給羅德曼花天酒地的自由，把他

們當作人,而非棋子來看待,以便構成一支球隊。喬丹依然斥責隊友,威逼隊友,喝令隊友,用各種或作弊或不作弊的辦法賭博贏他們的錢——賽季前的訓練營,柯爾就和喬丹打了一架:當時,喬丹在分組比賽中不斷地嘲罵柯爾,於是柯爾失去了理智:「他的嘴沒有停過,什麼難聽的話都說了出來。麥可的口才或許太好了,他能逼得你發瘋。當分組比賽快結束時,我和他對罵了起來,麥可推了我一把,我立刻撲了上去。」——但基本上,喬丹開始願意承認:隊友也是人,和他自己一樣,是平等的人。

　　一九九六年全明星賽,喬丹舉起了自己第二座全明星MVP獎盃。鯊魚在台下,瞪著兩個大眼珠直勾勾地看:本來,全明星MVP慣例,應該是當場數據最好看、得分最多的球員所有。那晚,喬丹11投8中20分,大局已定,便開始跟觀眾秋波互送。記者們也急忙開始投票,準備比賽一結束便頒獎……等他們舉著獎盃朝喬丹走去時,意外發現:當晚東區得分最高是鯊魚,25分10籃板。可是木已成舟,鯊魚只好邊瞪眼邊鼓掌了。

　　一九九六年春天,公牛繼續贏球。三月七日對底特律活塞,對面是「喬丹接班人」格蘭特‧希爾,喬丹38分鐘內28投21中,53分11籃板6抄截。三天之後,公牛在麥迪遜花園廣場被尼克血洗:72比104。史帝夫‧柯爾很生氣:「都怪我們穿了黑球衣!」但11天後,公牛再戰尼克,107比86大破,報了一箭之仇。三月十六日對紐澤西的比賽,羅德曼壓抑已久的流氓本性無處發洩,化作一記頭錘,砸向了裁判泰

德・伯哈德，NBA利索老練地擺出「早知道你小子會犯事」
的姿態，祭出了6場禁賽和2萬美元罰款，但禪師依然握穩了
舵：他們在穩穩地朝70勝前進。

　　這一年，禪師又發明了些新的語錄，比如，「千里之
行，始於你一念呼吸之間」。

　　兩年前，喬丹剛退役時，禪師曾用些怪異的手段來控制
球隊。比如，他解雇了強尼・巴赫，就因為巴赫曾鼓勵喬丹
別被三角進攻束縛；比如，某場戰尼克前，禪師忽然不動聲
色地宣布取消訓練。隊員們登上了去紐約的旅途，沒來得及
高興。半路，禪師忽然停車，喝令車上唯一的女性，一位隨
隊工作有相當資歷的球隊助理下車，「你被解雇了」。不解
釋，沒有理由，突如其來，全隊瞠目結舌。用當時公牛一個
球員的話：「我們剛開始習慣某種生活，他就會逼迫我們做
些變動。總而言之，他就是希望我們人人都提心吊膽，不知
道他的所作所為是什麼意思，最後只好一切聽命於他。」

　　比爾・溫靈頓就很糊塗：禪師老叫我注意反彈，他是要
我的表現反彈呢？還是要我注意籃板球反彈？柯爾說禪師有
時會蹦出些聽不懂的怪詞，你問他什麼意思，他不動聲色地
回答「你回去查了詞典，明天告訴我答案」！

　　喬丹業已成長的領導藝術和禪師高深莫測的控制，加
上皮朋始終均衡的穩定和羅德曼的妖異，加上龍利和溫靈頓
的敦實、庫科奇的全面、柯爾的精準和哈潑的老辣，公牛在
一九九六年四月走向歷史。四月十二日，公牛112比82大破
76人，例行賽第68勝；四月十四日，在克里夫蘭98比72大

勝，例行賽第69勝，平NBA歷史紀錄；四月十六日，他們去了密爾瓦基。喬丹手感不佳，27投僅9中；皮朋也只有19投7中，但這樣的夜晚，羅德曼便能興風作浪：公牛下半場僅讓公鹿得到31分，羅德曼合計19個籃板。比賽結束時，喬丹、皮朋和羅德曼平靜地擁抱了一下：86比80，他們擊敗了公鹿。

而一九九五～一九九六球季的芝加哥公牛，成為了NBA有史以來第一支達到例行賽70勝的隊伍，前無古人。

一九九五～一九九六球季例行賽結束時，公牛72勝10負，歷史最高紀錄。他們的進攻聯盟第一，防守聯盟第一。喬丹82場全勤，場均30.4分——創紀錄的第八次得分王——外加6.6個籃板4.3次助攻2.2次抄截，而且還有驚人的43%三分球命中率；皮朋場均19.4分6.4籃板5.9助攻，與喬丹並肩入選年度第一陣容；當然，他倆也沒漏了年度防守陣容，妙在這年羅德曼也入選，於是一九九五～一九九六球季年度防守第一陣容裡，居然有三個公牛球員。羅德曼出場64次，場均5.5分14.9籃板，連續第五屆籃板王，還有職業生涯最高的2.5次助攻。東尼‧庫科奇場均26分鐘裡13.1分4籃板3.5助攻，三分率40%，當選年度第六人；禪師拿到了他第一個年度最佳教練獎。最後，連傑瑞‧克勞斯這胖子，都當選了年度最佳管理經理。

他們的橫行無忌，讓《體育畫報》無聊到開始總結：如何擊敗公牛呢？嗯：用小個子後衛突襲他們的後場（這條還算正確）；不讓皮朋得滿20分（的確，公牛例行賽輸的10場

裡，9場皮朋沒到20）；偷掉公牛的紅色客場球衣（當公牛穿黑色客場球衣時8勝4負，紅色客場球衣時25勝4負，這條已經有點巫術性質了）；控制羅德曼（當然了）；不惜一切代價控制史帝夫・柯爾（他場均三分率達到52%）；對公牛大量犯規讓他們罰球；派人早上去通知庫科奇「做酒店清潔啦」以製造客場氣氛（因為庫科奇在主場場均16分，客場11分）；儘量多讓喬丹投籃（聽上去像自殺，但總比讓公牛全隊都動起來好）；別太迷戀自己的中鋒（金玉良言：公牛是全聯盟最擅長包夾的隊伍）。

　　事實是，他們很難被擊敗了，但他們想得更遠。朗・哈潑說：「72勝10負毫無意義，如果沒有戒指的話。」

　　一九九八年東區決賽前兩場，公牛乾脆地以2比0領先。首戰喬丹41分，次戰30分，而且防到雷吉・米勒一場14投5中，一場13投4中。米勒好勝如狂，心情沮喪，他妻子後來承認，米勒打完那兩場後「都不想起床，不想吃飯。他覺得他讓整個印第安納失望了」。然後，米勒第三場得到28分，第四場最後時刻，玩了傳奇的一招：他推開喬丹，切出三分線外，接球，出手，三分絕殺了公牛。

　　但第五場，喬丹立施報復。公牛上半場就57比32領先，前三節結束已經87比56領先到31分，最後106比87取勝，3比2。喬丹29分，而且在一次得分後，對米勒做了個推的動作。

　　他記得一切細節，而且總會以各種方式讓對方記得：一旦你得罪了他，他死都不會忘記。

第四十章　復仇

　　一九九六年冠軍征途的第一步，又是老熟人相見。公牛首輪迎戰邁阿密熱火，對方中鋒是新來的阿隆索・莫寧，教練是放棄了紐約、來邁阿密當大權獨攬太上皇的派特・萊里。後場還坐著史上最好的控球手之一提姆・哈達威。但公牛根本不在乎：

　　首戰開始，公牛使出他們招牌的緊逼陷阱。哈達威穿梭如貓，得到30分，但邁阿密全場失誤多達27次，王牌中鋒阿隆索・莫寧只打21分鐘就6次犯規退場，10分2籃板6失誤，8投3中。公牛102比85輕取，喬丹送上35分的見面禮。賽後，皮朋冷冷總結：「許多球隊跟我們作戰，都迷戀他們的中鋒。事實上，我們特別歡迎。」

　　第二戰更加慘烈：公牛注意了哈達威的外圍遠射，逼得他9投2中9分；莫寧雖然得到14次罰球機會得到14分，但失誤7次。熱火隊又是20次失誤，喬丹32分鐘裡29分，皮朋35分鐘裡24分8籃板8助攻，然後就休息了。公牛106比75再勝，2比0。第三場回到邁阿密，莫寧忿不能平，轟下30分8籃板，但公牛任他發威，封鎖了外圍：熱火隊全場三分球27投僅7中，全隊命中率42%。皮朋22分18籃板10助攻的大三元，公牛112比91取勝，3比0晉級。派特・萊里被媒體追問時很委屈：「我們嘗試了！」

　　這話的潛臺詞是：「但是沒有用！」

　　東區準決賽，又是冤家對頭相逢：派屈克‧尤英和他們家的紐約尼克，自一九九一年以來，每年都和公牛對決，麥迪遜花園廣場都被喬丹虐待出感情來了。這一年，尼克依然那樣子：尤英為首，史塔克斯、梅森、奧卡利跟著。但是教練席上不再是萊里了，而是兩眼發腫、神色嚴峻、身量矮小、活像個吸血鬼的傑夫‧范甘迪。

　　首戰之前，羅德曼又出了次風頭：快夏天了，他戴了條姑娘愛穿的羽毛圍巾，外加全套歌劇演員式大濃妝，出現在聯合中心門口。但比賽之後，很自然地，風頭重新回到喬丹身上。紐約和芝加哥的媒體如弄臣簇擁國王一樣，聽喬丹說：「他們今天本來可以輕鬆搞掉我們。我們不能打得更差了。」

　　確實如此。皮朋、哈潑、庫科奇合計30投7中；公牛第二節一度落後13分；但喬丹總結說：「紐約一直沒機會控制比賽，無論他們跑什麼戰術，我們總能應付。」

　　事實是，只要喬丹還活著，公牛就還能取回優勢。

　　尼克把史塔克斯、德里克‧哈波、休伯特‧戴維斯和安東尼‧梅森這高矮胖瘦不一的各色人等朝喬丹扔來，喬丹一一接住，生吞活剝了。全場比賽，他雖然背部痙攣、兩次受傷離場、投籃手感不佳，還是得到了44分。他只是一次次突破籃下，完成高難度動作。他認定這是紐約人自找的，他決定突擊籃下懲罰尼克，完全是因為「德里克‧哈波老是在打我的肘，裁判卻不吹」。禪師總結說：「麥可幾乎以隻手

之力，讓我們贏了比賽。」

實際上，不只是他。

聯合中心的球迷這會兒已經學壞了。他們舉著牌子，書寫著諸如「紐約人，還是拿我媽媽的胸罩去做你們的球衣吧」之類的句子，羅德曼看得眉開眼笑，但這一晚，他是另一個勝利因素：他全場33分鐘裡12個籃板，而且和龍利、皮朋聯手鉗制了尤英：全場比賽，尤因23投9中21分5次失誤。史塔克斯則被喬丹封殺9投0中，公牛抓到了18個進攻籃板，91比84取勝，一場低比分的絞肉機大戰。你可以這麼總結：當公牛需要贏流暢快速的比賽時，他們有喬丹、皮朋和庫科奇；當公牛需要贏艱澀殺伐的比賽時，他們有喬丹、皮朋和羅德曼。庫科奇可以提供投籃、傳球和靈感，而羅德曼⋯⋯無論任何時刻，他都在給對方提供麻煩。

當然，到最後，哪怕一無所有時，他們都還能指望一個人。朗・哈潑說：「喬丹總是總是在背著我們。總是如此。」

這場比賽，也就奠定了整個系列賽的基調。

第二戰，公牛91比80取勝，喬丹28分5籃板5助攻，皮朋手感不佳21投7中但仍有19分5籃板6助攻4抄截，哈潑15分9籃板，羅德曼大張旗鼓6分19籃板。第三戰去麥迪遜花園廣場，公牛延長賽苦戰，99比102敗北：喬丹46分；但第四戰公牛穩住了第四節，94比91取勝。第五戰，公牛沒再多給機會：喬丹35分，皮朋15分11籃板5抄截，羅德曼11分12籃板，公牛94比81取勝，4比1晉級東區決賽。

　　另外，喬丹被選為一九九五～一九九六球季例行賽MVP──根本毫無懸念。這是他第四座例行賽MVP獎盃，史上只有張伯倫、羅素和天勾這三大中鋒之王，得到過四座以上。

　　東區決賽，也還是老熟人：奧蘭多魔術，鯊魚、一分錢哈德威，還有老格蘭特。自然，還有喬丹念念不忘的尼克‧安德森。

　　與之前一年比，形勢已大相徑庭。一九九五年，喬丹的公牛意味著老去權威，鯊魚的魔術是新生恐龍。一九九六年，魔術依然初生牛犢的勁道，可是喬丹和公牛已經躍居天頂，老而彌堅了：喬丹恢復巔峰水準，皮朋與之天衣無縫，這一對聖人身邊，又多了個魔鬼：籃板王丹尼斯‧羅德曼。自然，公牛知道鯊魚的可怕。助理教練約翰‧派克森的迷湯提前灌到：「要擋住鯊魚，基本上沒有辦法。你需要個大塊頭，也許三個大塊頭才夠。」前一年，公牛用了龍利和溫靈頓等巨人排山倒海的犯規來阻擋，這一年，還是這兩位準備來鎖鯊魚。

　　可是禪師的錦囊裡，還藏了一個妙計。

　　216公分，140公斤的鯊魚……能不能用203公分、95公斤的羅德曼來對付呢？

　　公牛之所以無敵於天下，在於他們知己知彼。他們知道前一年東區決賽，史密斯的投籃像蜂刺似地叮的鯊魚發疼；他們也知道一九九五年火箭贏球的秘訣是「魔術只有鯊魚和一分錢」。好吧──

　　東區決賽第一場，在芝加哥：鯊魚21投13中27分，一分錢21投15中38分，數據漂亮至極。相比而言，對面喬丹輕鬆的17投9中21分，皮朋18分。王牌對決，魔術似乎還高出一點點。可是結果：魔術83比121被血洗，輸了38分。

　　全場比賽，魔術除了一分錢以外，三分球10投1中。安德森7投0中，史考特3投0中，格蘭特1投0中。魔術先發除了一分錢和鯊魚的65分外，合計只得2分。加上替補慘澹的16分，魔術再次以「只有鯊魚和一分錢」做結，角色球員全線崩塌。

　　公牛的策略很簡單：

　　澳大利亞中鋒龍利有一手跳投功夫，那就給他機會投。13分鐘內，他9投7中，14分。鯊魚在禁區乾瞪眼：你有本事進來！龍利笑笑：你有本事出來！

　　羅德曼鬼影飛舞擾亂鯊魚，偷了13分，抓了21個籃板，反而魔術全隊只有28個籃板。

　　喬丹、皮朋領銜的外圍防守，徹底封殺魔術三分火炮，任一分錢、鯊魚兩人苦撐，其他隊友完全被阻斷。

　　如此這般，贏球水到渠成。

　　好像還嫌命運不夠悲慘，格蘭特第一場打完，便宣布肘部受傷，系列賽不能再戰。鯊魚被羅德曼煩得7罰只有1中，怒氣沒地方宣洩，賽後放話：「羅德曼只會玩小花招！他根本搞不定我！」

　　帶著氣打球，第二場魔術一度領先公牛達18分。鯊魚威風八面，把龍利打得毫無還手之力。可是下半場，他發現

了問題：霸王縱橫全場，回頭卻看不見眾將了：公牛又祭出了十面埋伏。他們屢次把魔術外圍誘到邊線，然後圍獵、陷阱、包夾、壓迫、斷球、反擊。

　　許多球隊都能打出類似配合，但他們的緊逼防守形同賭博。公牛的可怕在於，他們對這招式嫻熟至極。他們能一次接一次地成功，並將這防守壓力持續半節、一節乃至半場，讓對手產生一種「公牛只要高興，可以全場都這樣勒死我們」的殘忍強度。重新思索一下公牛的陣勢：

　　堪稱史上最全面的防守者、8次年度第一防守陣容、史上抄截第六多的皮朋——一分錢哈德威承認，皮朋一個人就能祭出其他球隊一整隊的緊逼效果——加上一九九○、一九九一年度防守球員羅德曼，加上一九八八年度防守球員、進過9次年度第一防守陣容、抄截史上第二多的喬丹，以及他無堅不摧、不屈不撓的殘忍意志。唯其如此，才能打出這樣的防守。

　　喬丹以殘忍的防守，帶領全隊進行大反擊，半節之內，公牛將18分之差追到2分。他們不讓一分錢接球，不給他正視籃框的機會，對魔術其他球員一律施壓。第一場得38分的一分錢，第二場只有18分。公牛下半場製造了魔術12次失誤，最後以防守贏球，93比88取勝。鯊魚36分16籃板，但失誤多到6次。安德森和史考特三分線外11投只有2中，加上一分錢的5投1中，魔術外線連續第二場冷若冰霜。而喬丹則是35分5籃板6助攻和殘忍的4記抄截，加上皮朋的17分10籃板9助攻。公牛2比0領先。

歷史上唯一兩次在單季完成「200次抄截」和「100次阻攻」的球員。

第三場移師奧蘭多，魔術想重振旗鼓，可是羅德曼這個人來瘋記仇了：「鯊魚說我只會玩小花招？我根本搞不定他？嗯？」

鯊魚和他是老對手了，以往和馬刺交手，鯊魚總是和羅德曼對位。他知道羅德曼是NBA史上最刁鑽古怪的壞蛋之一，知道他擅於妖言惑眾、鬧脾氣、打架、撞人、假摔、騙裁判、玩小動作，但他還是跟這傢伙賭氣。

問題是，一旦跟羅德曼賭上氣，你就已經輸了一半。

頭兩場，鯊魚被羅德曼煩得15罰5中，第三場變本加厲了。羅德曼以203公分95公斤的體格，對上了鯊魚216公分140公斤的巨大身軀。羅德曼黏著他、貼著他、用胳膊肘拐他，跟裁判裝可憐，鯊魚暈頭轉向七葷八素，百忙中還不忘和羅德曼拌幾句嘴。而公牛早已確定了他們的包夾方式：「我們得下毒手包夾鯊魚，但做這種壞事還不能髒了手。」

公牛知道，一旦包夾鯊魚，魔術外圍三分會開火，便會一發不可收拾。所以，他們的包夾策略是：「鯊魚接球，不包夾；等鯊魚朝籃框發力了，我們再圍堵——那時他就來不及傳球了。」

當然，也只有喬丹、皮朋這樣的防守大師，能做這種敵不動、我不動，察言觀色的絕活。他們看著鯊魚的屁股，一等鯊魚的屁股朝籃下轟隆隆碾壓而去，立刻出手。

第三場，鯊魚19投8中，9罰1中。魔術進攻全面停滯。公牛只得86分，可是魔術只有67分，第四節只得10分。造化弄人：替格蘭特出場的康卡克腿傷又發，尼克·安德森右

腕受傷。賽後，連公牛的菲爾‧傑克森都看不下去了。賽後他擁抱了魔術主帥希爾，用這樣一句話表達了公牛全隊對魔術的情感：「你們下一個出問題的會是誰？……」

希爾也不知道。他走向賽後記者會，看到喬丹坐在本屬於他的位置上接受記者朝拜，便悻悻離去，不願多說了。同時，魔術管理階層在被追問：「聽說你們在聯繫肯塔基大學的瑞克‧皮蒂諾來代替希爾？眞的嗎？」魔術高層一面喊「謠言」，一邊狼狽地想逃走。

奧蘭多像一艘漏水的大船，雖然0比3落後並未沉沒，但全船的人都在尖叫、慌亂、跳水而走。喬丹認爲：「他們好像不知道怎麼才能和我們對抗。」皮朋說：「我不想說他們的精神被擊垮了，不過他們整隊都有點怪怪的。」羅德曼很得意：「那，鯊魚嘴上夠厲害，但如果他想拿個冠軍，得想辦法把他會的那些招融會貫通一下。他們隊的進攻整個都發臭啦，需要點洗衣粉。」

這是眞的——

第一場，公牛38分血洗了魔術；第二場，公牛逆轉18分之差打敗了魔術；第三場，公牛在第四節統治比賽。公牛不像在對抗魔術，而像在給魔術上課，告訴他們何謂冠軍級的籃球。例行賽平均105分聯盟第三的魔術，與公牛三戰平均不到80分。史考特已經精神崩潰了，他覺得：「這跟公牛怎麼對付我們無關，因爲他們怎麼對付我們，我們都得輸。面對事實吧，他們在給我們上課。」

鯊魚在第四場擺脫了羅德曼的心魔，13投11中9罰6

中，28分9籃板。一分錢28分8助攻。他們封得皮朋只得12分，讓公牛的角色球員黯然失色。可是，英雄總在末日出現救世。喬丹讓奧蘭多的觀眾一片死寂：23投16中，45分。公牛106比101，橫掃了魔術。

平心而論，這個系列賽鯊魚發揮並不差：四場比賽，平均27分11籃板。但魔術和公牛之比，就像他和喬丹之比：年輕、天分與力量，在老辣、算計和技巧面前黯然失色。在鯊魚如霸王般的勇武之下，喬丹和公牛的十面埋伏擊倒了魔術。

然後就是一九九六年總決賽了。

一九九八年東區決賽第七戰，比賽剩6分鐘時，公牛還落後溜馬3分。那時，公牛已經筋疲力盡，溜馬已把他們逼到邊緣。羅德曼無所事事。公牛看起來即將完蛋了。

但很奇怪，接下來發生了這一切。喬丹在一次跳球裡，贏了224公分的瑞克·史密斯；喬丹兩腿帶傷，無力跳投，於是像橄欖球跑鋒似的將身體衝擊籃下，逼出罰球。事實上，全場比賽，喬丹25投僅9中，皮朋18投僅6中，但他們倆罰了24個球——喬丹15罰10中——而且合力抓了21個籃板球。事實上，公牛全場22個進攻籃板，喬丹5個，皮朋6個，為公牛帶來26分二次進攻得分。比賽的最後幾秒，喬丹和皮朋在中場站著，雙手撐膝，無力慶祝。

　　唯一能確定的：他們絕不讓公牛輸掉那場比賽。他們無法以優雅的方式贏球，那就像野獸一樣撕咬。事實上，一九九五～一九九八三屆總決賽，喬丹展現出的，更多不是飛鳥，而是走獸：

　　他想贏，他不顧一切地想贏。許多事，就可以這麼解釋。

第四十一章 一九九六年的
父親節

　　一九九六年總決賽公牛的對手，是例行賽64勝18負的西雅圖超音速。事實上，他們能進總決賽，也算是修成正果了：早在一九九二～一九九三球季，這支西雅圖就已經打出例行賽55勝27負，但季後賽卻舉步維艱：3比2險勝爵士，4比3艱難淘汰火箭，西區決賽七戰之下，敗給了不知疲倦、「死了之後有時間休息」的巴克利。一九九三～一九九四球季，他們例行賽是壯麗的63勝19負西區第一，但季後賽首輪，被第八種子金塊——確切地說，是金塊的大山穆湯波——解決了，從此留下汙名；一九九四～一九九五球季，他們又是首輪被湖人幹掉。一九九五～一九九六球季，他們咬牙苦戰：他們首輪淘汰了國王，次輪橫掃了火箭，西區決賽第七場幹掉了猶他爵士，終於晉升總決賽了。

　　他們的防守僅次於公牛，天下第二；他們兵多將廣：控球後衛蓋瑞・裴頓剛拿到年度防守球員，而且幾乎可稱為聯盟前二的控球後衛；大前鋒是史上暴力美學第一人尚恩・坎普；小前鋒是史上第一位進全明星的德國人施萊姆夫，他們的內線還有喬丹的老大哥山姆・帕金斯和勤懇的馬臉中鋒歐文・強森，他們的板凳堆滿了阿斯庫、布羅考斯基這樣的快

歷史上唯一在季後賽連續三場得分超過45分的球員（1990年）。

速移動者，以及一九九四年抄截王奈特·麥可米蘭、肯多·吉爾、史諾這樣身體硬邦邦的防守專家。

他們的教練是喬治·卡爾：北卡出身的老教練。他帶領的超音速彷彿叢林：他們的鋒線平均身高接近210公分，卻依然飛走如風；一九九三年和一九九六年兩次淘汰火箭，他們都讓大夢頭疼不已。他們擅長包夾、換防和輪轉，有裴頓這樣一個站位精確到讓你呼吸困難的王牌控衛，背後是一群輪轉迅速、可以隨便換位的鋒線群。大夢就是迷失在這樣的包夾輪轉中。

而且，他們了解公牛的真正秘密。超音速的球探布蘭登·馬龍在總決賽前就說了：「公牛用來挖出你心臟的，是他們的防守——這就是他們處理掉魔術的方式。喬丹可以得40分、50分，但真正關鍵的是他們的防守。」

的確如此。

在總決賽前，公牛也在談他們的防守。喬丹承認季後賽公牛的進攻起起落落，但他並不擔心，「我們的跳投手感起伏不定，但防守永遠不會背叛我們」。公牛的助理教練吉姆·克萊門斯甚至得做以下統計：公牛的防守者每場摸了多少次球——不管是抄截、封阻、抄掉傳球，甚至包括把球踢出界外，因為「無論是不是改變了局勢，我們只是想追蹤，看球員們是否在防守端夠活躍」。

總決賽第一場在一九九六年六月五日開始，公牛讓超音速見識了何謂「在防守端夠活躍」：一波14比4後，公牛22比13，領先超音速達9分，首節24比18領先。超音速派出

208公分的德國人施萊姆夫對付喬丹；而喬丹一到低位，赫西·霍金斯就來夾擊，但喬丹看明白了：一見包夾來，就分球找朗·哈潑。哈潑在他的首次總決賽毫不怯場，第一節5分4助攻，而且，他的長臂讓矮他5公分的裴頓極為不適，前5投全失。第二節，超音速企圖追擊，但喬丹開始接管：他注意到，施萊姆夫跟不上他的移動速度，霍金斯一向是他的手下敗將，於是第二節後半段，喬丹獨得12分。

　　比賽的氛圍開始變怪：超音速的法蘭克·布羅考斯基是個老實人，愣愣地去跟羅德曼糾纏，也不知羅德曼使啥妖法，沒兩個回合，布羅考斯基就被連吹犯規。每次他都沒做什麼大動作，但裁判來找他時，他都像在犯罪現場被逮捕的無辜群眾：怎麼抓個籃板落了地，自己就莫名其妙掛在羅德曼身上，還吃了惡意犯規呢？最後布羅考斯基急火攻心，跟裁判吵上了，兩次技術犯規出場。

　　但超音速依然很勇決：第三節，施萊姆夫和坎普強擊公牛內線，尤其是坎普無視羅德曼的挑釁，惡狠狠突擊籃框，被犯規就罰進球，第三節坎普12分，羅德曼在第三節末吃到第5次犯規，公牛只得把他換下。超音速僅以77比79落後2分進入第四節，但是——

　　第四節開始，東尼·庫科奇站了出來。他先找背身單打機會，然後溜到三分線外去：一記三分，又一記三分，第二記三分球還被犯規，上罰球線得手。半節裡，他一口氣得10分，公牛一波14比5，跟超音速說了再見。喬丹在比賽末尾得到6分，徹底終結比賽：107比90，公牛1比0領先。

　　這一戰，芝加哥的防守兇狠無比：超音速全隊命中率剛過40%，失誤18次。霍金斯9投2中，裴頓17投6中——防守他的哈潑冷冷地說：「他是個好球員，但他想背身單挑我？哼哼，祝他好運！」——帕金斯14投5中。坎普神勇，14投9中16罰14中32分，但失誤多達7次。喬丹28分7籃板，皮朋21分，羅德曼13籃板。出色的是其他隊友：趁著超音速圍夾喬丹，把握住了無數空檔機會：龍利14分、哈潑15分、庫科奇18分。

　　喬治‧卡爾教練一向有衛道士風範，自然得為布羅考斯基鳴不平。首戰之後，他嘆恨不已：「羅德曼在蔑視籃球！」但這話說得不是時候。第二場，羅德曼又狠狠地蔑視了一回。公牛上半場打得慘澹，僅以46比45結束，但隨後祭出經典的「第三節大反擊」：一個白精靈，一個黑風妖。庫科奇又是連續兩記三分球點燃火焰，羅德曼則在第三節跳蚤似的搶收籃板，單節抓到10個籃板，其中7個進攻籃板，還靠二次進攻撈了8分。第三節結束，公牛76比65領先，但第四節喬丹手感不佳：下半場他一度連續7投失手，超音速在第四節艱苦追上，剩12秒時，坎普得分，超音速只以88比91落後公牛，隨即使出犯規戰術：送皮朋上罰球線。第一罰失手，第二罰失手——那時，只要超音速控制好防守籃板，就可能來記三分球扳平比賽。

　　但球沒落進超音速手裡。

　　羅德曼神出鬼沒地游出，抓到了進攻籃板球——他個人第20個籃板球，全場第11個進攻籃板。NBA總決賽紀

錄。然後他2罰1中，解決了比賽。公牛92比88取勝，2比
0。超音速大失所望，連夜飛回了西雅圖。公牛卻得到了壞
消息：朗·哈潑膝蓋受傷了。東尼·庫科奇將在第三場成為
先發。

　　逢此危難時刻，理所當然的：喬丹得做些什麼。

　　第三場，西雅圖的鑰匙球館，喬丹從一開場就咄咄逼
人，首節12分5助攻，公牛一開始就7比0領先，第一節領先
到34比16，超音速被公牛前仆後繼、鐵索連環的防守逼出
7次失誤，此後只能在煙塵裡追看公牛背影。第二節情況如
舊，超音速一度逼近了分差，但時不我予，公牛替補溫靈頓
和蘭迪·布朗又出來補了幾刀，分差達到15。第三節，超音
速洪波湧起，一波16比2再次拉近分差，但喬丹20秒內連得
5分，公牛再次領先到20分。第四節變成了狂歡表演：公牛
有多達七人得分。全場比賽108比86，喬丹23投11中11罰全
中獨得36分，皮朋14投5中12分8籃板9助攻，庫科奇14分7
籃板7助攻——在這樣的進攻狂歡夜，他比抓到10個籃板的
羅德曼顯眼些。反之，沒了哈潑，裴頓得了19分7籃板9助
攻，但坎普42分鐘裡只得14分，外加5次失誤。

　　公牛3比0領先，冠軍幾已鎖定：NBA史上，從未有任
何球隊在任何系列賽0比3落後，還能完成逆轉的。於是第四
場前，芝加哥人在更衣室裡預備好了香檳：一旦奪冠，便開
始慶祝。

　　但西雅圖人，都很倔強。

　　尤其是「手套」蓋瑞·裴頓。

奧勒岡大學的組織後衛蓋瑞・裴頓，193公分，作為控球後衛，他高而瘦，突破上籃、組織分球都是上選，但讓他立足於NBA歷史的是三件事。其一：他背身單打功夫是控衛裡的一等一；其二：他是NBA史上防守最好的控球後衛，可能沒有之一——想一想，一九九五～一九九六球季年度防守球員就是鐵證——其三，他有NBA史上最毒的一張嘴。他最愛的比賽方式，就是在防守端用步伐壓迫對手，毒蛇吐信般抄球；在進攻端左腰背身單打，一邊嚼舌根問候對方控衛家的女性親屬，一邊琢磨是前轉身拋射或分球，還是走底線翻身跳投。一九九○～一九九一球季還是新人時，他就敢拿法拉利的事挑釁喬丹。此時此刻，0比3落後，他還是不覺得自己必敗。

哪怕敗北，也得在對方身上留點傷痕，在對方耳裡灌點髒話——這就是裴頓了。

第四場，超音速換下先發中鋒強森，派出長於進攻的布羅考斯基，外加帶傷的麥可米蘭，首節就馬力全開，裴頓8分3助攻，公牛9比17落後。第二節，超音速領先到36比21。整個第二節，公牛17投5中，超音速18投12中。半場結束，超音速已經53比32幾乎鎖定了比賽。第三節，喬丹開始接管做最後反擊，但坎普與他針鋒相對。最後超音速107比86取勝，功勞全在防守：喬丹被大量犯規得到13次罰球機會，但19投只6中23分，皮朋17投4中，9分11籃板8助攻。裴頓21分11助攻，坎普25分11籃板。公牛的領先優勢縮小到3比1。

又兩天後，公牛的領先優勢只有3比2了。超音速再次展開他們的叢林陣地戰，裴頓單防喬丹，周圍的隊友如齒輪，包夾輪轉，不留痕跡。喬丹不僅得對付裴頓，還得琢磨他身後的施萊姆夫、坎普、強森、布羅考斯基這些高挑敏捷的前鋒。喬丹在第五場22投11中26分，但他都忍不住跟裁判抱怨：「為什麼那麼多犯規，你都不吹？」公牛全場三分球23投僅3中，是失敗之因。最後公牛78比89敗北。

於是，還得回芝加哥決勝負。第六場定在一九九六年六月十六日：那正是父親節。

第六場，朗・哈潑出場了。他賽後承認左膝依然酸痛，但沒關係：他得打。理由？看比賽吧。第六場首節，喬丹得到6分，抓到6個籃板，送出3個助攻，用盡一切可能的手段，讓公牛24比18領先；第二節，公牛一度領先到41比29。上半場公牛45比38領先，超音速命中率只有36%。

很容易想像，這樣血花四濺的肉搏之夜，誰會站出來？丹尼斯・羅德曼：以他為首，公牛單第二節就抓到了9個進攻籃板，前仆後繼、衝鋒陷陣似地爬城樓去挑戰。第三節，公牛一個12比2的高潮把分差拉到64比47。最後一節，羅德曼瘋狂抓了7個籃板球，坎普在剩四分半時被罰出場，庫科奇以三分球鎖定勝局：

87比75，芝加哥公牛贏了第六場，4比2擊敗西雅圖超音速，拿到一九九五～一九九六球季總冠軍。

喬丹這一夜手感奇差，19投5中，但他奮力殺進內線得到12次罰球，命中11次；22分9籃板7助攻2抄截。如果說

歷史上唯一在季後賽連續兩場得分超過50分的球員（1988年）。

喬‧杜馬斯類似於鐵門檻，蓋瑞‧裴頓就是絆馬索。前後左右，無所不在。繞前、頂防、卡、讓、假摔，無所不能。輔之以超音速叢林的翼側包夾和弱側補位，終於逼迫喬丹打出了職業生涯最差的一次總決賽，但超音速在喬丹身上花了太多功夫，結果就是：羅德曼19個籃板，其中11個進攻籃板。用喬治‧卡爾的話，「羅德曼為公牛贏了兩場比賽」──他指的是第二和第六場。

六場總決賽，喬丹場均27.3分、5.3個籃板、4.2次助攻，職業生涯第四次總決賽MVP。美麗的故事在於：一九九五～一九九六球季，他包攬了NBA總冠軍、總決賽MVP、例行賽MVP、全明星MVP──MVP的大滿貫。在此前，只有一九六九～一九七○季紐約尼克的威利斯‧瑞德（嗯，禪師當年的隊長）做到過。

僅僅15個月前，一切還渺茫無蹤跡。喬丹是個棒球員，羅德曼正在聖安東尼奧禍害鮑勃‧希爾教練，哈潑與洛杉磯快艇互相打嘴仗，庫科奇和皮朋還互相看不順眼，公牛甚至想拿皮朋去換坎普。

但是，因為喬丹復出了，一切都不一樣了。

完美地應用了他的影響力：他的個人能力，他的威望，他的商業誘惑。他逼迫芝加哥延遲重建，逼迫正打算散場的公牛老將們重鼓餘勇，逼迫自己重新成為史上最偉大球員。然後，在父親節他想奪冠，於是芝加哥就奪冠了。即便他只得了22分，即便他全場都沒找到籃框，但西雅圖還是無法擊敗他。賽季第100場比賽，第87場勝利。芝加哥用一場87

比75的無趣勝利解決了賽季。奪冠之夜，喬丹回顧了那個流言：「不想冒犯坎普，但我慶幸交易沒發生。史考提如果不在這兒，我們到不了這一步……這一切很艱難，但贏冠軍就是這麼艱難……我想，這是冠軍之途理應呈現的模樣。」

要分析第六場奪冠的原因，其實沒什麼原因。一如喬丹以往無法無天、胡作非為、肆無忌憚地改變NBA所有禁忌與不可能紀錄一樣，在這一晚，父親節，他想拿冠軍，於是他就拿了冠軍。他在更衣室裡對隊友們說了什麼？不知道。反正奪冠之後，史帝夫·柯爾的太太馬爾戈被記者問：「有什麼計畫？」「沒計畫。我們在西雅圖就是計畫太多了。」

「有許多事在我心念間流動。我的大腦被那些重要的事塞滿了。我的家庭，我的父親——他已經不在那兒了，但我的隊友總能夠幫助我。」喬丹說。

等他從更衣室哭完出來，舉起獎盃時，一切看上去都那麼熟悉。一九九一～一九九六年的六年間，他拿了四個冠軍。一九九一年的激動，到一九九六年已經顯得理所當然了。《體育畫報》說：好像冠軍一直屬於公牛，只是被喬丹租給休士頓火箭兩年而已。現在，冠軍回來了，回到了最甜蜜的家，冠軍本來就該在的地方：芝加哥。

一九九八年夏，喬丹摘下第六枚冠軍戒指後，結束其波瀾壯闊的職業生涯，終究沒有讓追趕者觸及他不朽的背影。NBA球員工會和老闆們開始曠日持久的勞資談判，以

便能夠爲自己多劃一塊利益的蛋糕。

這是一整個時代的更迭。麥可‧喬丹佔據已久的王座，終於空了出來。NBA提前挖空心思定點培養的喬丹接班人，終於到了太子們爭穿龍袍的時刻。隨著喬丹巨大背影的離去，屬於他時代的那些配角也開始黯然退場——彷彿他們當初的星光璀璨僅是爲了映襯喬丹的偉大而存在一樣。查爾斯‧巴克利因爲背傷而夕陽西下，滑翔機崔斯勒隨喬丹一起退役，歐拉朱萬開始老去，米奇‧李奇蒙離開了他興風作浪的沙加緬度，大衛‧羅賓森把他馬刺王牌的角色讓給了剛打一年的提姆‧鄧肯，喬‧杜馬斯看到格蘭特‧希爾已經成長便放心地將活塞交托給他，派屈克‧尤英在鐵漢了十年之後終於受傷倒下，羅德曼和皮朋隨喬丹的離去而遠離了公牛這土崩瓦解的王朝，約翰‧史塔克頓和卡爾‧馬龍似乎在一九九七、一九九八年兩度戰火紛飛的總決賽中耗力太多，終於也老態畢現。

一九九九年，漫長的勞資糾紛。工資問題、奢侈稅，殺傷力不亞於一九九五年足球界的博斯曼法案。這一輪勞資糾紛使休賽期無限期地延長。一九九八年夏天到了，之後是秋天，隨後是冬天。之後長達十年，NBA的收視率都無法達到喬丹在時的地步。事實上，至今爲止，一九九八年總決賽的收視率紀錄都還保持在NBA歷史第一位。

第四十二章　重新上路

　　一九九六年夏，NBA史上最風起雲湧的休賽期。當你站在今年回望一九九六屆NBA選秀大會時，會望見下面偉大成就：四個例行賽MVP獎盃（艾佛森、科比各一次，奈許兩次），六個得分王頭銜（科比兩次，艾佛森四次），五次年度防守球員（班・華勒斯四次，坎比一次），史上第一三分射手（雷・艾倫）。而這還僅僅是他們中最傑出的六名選手成績的一部分，而且表現形式還僅僅是數據。一九九六年夏天，選秀報告上，NBA經理們在注意著一些年輕人：

　　麻州的馬可斯・坎比剛拿到了一九九六年度的約翰・伍登獎，是NCAA除了提姆・鄧肯之外最好的大個子——很多年後，他會成爲二〇〇六～二〇〇七球季年度防守球員。

　　康乃狄克的雷・艾倫，大學籃球界最好的射手、搖擺人，風度最優雅的青年。場均47%的三分球命中率，一九九五～一九九六屆全美第一陣容——很多年後，他會成爲NBA史上投進三分球最多的人。

　　加州大學的超級一年級生阿卜杜勒・拉希姆，一九九五年麥當勞全美高中陣容，大一場均21分8籃板，206公分卻可以打兩個前鋒位置的天才。

　　肯塔基大學的安東尼・華克，身高206公分的大前鋒，卻號稱擁有打遍五個位置的能力和天分，一九九四年麥當勞

全美高中陣容。

　　勞倫茲‧懷特，孟菲斯大學的大前鋒，完美的NBA身形，大學兩年平均16分10籃板，被一致公認為一九九六屆坎比之外最好的大個子。

　　凱利‧基特爾斯，大三、大四連續兩年和雷‧艾倫明爭暗鬥的得分後衛，維蘭諾瓦大學的當家射手。

　　史帝夫‧奈許，加拿大國家隊後衛、聖塔克拉拉大學的超級射手、天才控球後衛——如今，他是二十一世紀兩個最好的控球後衛之一（另一個是基德）。

　　佩賈‧史托賈科維奇：19歲時就已經當了三年職業球員、在希臘聯賽縱橫無敵的南斯拉夫射手。

　　喬治亞理工大學一年級後衛，大一場均19分4.5次助攻的史帝芬‧馬布瑞。

　　喬治城大學二年級後衛，全國最頂尖的得分怪物艾倫‧艾佛森——很多年後，他會擁有四個得分王、一個例行賽MVP，並成為NBA史上最快、最淒厲勇決的球員之一。

　　以及一九九六年五月二十八日，帶領洛馬里昂高中奪下隊史53年來首個州冠軍，高中四年得到2883分，全美首席天才高中生的科比‧布萊恩——很多年後，他是這一代球員裡，公認最出色的球員。

　　同時，NBA在進行著一樁又一樁的大交易。比如一九九六年七月十八日，鯊魚帶著他那價值百萬美元的微笑，站在了洛杉磯：七年1億2100萬美元，他簽約加入了洛杉磯湖人。加上湖人那年選秀大會上選得的科比，他們將開

創一個時代——當然，那時他們還不知道。

　　比如，邁阿密熱火的太上皇派特・萊里以七年一億簽約了阿隆索・莫寧，並試圖以七年一億搶華盛頓子彈隊的朱萬・霍華德。

　　比如，紐約尼克招兵買馬，挖來了實用的後衛查爾斯、後來被奉為射籃之王的艾倫・休斯頓和全明星前鋒賴瑞・強森，以輔佐尤英。

　　比如，查爾斯・巴克利去了休士頓火箭，和大夢、滑翔機組成了NBA史上最華麗的三巨頭之一。雖然那年這三位都已年過33歲，但仔細考慮下：兩個僅僅敗給喬丹的超級巨星，和一個兩度蟬聯總冠軍、堪稱喬丹之外第一人的中鋒？

　　又，亞特蘭大老鷹以五年5600萬收攏了丹佛金塊的封阻魔王、非洲大山穆湯波。

　　相比起來，公牛很安靜。他們新到的人裡，只有一位值得一提：羅伯特・帕瑞許，當年在塞爾提克與喬丹對戰的老中鋒，來公牛當替補了。公牛立刻成為聯盟最老的球隊——因為，酋長帕瑞許，年已43歲了。

　　然後是兩個新聞：其一，丹尼斯・羅德曼簽了新約：一年900萬美元。在NBA，這是驚人的高價了。但隨後，一個更驚人的消息引爆了世界，奪走了羅德曼的所有風頭。

　　麥可・喬丹的合約在一九九六年夏天到期。此前，他在公牛領了十二年工資，一共拿了2700萬美元。但一九九六～一九九七球季，他需要個新合約：年薪3000萬美元。

　　NBA史上的第一高身價產生了。

　　但一九九六年夏天，關於喬丹的新聞層出不窮，所以年薪的新鮮度也僅有三天。喬丹的《怪物奇兵》要上映了：值此奪冠之際，配個「喬丹和兔寶寶一起拯救籃球世界」的電影，自然應景。喬丹一九九七年的收入可能接近一億。喬丹歸來令一九九六年總決賽的收視率達到歷史第二高——而第一高是一九九三年公牛決戰鳳凰城時，由他自己創造的。

　　在諸如此類的傳奇浸泡裡，一九九六～一九九七球季的公牛重新上路了。他們又老了一點，但比起動盪不安的世界來說，他們老去的速度已經夠緩慢了。

　　一九九六～一九九七球季，聯盟局勢略有變化。隨著鯊魚西去洛杉磯，東區的魔術實力凋零，但尼克、老鷹、黃蜂這些老對手還在，萊里正在邁阿密緊鑼密鼓打造另一支尼克似的鋼鐵部隊；西區，火箭獲得巴克利後，一躍成為全聯盟帳面陣容最繁盛的球隊，湖人得到鯊魚，自然也成了媒體視野中心。但公牛無所謂。溫靈頓說的好，「只要我們打好自己的籃球，比賽結束，我們就能贏」。

　　一九九六～一九九七球季第四戰，一路連勝的公牛去邁阿密作客，喬丹一見派特‧萊里就氣從中來，看到對方先發裡居然有丹‧馬爾利就礙眼。一九九三年夏天，這倆人一在尼克，一在太陽，讓喬丹受了不少氣，如今跑到熱火隊結盟起來了？喬丹開場就不斷找哈潑和皮朋要球：後仰跳投、內切上籃、假動作投籃，連續得手，負責防他的南斯拉夫後衛達尼洛維奇深感無辜：我做錯什麼了？

　　熱火隊年輕內線科特‧湯瑪斯少不更事，抓籃板時還

跟羅德曼揮拐子揢起來，羅德曼——那天他頭髮染了金褐色——滿臉無奈：年輕人啥都不懂！

喬丹被火上澆油，第二節看馬爾利來守他，正合心意，存心找單挑：左翼面對雙人包夾跳投，右翼突破跳投，弧頂急停跳投得手後不忘朝場邊瞪兩眼，公牛前38分裡他拿了21分。第二節後半段，他一個後插上空中接力扣籃，落地不忘斜科特·湯瑪斯一眼。上半場結束前2秒，熱火隊底線發球，喬丹抄到球，一記超遠三分得手：半場15投9中26分。喬丹落地後，得意地跳了跳：「看到了嗎，小子們？」

熱火隊真沒招了，祭出聯盟用爛的老方法：180公分的矮壯後衛提姆·哈達威來守喬丹，照例被喬丹後仰跳投殺死；莫寧一記三分打後瘋狂慶祝，下一回合喬丹立刻來一記飄移跳投，隨後就是內切扣籃。比賽剩15秒時，喬丹罰球得分：40分鐘內33投18中，50分。羅德曼又添了22個籃板。馬爾利則被守到14投4中，三分球8投0中。公牛106比100取勝。

就這樣：一九九六～一九九七球季的公牛比前一年老了，但老而彌堅。他們的機器運行更密切，打起來更自在隨意。賽季進行了三週，公牛才輸了第一場：開局12連勝的他們在鹽湖城被爵士大逆轉，100比105敗北。喬丹獨得44分，皮朋16分6籃板，但公牛抵擋不住卡爾·馬龍的36分15籃板和史塔克頓的12分13助攻。妙在這晚，爵士新上先發的25歲小前鋒布萊恩·羅素發揮精彩，9投7中17分。

當然，那時，羅素完全不知道，他和喬丹這次的相遇，

造就了日後命運的安排。

　　世界在忙忙碌碌地找話題：比如，媒體還在爭吵，一九九六年十二月十五日，公牛是20勝3負，而休士頓火箭是21勝2負——但之後，火箭一口氣四連敗後，這話題也過時了。比如，一九九六年十二月十七日公牛戰湖人，第三節結束還落後18分，結果第四節大逆轉追平，延長勝出：129比123，全場鯊魚27分13籃板，湖人後衛尼克‧范艾克索36分，公牛這邊則有喬丹（30分9籃板）、皮朋（35分10籃板）、庫科奇（31分）三人得分上30，羅德曼再補了18個籃板。那晚，湖人新人後衛科比出場10分鐘，5投2中5分——當然，媒體來不及管這個。紐約媒體隔山觀虎鬥，並總結說：如果這場比賽就是一九九七年總決賽預演，該有多精彩啊！

　　比如，世界繼續像工廠製作似的，企圖生產出一個喬丹接班人的時代。要重新找一個198公分、技術全面而優美、能夠飛翔、能夠得分如探囊取物、星球上最傑出的一對一選手、偉大的團隊球員、無所不能的技巧，而且還能用一眨眼或一微笑來醉倒媒體的人物，實在過於困難。因此，標準大為放寬。203公分、走全面組織者路線的翩翩書生格蘭特‧希爾，以及201公分、風格更類似魔術強森的輕盈後衛一分錢哈德威，是喬丹接班人工廠的範本。除此之外，NBA敞開大門，歡迎一切能夠接替喬丹、成為NBA王牌的人物。媒體在鼓噪金州勇士的史普利威爾、76人的史代克豪斯，甚至小牛隊的傑森‧基德。一九九六年冬天，費城183公分的新科

狀元「解答」艾倫‧艾佛森都被媒體盯上了。艾佛森承認他喜歡喬丹：他在費城的公寓裡，有一扇門，貼著麥可‧喬丹的巨幅海報──這一切其實很自然，因為對黑人籃球少年來說，喬丹是一切的集合：他可以令籃球擁有如此之多的可能性。完美的一對一技巧，速度、節奏感、聰慧的混合。一個貧民窟裡出來的黑人，成為職業體育史上最偉大的人物之一，成為世界的偶像，扭轉了黑人的文化形象──但十一月二日，艾佛森帶領費城去挑戰公牛，被屠宰了29分；十二月二十一日，76人主場戰公牛，艾佛森完成了一個名留青史的動作：

下半場，艾佛森左翼斜插弧頂接球，喬丹撲前，展開雙臂。艾佛森後退兩步，幾乎到了中場，喬丹則將步伐推進：動作已經念出了對白，球場上的八個人已經加入了觀眾的行列，這是一對一。艾佛森的雙臂如鳥翼般展開，左手、右手、胯下、節奏連續地變化。他的左手屢屢在碰觸球的同時輕微顫動，像鳥羽被風吹動。然後他動了：左手運球，在一個幾乎凝固的瞬間後，球向前推進，喬丹的步子迅速右移，卻發現艾佛森輕盈地懸崖勒馬，球又一次回到了右邊。然後，又一次向左，喬丹的眼睛像被絲線牽掛的木偶一樣再次轉向，這一次，艾佛森的步伐如劍一般突刺：他迅速地變向，身體到了喬丹的左側，起跳，出手。喬丹奮起的右手封阻來得遲了，艾佛森跳投得分──這一球，加上那晚艾佛森的32分對喬丹的31分，即便公牛還是贏了，媒體卻忍不住開始喧嚷：

又一個新天才出現了！

比如，一九九七年一月，全聯盟29支球隊又接到了《體育畫報》公布的投票：聯盟第一步最快的球員是誰？13票投給了麥可‧喬丹，儘管他那時已近34歲了；4票給了艾倫‧艾佛森，馬刺主帥葛瑞格‧波波維奇給了結論：「運球突破，那是艾佛森；但從試探步、持球威脅狀態，還是麥可最快。」活塞的希爾三票，湖人的艾迪‧瓊斯、勇士的拉特雷爾‧史普利威爾二票。當然，有人開玩笑地投了勇士的多納德‧羅亞爾一票。猶他爵士的老總雷登一向正直，跳出來主持正義：「我可沒見過有誰能跟麥可的速度相比，一半都沒有。你們不能給除他之外的任何人投票！」

比如，芝加哥媒體閒得無聊，追蹤上了喬丹和羅德曼的事：傳聞喬丹請羅德曼去看電影《怪物奇兵》，羅德曼看後茅塞頓開，儼然有了人生新方向：像麥可那樣有名，然後去拍電影！之後的聖誕大戰，公牛對活塞，聯盟安排了麥可‧喬丹VS格蘭特‧希爾這組戲碼：希爾表現出色，27分8籃板，喬丹「僅僅」得了23分10籃板，但皮朋倒還了個27分8籃板8助攻的表現；妙在當晚，剛看完《怪物奇兵》的羅德曼發了飆：11分22籃板7助攻，還特意扣了個籃：全國人民看到了吧，丹尼斯‧羅德曼！

一九九八年總決賽，猶他爵士連續第二年遇到芝加哥公牛：這是喬丹輝煌生涯裡，最後一個命定的對手。

第四十三章　MVP?

　　一九九七年一月十五日，羅德曼儼然想起來似的，「好久沒鬧事了，得使個壞」，對陣明尼蘇達灰狼一戰，他連蹦帶跳、連抓帶繞地抓籃板球，蹦出底線，跌進人堆。坐在地上，看見眼前一個攝影師正在拍他，惱羞成怒似的，朝人家肚子就是一腳。那位叫做歐仁‧阿莫斯的記者當場就摀著肚子，倒地了。

　　之後自然是被罰出場、聯盟禁賽、花錢消災，羅德曼給了阿莫斯20萬以平復他可憐的肚子，被NBA禁賽11場讓他損失了超過一百萬美元。

　　四天之後，在媒體認為「一九九七年總決賽的預演戰」中，公牛輸給了休士頓火箭隊。沒了羅德曼，喬丹得幫忙：全場26分14籃板，但公牛三分球23投僅4中，對面的滑翔機17分10籃板11助攻的大三元，大夢縱橫無敵得到32分16籃板4助攻4抄截5火鍋。話題又一次被搬上臺面，這次還不只是「公牛如果與火箭總決賽相遇，如何應對」，而是：

　　如果喬丹一九九四、一九九五那兩年沒退役，公牛是否能對付大夢的火箭？──休士頓媒體提醒世界，哪怕在一九九○～一九九三的三連霸時期，公牛也對火箭這樣的恐怖鋒線頭疼。

　　一九九七年二月，恰是NBA五十週年。全明星週末期

間，特意辦了個NBA五十大偉大球員聚會。群賢畢至，媒體高興到上躥下跳：如此之多的前超級巨星，平時窩在各自家裡，跟超市特價似的坐著。老明星們都頗有傲骨，很愛談些「現在的NBA太弱了，我們當年如何如何」，最熱鬧的是張伯倫。張伯倫是天賦異稟的怪物，到了花甲之年，還是肌肉如鐵、精神抖擻。六〇年代中期勇士把他送去費城，就是某笨蛋老闆相信了庸醫的「張伯倫得了心臟病，隨時會死」的胡扯，結果張老爺子到一九九六年，還參加了舊金山馬拉松賽呢。他老人家仗著七屆得分王、十一屆籃板王、單場得過100分之類神話，信口評點：「現在聯盟太沒勁了！我這把年紀復出，每場都能打10分鐘！」

喬丹來不及顧這個。一九九七年二月二日，他在西雅圖對超音速，28投19中得了45分，給了裴頓點顏色看看；然後就是新消息：他又一次入選了全明星先發，而且成為NBA史上首位票數超過200萬的球員。遇到這種時候，他總得假裝高興一下。

一九九七年全明星賽，有個很有趣的橋段。喬丹那天格外興奮，上半場還玩了個許久不見的「隊友罰球不進，喬丹騰空飛起，補扣入框」，讓球迷歡天喜地樂翻天。比賽打到一半，皮朋過來跟他說了聲：「你可能拿大三元喔，麥可。」

嗯，一九八八年全明星，他就拿過40分了，再得高分也沒意思……試著拿大三元？

喬丹開始傳球，而東區隊替補射手葛林‧萊斯受益良

多：第三節，他三分如潮，得到20分，全場26分。比賽末尾，喬丹已經拿了14分11籃板11助攻，NBA全明星史上第一個大三元。可是MVP卻被萊斯拿走了。

　　順便：喬丹和皮朋跑去給灌籃大賽捧場。經歷八〇年代喬丹與威金斯的壯麗演出後，九〇年代灌籃大賽眾星凋零，所依靠的無非是蒙眼扣籃、雙手扣籃之類的噱頭把戲。當晚最精采的部分：湖人的新秀高中生後衛科比・布萊恩在決賽裡，從禁區右側起跳，左手將籃球從胯下轉到右手，上升，球在劃過一道圓弧後迅速扣向籃框，轟的一聲，身體依然前傾，滑翔，扣進。滿分50分獲得49分。冠軍。

　　那時喬丹當然想不到，僅一年之後，這小子會如何試圖來挑戰他。

　　全明星結束後，年滿34歲的喬丹繼續上路。二月十八日對丹佛金塊。那場開始，皮朋和喬丹依然做他們各自的活：喬丹投籃、下球快攻、做軸心，皮朋抄球、急傳、推動進攻；但稍後，庫科奇連續幾次傳球找到皮朋後，皮朋開始找到感覺；等他完成一記突破怒扣後，喬丹也明白了：讓皮朋高興一下吧。

　　喬丹開始駕馭全隊，給哈潑、柯爾找機會；後半段，他除了偶爾空中接力扣個籃外，就是在給隊友傳球。全場他24分5籃板12助攻3抄截，庫科奇11分4籃板11助攻，他倆給足了皮朋面子；而皮朋得以全力開火：27投19中，得到職業生涯最高的47分。

　　到四月初，羅德曼又不舒服了：這回是膝蓋。公牛讓

他休息，派上年輕健猛如小牛的前鋒傑森‧卡菲做首發。四月三日，公牛在華盛頓輸了賽季第10場：此時，他們是63勝10負。如果一鼓作氣再拿9連勝，倒是可以追平傳奇的72勝10負，但禪師不太想拼老命了。四月十三日輸給活塞、只有68勝11負後，公牛開始進入半休假狀態，之後是1勝2負。最後一九九六～一九九七球季結束，芝加哥公牛69勝13負。比前一年的72勝10負差了些，但依然平了一九七一～一九七二球季的湖人，是NBA史上第二佳例行賽紀錄。

　　如果羅德曼不去踢人，公牛能打破自己72勝的紀錄嗎？天知道。

　　喬丹又是82場全勤，場均29.6分第九次得分王——張伯倫老爺子在家看這新聞，臉色又難看了些——場均5.9籃板4.3助攻1.7抄截。又一次「年度第一陣容＋年度第一防守陣容」毫無疑問。羅德曼場均16.1籃板連續第六年籃板王，但零零碎碎缺了27場比賽讓人頭大。皮朋82場全勤，場均20.2分6.5籃板5.7助攻，依然年度第一防守陣容，可是年度第一陣容席位卻被人搶走了：活塞的格蘭特‧希爾，以及猶他爵士的「郵差」卡爾‧馬龍。

　　事實上，一九九七年四月，跟馬龍一起上新聞頭條的不是皮朋，而是喬丹。

　　如我們所知：卡爾‧馬龍，和喬丹同年。母親綺麗兒比男人更像男人，被她男人拋棄後，獨自在伐木廠開卡車、在禽類加工廠砍雞肉、為鄰居做飯，養活了八個漢子。她肝火時嚼菸草，親自釣魚打獵，活得威武雄壯。她拒絕領社會福

利，「照顧孩子是我的責任，這是我份內的事」。

如我們所知：卡爾‧馬龍在一九八五選秀大會上，被猶他爵士選中時，曾經哭過；然後他來到猶他爵士，和偉大的約翰‧史塔克頓搭檔。這裡荒涼無比，猶如初得開闢的天地，萬物都很缺乏。娛樂、傳媒、燈紅酒綠，一律欠缺，只有一群愛上教堂、神情肅穆的白人在盯著你。

如我們所知，卡爾‧馬龍的風格與喬丹恰恰相反：他質樸、兇悍、強壯、精明。他有出色的移動、得分感覺和出色的跳投，而且，他有膽量面對那個時代最強悍的內線防守，奮不顧身地撞入禁區。早年的他其實很像一個小前鋒，依靠著結實的身體面框切入，很彆扭地上籃命中。但從八○年代後期，他開始像一個小型中鋒那樣作戰——依靠著強悍的身體力量，馬龍強勢壓入禁區，隨即翻身硬打或者後撤步跳投。這簡單至極的一招，卻使聯盟裡的任何人都無法防守，在一九八八到一九九九年之間，他一直是聯盟最頂級的前鋒。到了後期，他的面框晃動後撤步投射成為了新的必殺招。更由於他的身邊有約翰‧史塔克頓，史上最偉大傳球手，腳步細膩得像一隻鼬鼠的馬龍，可以隨心所欲地在任何點接球投射。

他和史塔克頓卻都遭人詬病——他們為了勝利不擇手段。當然，也許沒有到蘭比爾那樣故意傷人的兇殘，或者羅德曼使盡陰招的狡猾。但猶他雙煞從來不會在身體上吃任何虧。他們用一切方式去取得勝利——他們閱讀比賽的能力，他們從不做不合理的選擇，他們不錯失任何一次機會。

　　如我們所知，史塔克頓自一九八八年後，壟斷了八屆助攻王——一如喬丹壟斷得分王一樣。

　　但我們還得說一下，他所在的猶他爵士隊——確切說，他們的教練傑瑞‧史隆。

　　喬丹剛到芝加哥公牛時，就一直聽人提起傑瑞‧史隆。抬起頭看看，芝加哥的球館天花板上掛著4號，那就是傑瑞‧史隆留下的球衣。這個人四歲時喪父，留下他媽媽、他、他的九個哥哥姐姐，以及一個伊利諾州麥可林斯伯勒郊外的破農場。二年級時，他出外謀生做童工，給人家除一天草，賺2美元。高中時他愛上了籃球，於是早上四點半摸黑起床，收拾完農活，再步行兩英哩去學校，趕早上七點的訓練。放了學，他回家忙農活到天黑，兩頭不見太陽。很多年後，他總結：「我就學到一件事——工作努力點又不會死！」

　　一九六〇年他代表麥可林斯伯勒高中，成為州最佳球員。他進了伊利諾州大學，讀了五星期，然後休學。他自己承認：「進了大學，我覺得特別混亂。因為我之前都沒離開過家鄉。」

　　他回鄉，去油田工作了一段時間，然後去了印第安納州的伊凡斯韋爾大學。這地方離他家更近些。那時他已經長到了196公分，是學校籃球隊最高的球員，所以，他經常一場比賽裡從對方後衛防守到中鋒。他習慣了盯比他高許多的對手。他知道矮個子在防守端的生存秘訣是多搶籃板球，以及打得更努力一點、更努力一點。

　　一九六四年大三時，他被巴爾的摩子彈隊選中，可以去堂而皇之地賺錢、擺脫伊利諾州農場的乾草味了。他考慮了一下，決定繼續留在大學裡讀完大四。一九六五年他再次被子彈選中，這回他真的進了NBA，一年後，聯盟擴軍，他被芝加哥公牛選中，然後得到了「最初公牛」的綽號。

　　他的教練迪克・莫塔後來如此回憶他：「史隆曾說，他希望任何一場比賽後都不必有愧疚遺憾。他打完一場比賽，回家可以像小孩一樣睡得心安理得──可是在一場比賽前，他會在更衣室裡像個瘋子似的。」在他的NBA生涯裡，史隆是個防守怪物。他打NBA的方式，一如他高中時的人生：四點半起床，工作直至天黑。骨子裡，他就是個兇惡、嚴酷、硬朗、信奉老學院派的伊利諾農民。他在NBA的兩個綽號：蓋世太保、電鋸。

　　他在NBA打了十一年，其中在芝加哥十年間八進季後賽，巔峰時期場均18＋9的表現，二度全明星（他兩次全明星合計打了40分鐘10次犯規），四次年度第一防守陣容、二次年度第二防守陣容。一九七六年他退役時，作為「最初公牛」，他的4號球衣被宣布退役。那是芝加哥公牛隊史上第一件退役的球衣。那時，他是公牛隊史最偉大的球員，這一地位一直保持到一九八四年，公牛選來喬丹為止。退役時，他除了掛起4號球衣、一堆防守獎項和二度全明星，還留下了幾間儲藏室舊貨。他承認自己愛收集二手貨。他打NBA逛各個城市，總是要在各類二手貨市場看半天。等他開始賺錢，他就開始收集老式拖拉機──伊利諾州的農場作風。

　　這就是傑瑞‧史隆球員時期的關鍵字：窮人孩子早當家；勤勞工作；不願離家；防守；硬骨頭；好鬥分子；芝加哥公牛；小防大；學院派；二手貨；高傲。

　　在猶他爵士隊，傑瑞‧史隆的球隊裡，擠滿了一群和他一樣天賦普通的人：185公分79公斤的史塔克頓，走在街上像一個尋常上班族白人似的；馬克‧伊頓，大學畢業後選秀大會沒人要，只好去加油站工作的青年……爵士隊沒有偉大天賦，只有一群像史隆一樣腳踏實地、低頭工作的農夫。馬龍和史塔克頓是明星，但在九〇年代這個電視直播時代裡，他們倆每次出席全明星賽，都像混雜在名車堆裡的老式笨重拖拉機。

　　每年夏天，卡爾‧馬龍在自己的農場背著降落傘迎風奔跑，錘煉他永遠如精鋼澆鑄的、職業體育史上最健美的體型，約翰‧史塔克頓在他的故鄉中學球館獨自練習。傑瑞‧史隆回伊利諾老家，畫下一圈又一圈戰術圖，然後繼續收集拖拉機。當然，他也沒忘記收集二手貨球員。做過球探，他的目光精準，於是他能夠為鹽湖城挑來一些廉價的、適合他戰術體系的球員。傑夫‧馬龍、馬克‧伊頓來來往往，馬龍和史塔克頓佇立的身影旁，年輕人皺紋漸生。這師徒三人度過夏季的方式，就像三個平凡的農民。然後是例行賽，馬龍輕鬆拿下場均25＋10，史塔克頓則拿下助攻王，然後兩人攜手去全明星。

　　這被歲月遺忘的、每個賽季一半時間白雪皚皚的城市，因為這三個人，而愈加開始被世界遺忘。除了歐拉朱萬偶爾

歷史上唯一在從未效力過球隊的球館被永久懸掛球衣、背號退役的球員（邁阿密熱火隊航空體育館）。

對馬龍和史塔克頓發出抱怨，抱怨他們的假摔、黑肘和追魂膝，你看不到他們帶有任何感情色彩。年輕人去到爵士，就被史隆刷了一層白色的雪鹽。你會發現他們和馬龍、史塔克頓一樣，冷峻、強悍、不知疲倦地跑位。UCLA式的1-4進攻，永遠不停地背掩護、伸縮進攻和擋拆。防守端，身體接觸和不斷響起的哨子。鹽湖城沒有輕歌曼舞。那些和絃永遠旋轉不息。

　　一九九六～一九九七球季例行賽，爵士64勝18負，少公牛五場；史塔克頓九年來首次未拿到助攻王，但馬龍打出職業生涯最好的賽季：82場全勤，場均27.4分僅次於喬丹，外加9.9籃板和4.5助攻和55%命中率，一向不以防守見長的他，甚至在這年入選了年度第一防守陣容。一九九七年四月，NBA的60名教練、球員和經理匿名投票，37人認為喬丹該得MVP，23人認為是郵差；但在負責給例行賽MVP投票的記者團裡，則有2/3的人表示：他們會投票給郵差。

　　這是兩種價值觀。在球員和經理眼裡，喬丹依然是最好的球員；但在記者那裡，一方面：喬丹過去四個完整賽季裡，已經拿了四個冠軍、三個例行賽MVP；一方面，郵差已經有太多次「理應得例行賽MVP，但總是差那麼一點點」的案例了。一如一九八五～一九八六球季賴瑞‧柏德例行賽MVP三連霸後，下一年大家集體轉投魔術強森一個道理：心理因素多少會起作用——何況，郵差的表現確實夠出色。

　　結果一如一九九二～一九九三球季：自巴克利後，又

一個超級大前鋒搶了喬丹的例行賽MVP。卡爾‧馬龍在他34歲時，拿到了自己第一個例行賽MVP。喬丹的心情可想而知：先是全明星賽MVP，然後是例行賽MVP，都被拿走了？

　　好吧，只剩冠軍了。

　　一九九八年總決賽，連續第二年，猶他爵士對上了芝加哥公牛。

　　一九九七和一九九八這兩年夏天，史隆是職業體育史上最完美的反派：一個英俊的老頭，很少笑（通常是被裁判判罰得無奈時露出嘲諷的咧嘴笑）；他的球隊有史上兩大肘膝宗師（12號和32號）；他的球隊在一九九七年幹掉了三星會聚的火箭（大夢、巴克利、滑翔機），在一九九八年橫掃了剛博得全世界愛慕的湖人（鯊魚、科比、艾迪‧瓊斯和范艾克索），然後挑戰王者喬丹。他們就像一群井然有序、神色冷峻的農民遊擊隊，用最老式的步槍撂倒一個又一個天之驕子，以各種非個人英雄主義的方式把主角逼到懸崖邊上，最後逼著喬丹製造了傳奇。此後，他繼續不朽的執教生涯，他始終拒絕和主流商業合作，在邊陲擔當一個孤獨的理想主義者；他作為史上最偉大反派造就了喬丹的經典，然後被聯盟主流遺忘，成就了邊陲的無冕之王。他最後被職業籃球日益高漲的明星地位和商業算計拖垮了，退出了。

第四十四章　迎接光榮之路與
　　　　　幽暗的未來

　　就在媒體圍繞MVP的眾聲喧嚷裡，一個聲音被悄然淹沒了。芝加哥公牛的老闆雷恩斯多夫在辦公室裡說：「我得想長遠點。我不想成為下一個波士頓塞爾提克。」

　　如我們所知，塞爾提克曾經是NBA長盛不衰的綠色奇蹟。一九五六年王朝開始後，十三年中十一個總冠軍，包括傳奇的八連霸；七〇年代他們重振雄風，再拿一九七四、一九七六年兩個總冠軍，然後在八〇年代，賴瑞・柏德製造了一個小王朝。但在一九八六年之後，塞爾提克進入長達22年的空白期。雷恩斯多夫想得很遠：他知道喬丹的偉大，他知道眼下芝加哥公牛正在經歷體育史上最偉大的王朝之一，但他已經看到了此後的黑暗和空虛——喬丹已經34歲了。

　　他不想做惡人，只是在強調：「如果我們奪冠了，把所有人開除掉，這是一回事；但如果我們奪冠了，但有人受傷了？或者只是險勝奪冠？我們做的選擇就不一樣。」

　　他的潛臺詞是：「如果一九九七年奪冠，很好；但如果不能保證一九九七～一九九八年奪冠，那這支球隊還是得準備重建。」傑瑞・克勞斯已經說了：這支球隊的重建計劃裡，沒有禪師。

同樣，也就沒有喬丹。

在雷恩斯多夫和克勞斯暗中謀劃之時，公牛在東區季後賽平靜地前進。季後賽對手是年輕的華盛頓子彈，擁有NBA史上最才華橫溢的前鋒指揮官之一克里斯‧韋伯、剛領了一億合約的全面前鋒朱萬‧霍華德、妖人組織後衛史崔利克蘭和231公分的喬治‧穆雷桑，但他們終究差了一點：公牛從頭到尾控制比賽，喬丹29分8籃板8助攻，皮朋16分10籃板。公牛98比86取勝。

第二場，子彈的加爾伯特‧錢尼開場手感很好，6投5中，忍不住跟喬丹說說這事；喬丹正罰球呢，又著腰，聽錢尼過來吹噓，忍不住咧嘴笑了笑。之後，子彈隊倒楣了：之前一直在無球走位、輕鬆跳投的喬丹，開始了突破、拉開單打、背身要位後仰跳投。公牛諸將都明白了局勢，開始一窩蜂給喬丹做球和掩護。下半場，子彈見喬丹跳投太熱，只好讓高他10公分的朱萬‧霍華德來防喬丹，以干擾跳投，於是喬丹立刻一記底線突破滑翔扣籃：子彈隊諸將不敢擋架，只敢呆看。最誇張的一球來自比賽末尾：喬丹左翼突破，被對方大腿絆到，一踉蹌險些摔倒，又站穩，起跳，霍華德前來補防，喬丹向右滑翔，閃過霍華德再出手，場邊球迷集體起立鼓掌：不可阻擋的飛人！

全場比賽，喬丹自由揮灑，35投22中，10罰10中，55分7籃板。公牛109比104取勝，這是他職業生涯第8次季後賽得分超過50。賽後，他沒忘了跟特克斯‧溫特教練打招呼：「對不起了，特克斯，我忘了你的三角進攻啦！」

　　第三場，公牛在華盛頓險勝：96比95，3比0淘汰子彈。羅德曼重回先發，14分10籃板。喬丹28分，皮朋20分。

　　東區季後賽次輪，公牛對陣亞特蘭大老鷹。對手很均衡：控球後衛抄截王穆基‧布雷洛克，得分後衛史帝夫‧史密斯，大前鋒是一九九二年夢幻一隊成員雷特納，中鋒是非洲大山穆湯波，但比起公牛，老鷹沒有一個最頂尖的人物領軍。亞特蘭大媒體就有些悲觀：「如果一個系列賽裡最好的兩個球員都在芝加哥，我們怎麼贏呢？」

　　第一場，羅德曼又不受控制，中途被罰退場，公牛上半場39比50落後。但喬丹和皮朋在第三節起飛：喬丹第三節獨得20分，公牛單節38比20的高潮，最後100比97取勝。布雷洛克雖有31分12助攻，但到底無力回天。喬丹34分，皮朋29分。第二場，老鷹贏球了：喬丹雖然得到27分，但穆湯波的存在，讓他傾向外圍跳投。喬丹27分，皮朋24分，但老鷹全隊開火：布雷洛克和史密斯各26分和27分。鷹103比95取勝，1比1平。

　　而且贏回了主場。

　　亞特蘭大人沒來得及高興：第三場回主場，公牛立刻來了個下馬威。喬丹和皮朋各21分和17分，但喬丹做了許多別的：9個籃板、2抄截、2火鍋；傑森‧卡菲28分鐘裡10分11籃板，庫科奇和新簽的替補中鋒布萊恩‧威廉姆斯合得30分。可怕的是，公牛把老鷹控制到了36%的命中率，下半場老鷹只得28分。全場比賽，公牛100比80，讓剛燃起希望的

老鷹見識了：

公牛認眞起來，是這個樣子的！

第四場，公牛的防守再次發威，老鷹全場命中率只有31%。喬丹自己27分8籃板4助攻，皮朋26分8籃板4助攻。公牛89比80取勝，3比1。第五場亦無意外：公牛107比92取勝，4比1晉級東區決賽。比賽唯一值得談論的細節，是穆湯波和喬丹的故事。

很多年後，當穆湯波成爲NBA史上第二封阻手、坐擁四座年度防守球員時，他的商標是著名的搖手指。每次蓋掉對手，穆湯波都要對對手大搖手指。這可以理解爲：拒絕通行；沒門；你太遜了，兄弟 —— 你可以把這理解爲嘲弄的手段、打擊對方士氣、挑釁，都可以。

一九九七年全明星週末期間，穆湯波、喬丹和尤英一起在更衣室敷冰時，穆湯波亮著沉厚如木的嗓音說：「麥可，你可從來沒敢來扣我一次！」

尤英立刻慫恿：「麥可，給他來一個！」

就在這個系列賽裡，他蓋過喬丹後，也照樣朝喬丹搖了手指。然後在第五場，喬丹做了這麼件事：

左底線，傳球給龍利，立刻沿底線啓動；穆湯波敏銳地感覺到了，把頭偏過來看了一眼；龍利擊地傳球給喬丹，喬丹接球，在籃板側後方起跳，舉球，穆湯波高舉右手，企圖劈掉這記扣籃 —— 晚了，喬丹完成一記扣籃，與穆湯波胸口相撞，就在穆湯波頭頂。

然後，喬丹一邊退回半場，一邊對穆湯波搖起了手指：

歷史上唯一代表美國大學籃球隊和美國夢幻隊並分別獲得奧運會男籃金牌的球員。

以其人之道還治其人之身。禪師都樂得在場邊溜達起來。

　　東區決賽的對手，乃是去年首輪的祭品邁阿密熱火。只是熱火已今非昔比：派特‧萊里把他在紐約點石成金的心得，一股腦兒傾灑在熱火之上，於是熱火成了聯盟防守第一隊，例行賽61勝；提姆‧哈達威還進了年度第一陣容，與喬丹並列。外線射手有沃尚‧萊納德、達尼洛維奇、馬爾利，內線則是莫寧領銜，P.J.布朗、科特‧湯瑪斯等一票鐵面怪物。邁阿密媒體給自己人打氣：「我們的防守足以幹掉公牛！而朗‧哈潑33歲了，又198公分重心太高，絕對防不住提姆‧哈達威！」

　　「是啊，我守不住提姆‧哈達威……我腳慢，膝蓋傷，背也壞得差不多了。」哈潑在東區決賽第一場後慢吞吞地說——那晚，哈達威被他限制到14投4中，只得13分。史帝夫‧柯爾給媒體解釋：「哈潑有雙長臂，可以讓小後衛根本看不見籃框。我知道這個：我每天訓練時都得對付他！」

　　以哈潑為代表，公牛首戰防守極盡出色。莫寧得到21分8籃板6火鍋，萊納德三分球4投4中12分，但這就是全部了：熱火全隊命中率41%，公牛更差：命中率36%，但他們有皮朋的24分、喬丹的37分和羅德曼的19籃板。公牛全場抓了20個進攻籃板，84比77取下第一場。第二場，比分更低：熱火命中率被限制到34%，最後68比75輸掉。喬丹被守到15投4中，但熱火也付出了代價：他們得靠大量犯規對付喬丹，結果就是喬丹16罰15中。公牛2比0領先。

　　阿隆索‧莫寧不太服氣。他承認公牛的扼喉式防守確

實匪夷所思，但並非無解：「突擊籃框，會讓他們的外圍防守壓力減緩！」但到第三場，他發現自己不適合提出類似意見。公牛兩個中鋒──龍利和布萊恩‧威廉姆斯──合力，把莫寧隔絕在比賽之外。公牛的策略：當莫寧還在後場時，就派人過去黏他，讓他無法順利進入自己擅長的進攻區域；同時，公牛指出，「莫寧喜歡朝左突破」，那就封他的左邊；而且，莫寧終於承認：「他們太擅長包夾和回防了。我真想發誓說他們場上同時有七個人！」──嗯，因為其中有喬丹和皮朋在。

第三場在邁阿密，公牛從一開始就讓熱火隊絕望：98比74血洗，喬丹25投14中34分，皮朋21分。熱火隊失誤多達32次，命中率38%，莫寧4投1中靠罰球得了12分，失誤多到9次。龍利賽後也亮出了哈潑式的冷幽默：「他們只是看去狀態不好。不過，可能，我們的防守也與此有關吧。」

事實是，大大有關。萊里輸掉第三場後認定，喬丹和皮朋猶如變形蟲。「他們切斷角度、敲掉長傳、干擾所有的投籃，以致我們的射手都心慌意亂，哪怕在空檔也急於出手投籃，好像怕被他們抄掉似的！」

喬丹平靜地承認了自己的強大。「我們還沒到最好狀態，但差不多了。」一如他去年所說的，「我們的跳投手感起伏不定，但防守永遠不會背叛我們」。

莫寧畢竟是個勇士。0比3落後，他依然保證第四場「我們會贏的」。他們做到了。熱87比80贏了第四戰，但第五場，喬丹28分，公牛100比87贏球，4比1淘汰熱火，七年裡

第五次打進總決賽。

　　就在公牛確定總決賽資格三天後，他們聽說了兩件事。其一，老闆雷恩斯多夫和經理克勞斯私下謀劃的重建事宜，開始有眉目了；其二，萬眾矚目的休士頓火箭三巨頭——大夢、巴克利、滑翔機——無法來與公牛會師總決賽了。西區決賽最後時刻，雙方100平，爵士隊右側發球。NBA歷史助攻王史塔克頓接到了卡爾的傳球，運到了弧頂：這一次馬龍沒有來為他擋拆。史塔克頓找到了空檔，當巴克利絕望地撲過來挽救他的冠軍希望時，爵士的12號搶先一步。在比賽只剩1.3秒時，投出了一生中最重要的三分球，看著它劃過巴克利的指尖，墜入籃框，歐拉朱萬回頭朝艾迪·強森的方向看了一眼，滑翔機則默然無語。而史塔克頓，開始像一隻兔子一樣瘋狂地奔躍，讓撲上來的何納塞克摟抱不住——火箭眾人難以置信地望著記分板，不相信他們被這個老白人絕殺。

　　是的，一九九七年芝加哥公牛總決賽的對手，是猶他爵士，是喬丹之前公牛最偉大球員史隆執教的爵士，是與喬丹和皮朋並列NBA史上最偉大搭檔的卡爾·馬龍和約翰·史塔克頓。

　　一九九八年總決賽，可以簡化到幾句話：第一場，雖然郵差被羅德曼纏到25投僅9中，但爵士依靠堅韌防守，在主場延長賽取勝88比85，喬丹33分；第二場，雙方鏖戰到最後，史帝夫‧柯爾三分不進，但自己撿到籃板球助攻喬丹完成三分打，公牛93比88險勝，喬丹37分，雙方打成1比1。第三場，公牛以98比54徹底屠殺了猶他爵士，2比1；第四場，喬丹34分，最後時刻一記轉身投中讓公牛鎖到86比82的勝利，3比1。第五場，芝加哥人準備了香檳，預備慶祝奪冠，但郵差終於找到MVP級手感：全場39分，公牛只能靠庫科奇的遠射與之周旋。比賽末尾，喬丹絕殺失手，公牛81比83敗北，3比2領先。

　　於是，只能再去鹽湖城決勝負。

第四十五章　封神

一九九七年總決賽，芝加哥公牛VS猶他爵士，兩種風格的終極對比。芝加哥公牛：三角進攻，圍獵式防守，兩大王牌是史上最全面的兩個搖擺人，飛天遁地，無所不能，是視覺、個人技藝、才氣縱橫、創造力的巔峰；猶他爵士：以招牌擋拆為核心的UCLA進攻，強硬的身體對抗，兩大王牌是史上最完美教科書的搭檔，籃球基本功、勤奮、地板籃球、團隊、眼觀大局、冷峻和老謀深算的極致。他們的相似點，也許只剩下對技術面的精益求精、求勝慾和對籃球運動的深刻理解——雖然方向截然不同。

猶他爵士除了郵差和史塔克頓，還有平民射手傑夫·何納塞克：193公分的老後衛，既不高，又不壯，運動能力平常，單看外表，也許並不適合作為一個單打型選手出現在血氣之勇的NBA賽場。大學畢業，他甚至開始試圖去做會計師。他是一個得分後衛的範本，一個合格的得分後衛——他能夠提供外線火力、給內線傳球、錯位後穩定的得分效率，以及堅強的防守。但他不是明星——他這輩子，只在一九九二年進過一次全明星隊。一九九四～一九九五球季來到鹽湖城後，他完美地融入了爵士：何納塞克就像一個受辦公室同事歡迎的老好人大叔。他會給每個隊友寄賀卡，和隊上的人們電話聊天。而進入球館後，他和史塔克頓一樣，腦

子運轉飛快，在需要他出手時，毫不猶豫地起跳，用標準而經典的姿態，將球射出。他甚至比史塔克頓更加平民。相對於史塔克頓經典的沉靜表情，何納塞克更像是一個普通上班族職員。當他被送上罰球線時，會一如既往將球拍擊3下——告訴看電視的3個孩子：爸爸要罰球了——然後摸一下臉——孩子們，爸爸要開始表演了——然後，出手。他的罰球率同樣神乎其技。和他的跳投一樣，絲毫沒有波動。在客場比賽時，他每天給妻子打15通長途電話，與孩子們交談。

在進NBA的第一年，何納塞克的出手很詭異：用雙手，拇指為導向。這一點理所當然招致了批評，一年後，在妻子的督促下，他改正了這一點。當他到達爵士隊時，他已經成為不可思議的射手：從任何角度、任何距離、任何位置，用任何手法——跑投、後仰、傾斜一側、半勾手、低手上籃、拋射——來出手，而他的出手是聯盟最快的。如果需要，他甚至能「在接球的瞬間就出手」——這句話是爵士隊的高層說的。事實上，這也許得益於他妻子在一九八八年對他的勸導：「你可以試著在球從指尖劃出之後，再將手指指向籃框以控制方向。」

然後是中鋒福斯特和奧斯特塔格、後衛山頓‧安德森和霍華德‧艾斯利、前鋒安東尼‧卡爾、小前鋒布萊恩‧羅素。最後這個人，會在喬丹的命運裡書寫下重要的章節。事實上，總決賽第一場，他就進入了歷史。

一九九八年總決賽第一場剩9秒，雙方82平。羅德曼對郵差犯規，郵差上了罰球線。事實上，他開場手感並不好：

被羅德曼滋擾情緒不佳，他前11投僅3中，但之後，他靠著千錘百煉的肌肉殺出了血路。在這次上罰球線前，他4罰3中、22投10中，已得到23分15籃板3助攻。

這一晚雙方都打得艱難。史塔克頓有16分12助攻，但被公牛逼出了7次失誤；何納塞克9投5中得到11分，但他守不住皮朋——皮朋全場19投11中包括3記三分球，27分9籃板3抄截4火鍋，但他也有6次失誤。羅德曼抓到12個籃板，但郵差並不好對付。這會兒，只要郵差罰進兩球，就可能讓爵士偷走總決賽第一場了。皮朋走到郵差身邊，悄然念了兩句，走開了。

然後，郵差罰球：第一罰不進；第二罰不進。郵差茫然看著籃框，邊退回半場，邊嘆了口氣。後來，皮朋承認，他說了這麼句話：「郵差星期天不上班。」

還剩7秒，喬丹左翼三分線外接球，進入最後一次進攻。此前，他已經被爵士換過了幾波人馬防守：開場，面對矮他5公分的何納塞克，他用跳投解決；然後，面對布萊恩·羅素，他連續利用掩護突破。這會兒，他轉身面對籃框，羅素正站在三分線，躬身盯著他。剩5秒。

重新回憶一下。此前十六年的一九八二年夏天，喬丹大一升大二時，練就了「試探步＋突破」。那時他年輕，爆發力驚人，可以如飛機起飛般閃過所有人。

八〇年代後半段，他在NBA用一招「反向墊步突破」，結合他的「試探步＋突破」，幾乎是無敵的：他可以輕鬆地晃右突左、晃左突右、晃右突右、晃左突左等連續組

合。這招所以無敵，是因爲他左右手突破都很嚇人。

八〇年代末九〇年代初，他練出了跳投，於是特別喜歡「切出接傳球」，做投籃假動作，隨即突破。他那時跳投已經練成，不僅精確，而且姿勢穩定；加上他的突破太快。此後的「行進間急停壓重心，然後再忽然突破或急停跳投」，也是建立在他的多重威脅之上。

回到一九九七年總決賽第一場。

喬丹三分線外接球，右手拍了三下球，邁開步伐，一副向右突破的架勢，羅素隨之橫移；但喬丹，忽然變向，球交左手，腳步調整了一下，是要起速或原地投籃的架勢：此時，比賽剩2秒4。

羅素重心剛來得及跟到喬丹左手邊，喬丹的左手原地運了一下，儼然要三分線外投籃的模樣，然後忽然啓動：左手運一步突破，一腳踏進三分線，羅素急忙欺身跟來，腰還彎著，卻瞥見喬丹動作又變：剛踏進三分線一步，喬丹忽然拔起，20英尺外急停跳投。羅素都來不及起跳，球向籃框墜去，時間進入最後一秒，急速歸零。

刷的一聲。球進，時間走完，84比82，公牛取勝，喬丹零秒絕殺。這個球裡，喬丹包括了向右突破、變向向左突破、原地投籃三個假動作，最後，又用一記突破假動作釘住了羅素下盤，最後絕殺——簡直就是用他無數的進攻招式如餐刀一般，把羅素肢解了。

球進瞬間，芝加哥聯合中心的24544名球迷一起高舉雙手歡呼。喬丹回身，抿嘴，右手握拳，眼神凌厲地橫掃世

界。皮朋、布伊奇勒、羅德曼撲上來擁抱他，喬丹對觀眾席揮動右拳：全場他31分4籃板8助攻，加上這記絕殺。

第二場相比起來容易得多：郵差被纏死，20投僅6中，靠罰球得到20分13籃板；何納塞克手感奇佳19分，但無法阻擋喬丹：喬丹第一節就得到11分，上半場20分。公牛上半場47比31領先，之後就安穩拖到比賽結束。皮朋沒延續第一場的好表現，13投4中只得10分，但哈潑、龍利手感奇佳。公牛97比85贏球，2比0。

也是這場比賽前後，媒體開始搬弄一句話：皮朋的心情不太好，他這年薪水只有238萬美元——與喬丹的3000萬相去甚遠也就罷了，比一比羅德曼的900萬吧。此外，傳說公牛想拿他去交換費城的史代克豪斯和榜眼選秀權。皮朋說了句不卑不亢的話：「我不想讓流言干擾到我。我知道我是誰，我知道我能做什麼。」

皮朋沒讓情緒影響他的表現：第三場，他三分球11投7中，27分4籃板4助攻。喬丹加上了26分6助攻，但公牛輸了：爵士拼老命包夾，不惜放空三分線。全場公牛三分球32投12中，但爵士控制了內線。上半場，郵差獨得22分，羅德曼完全找不著辦法。第三節，爵士一度77比53領先，公牛一波16比3一度讓分差逼近，但後繼不足了。賽後，芝加哥媒體對鹽湖城三角中心的球迷甚為不滿：「他們嘈雜、沒有教養，真是沒見過總決賽的鄉巴佬！」

事實是，鹽湖城球迷真沒見過總決賽。你可以理解他們的激動：他們支持了數十年的球隊，每每功敗垂成，但終於

進了總決賽，而且可能幹掉喬丹，把神拉下王座？這是何等
美麗的故事！

　　第四場首節，何納塞克手感極佳，得到9分；郵差7分3
籃板2助攻，繼續壓制羅德曼，爵士21比16領先。第二節，
爵士的命中率達到驚人的52%，但公牛反而打出一波24比
14的壓制——公牛又祭出恐怖的圍獵防守了。雙方如是纏
鬥，到第四節喬丹一記扣籃，公牛領先到71比66——事實
上，喬丹包攬了公牛最後一節17分裡的12分。

　　但爵士卻無比頑強。

　　史塔克頓又一記錐心刺骨的三分球，然後連罰球帶投
籃，比賽剩一分鐘時，爵士只落後一分。公牛進攻未遂，剩
44秒，史塔克頓在靠近底線處，拿到了一個防守籃板，抬
起頭，便看到紅色的公牛隊血海退潮般全速退防。但史塔克
頓到底看透了人群，找到了他相濡以沫十二年、幾乎不用眼
睛便可以感應彼此位置的夥伴。運了一步後，史塔克頓甩出
NBA史上至為經典的長傳。三角中心的球迷眼看著球劃出
21公尺之遠，被33歲的郵差一把抓住，不加停留，一個跨步
上籃。喬丹當時正在郵差身前，來不及迎上一步製造撞人犯
規，只得看著這個4秒鐘前剛被自己投出手的籃球從頭上越
過。鹽湖城人發出了山呼海嘯：郵差用一記輕盈的低手上籃
74比73反超，將世界之王喬丹逼入絕境。隨後公牛未再得
分，爵士78比73險勝，2比2。

　　然後，就是著名的第五場。第五場前，喬丹在鹽湖城
的飯店裡點了披薩，吃完，食物中毒。拿喬丹自己的話說：

「那天我凌晨三點就醒了過來，感覺腸胃嚴重不適，我吃了一些自以為可以催眠的藥，但身體的不適愈發劇烈以至於後來再也無法入睡。出發至賽場之前，我是一直在跟瞌睡蟲戰鬥，我把自己關在房間裡，拼命喝咖啡，希望藉此喚起精神打比賽。」

皮朋說：「我跟麥可搭檔多年，從未見他病成這樣。」禪師說那天上午，喬丹沒出席投籃練習。公牛甚至得考慮：怎樣在喬丹缺陣下贏球呢？

但他們不用考慮太多：喬丹決定出場。

他看上去很疲倦，賽前在板凳上獨自低著頭，不言不笑。他的第一記投籃就沒沾到籃框。而對面，羅素遠射得手，郵差三分打，行雲流水。第一節，爵士一度23比9領先。暫停時，喬丹汗出如漿。第一節結束，公牛16比29落後。

於是第二節，喬丹接管了。他舉手投足有氣無力，但還能射中急停跳投，然後是一次快攻上籃——他每次得分，板凳上的隊友都起身瘋狂鼓掌。喬丹再抄球，助攻皮朋上籃，見皮朋上籃不中，他起身補扣得分——但他落地時頓了頓，彷彿這個動作對他太激烈了似的，他得緩一會兒，才能醒過來。之後一個回合，他上籃不中後，已經喘到只能走回半場了——他跑不動了。第二節，他拼命找身體接觸，10次罰球中了9次；上半場結束，公牛49比53落後，

喬丹首節5分，第二節17分，但如他所說：「打完半場，我已經快脫水了，於是我開始大量進水……下半場開打

時，我已經感到極度精疲力竭。我曾繼續喝咖啡，但這最終只能進一步地招致脫水，在第三、四節的比賽中我好多次感覺好像快昏死過去了，我還記得當時在想：打完這場比賽，我就可以躺下了。」

第三節，他只得了2分。公牛靠全隊防守才死死守住。第四節開始兩分半，爵士77比71領先。但隨後：喬丹右翼突破，後仰跳投得分。

喬丹突破中路，跳投得分。

喬丹在暫停時繼續流汗，對問話沒有反應，但一到場上，他立刻還以一記跨步跑投 ── 板凳上的東尼‧庫科奇握拳。

史塔克頓還以關鍵三分，禪師露出罕見的痛苦狀：雙手抱頭，大聲埋怨。之後的暫停裡，喬丹在板凳上，根本背都直不起來，白毛巾放在他頭頂，承當著他不斷滴下的汗水。

終場前47秒，喬丹站上罰球線。第一罰得手，雙方85平。第二罰，球中前框彈出。禁區裡手紛亂如叢林，喬丹撿到球了。皮朋知道喬丹已經無力單挑，自己去禁區要位，背身靠住矮他8公分的何納塞克，伸手要球。喬丹把球傳了過去。布萊恩‧羅素見狀，急忙轉身，企圖包夾皮朋。

那一瞬間，只有史塔克頓敏銳地意識到不妙。他立刻朝喬丹撲去，晚了：皮朋將球回傳喬丹，喬丹起手三分球。

球進。關鍵的一擊，公牛領先3分。皮朋回身，握拳。喬丹平靜地往後退。不是他不想慶祝，事實上，他當時不知道自己投進了這球。

「第四節比賽，就在投進導致最終勝利的三分球之前，我幾乎要完全脫水了，我開始直打哆嗦，不住地出冷汗。投進最後的那個三分球，我當時甚至不清楚是否投進了，我簡直站不住了。」他說。

之後的一切迅雷不及掩耳：爵士得了2分，但時間不夠了。公牛急傳到前場，龍利得分，公牛穩穩鎖定戰局：90比88取勝，3比2。

喬丹倒在皮朋懷裡。他全場44分鐘，27投13中12罰10中38分7籃板5助攻3抄截。賽後他無法去賽後記者會。隊醫緊張至極，急忙給他做了靜脈注射：因為喬丹還在出汗脫水。

就在總決賽第四場，在史塔克頓21公尺長傳解決公牛之時，鹽湖城的球迷感到一九九七年的NBA總冠軍離他們近在咫尺——當看到第五場關鍵的聽牌之戰喬丹拖著重病之軀上場時，他們像聞到血腥的獅子一樣鼓噪吶喊。第三節結束時，取下23分的喬丹近於虛脫地昏在替補席上——然後，等待美餐的獅子們驚呆了：第四節開始時，那個剛才還奄奄一息的男人回到了場上，所向披靡地統治著賽場。在比賽還剩25秒時，鬆鬆垮垮、望去隨時都可能倒下的喬丹罰球失手，卻神奇地抓到了進攻籃板。然後，與皮朋的一次交接，射出三分，得到全場第38分，奠定了關鍵聽牌戰的勝利——這場比賽，現在的歷史名稱叫做「發燒之戰」（The Flu Game），讓喬丹成了神：34歲的男人，食物中毒，汗出如漿，在NBA最可怕最喧鬧的主場，在關鍵之戰，38分，

末節15分，決勝的三分球，然後需要皮朋的摟抱才走得下球場。

　　鹽湖城媒體在第五場後投降了。爵士還沒輸，但是他們承認了：「麥可配得上冠軍。」

　　一九九七年六月十三日，總決賽第六場，芝加哥聯合中心。爵士防守出色，上半場結束時44比37領先：公牛命中率只有34%。喬丹首節只得4分，但第二節他活了過來，獨得12分——而公牛其他隊友只得8分。事實上，爵士完全可能在上半場解決一切，但他們22次罰球只有12中。

　　第三節，喬丹再得13分，拖住爵士；第四節，公牛一波10比0的反擊，74比73領先。雙方互相交替領先。還剩半節，喬丹一記跳投，公牛82比81領先，隨後他一記後仰跳投，84比81。郵差還以2分後，喬丹跳投再得分。

　　比賽剩1分44秒時，雙方86分平手。爵士新人後衛山頓·安德森突擊籃下：籃框上方是空著的，他可以一個反手上籃得分。

　　忽而，一個如鷹般的黑影飛了過來：是皮朋。安德森上籃失手，錯失了給公牛絕命一擊的機會——此事後來被鹽湖城媒體說了一整年，安德森認為：皮朋沒干擾到他上籃。那麼，安德森怎會失手這麼個可以簡單解決的上籃？「因為皮朋他偷偷動了籃框！」

　　無所謂了：時間快速遞進，比賽還剩28秒。雙方86平。公牛又是最後一攻的機會。所有人都看向喬丹：他已經得到了39分。

公牛暫停後開球，球在柯爾、皮朋和喬丹之間運轉。喬丹向左翼逼去。史塔克頓又嗅到了不對：總決賽第一場，喬丹就是在此處，一記跳投絕殺了羅素。

但這次，喬丹開了個邪惡的玩笑。

史帝夫・柯爾之後承認，當時喬丹暫停時跟他低語了幾句：「史塔克頓會來包夾我。那時我會傳給你。」柯爾點頭，在嘈雜的球館裡回答喬丹：「我會預備好的。」

爵士對此茫然無知：看到喬丹從左翼運球突破時，史塔克頓撲了過來，期待避免他又一次的絕殺。喬丹沒有投籃：他將球向右側拋去，柯爾得球，無人看管。17英尺遠，穩穩的二分入帳。公牛88比86領先。這是喬丹的選擇：

他抱病逆天而行，與爵士奮戰到了總決賽最後時刻，卻把任務交給一個最不被人注意的白人射手。

與一九九三年總決賽第六場，派克森那記鎖定三連霸的三分球，何其相似！

時間還剩5秒。布萊恩・羅素想從中線附近發界外球：柯爾正纏著史塔克頓，山頓・安德森在遠端……好，長傳！可是羅素忘記了，公牛有聯盟史上最可怕的抄球快手。皮朋縱身而出，俯身倒地之前，伸出他著名的長臂，將球點了出去。後跟上的東尼・庫科奇急奔前場，在比賽結束的哨聲中扣籃得分。90比86，公牛擊敗爵士，4比2拿下一九九七年總冠軍。

喬丹跳上場邊紀錄台，向現場24544名球迷舉手致謝。「芝加哥的球迷是全世界最好的球迷。從我一九八四年來到

這兒開始，他們就一直支持著我，從未放棄過我。作爲一個團隊，我們從底層奮鬥到了頂層。今晚，球迷鼓舞了我們所有人。」

整個總決賽系列，喬丹場均32.3分7籃板6助攻，毫無疑問的第五次總決賽MVP。但是賽後記者會，他沒忘了提柯爾：

「我信任他，他也相信自己，我傳球給他，他投進了球……如果那球不進，我想他整個夏天都會睡不著的。」

這是他最傳奇的一次總決賽：第一場的零秒絕殺，第五場的帶病出戰，以及第六戰最後時刻給柯爾的那記傳球。第五場他執意帶病鏖戰，從此成了一個神話。麥可‧喬丹是不可戰勝的，他不只創造最偉大的球隊、最傳奇的紀錄，還提供最偉大的故事。在一九九七年夏天，他是神。他可以跨越一切障礙，從對手，到年齡，到病痛。

但在一九九七年夏天，他當然不知道：接下來這一年，才會迎來他的神話裡，最經典的時節。

最後，終場…

　　一九九八年總決賽第六場，終場前45秒，卡爾‧馬龍左翼接球，背對丹尼斯‧羅德曼。公牛包夾，馬龍回頭，望向弱側45度角三分線外，甩出一記長傳。史塔克頓接球，起跳，一記三分球。

　　然後，目送球中時，九屆助攻王、史上最冷酷的男人毫無笑意，只是輕輕做了一個刺拳的手勢。

　　那的確是刺在芝加哥心口的一拳。47秒，86比83領先。公牛已處絕境。史塔克頓，跋涉十五年職業生涯，35歲時逼近巔峰，敗北，36歲時再度靠近。那時，勝利離他如此之近。

　　輪到麥可‧喬丹了。

　　這時候，麥可‧喬丹35歲零4個月了。他已經打了三年大學籃球、十二年職業籃球。他的例行賽總得分29277分。他的季後賽累計5985分，NBA史上最多。他已經有了五個例行賽MVP、五個總冠軍、五個總決賽MVP。

　　這時候，麥可‧喬丹已經經歷了他職業生涯最漫長的一年。他經歷了皮朋的傷病、球隊的生疏、雷恩斯多夫和克勞斯的陰謀。他知道這個賽季結束，芝加哥公牛與他的王朝將就此結束，化為烏有。

　　他經歷了一九九八年四月十五日那次座談。他聽到禪

師說：「親愛的朋友們，我們每年相聚一起，目標只有一個。總冠軍本身的意義也許不是最重要的，但爭取總冠軍的過程卻是最偉大的。我希望多年以後，當我們還能相聚一堂時，我們都能微笑著說：『我很驕傲，我曾經是公牛隊的一員。』」

此時此刻，總決賽第六場，他沒有人可以依靠。皮朋背傷難忍，第二、三節都在更衣室電療。喬丹最後一節已得12分，全場已得41分，但他的體能已到極限。特克斯‧溫特在場邊對禪師吼：「他不行了！他的腿要斷了！」禪師無動於衷：他別無他法了。

只有相信麥可‧喬丹。如果這個世上，關於籃球的問題，還有一個人可以相信的話，那就是他：麥可‧喬丹。

比賽剩41.9秒，公牛開球。喬丹運球，到右翼，面對布萊恩‧羅素。他略停，然後猛然壓低身體重心，起速，用他僅存的雙腿力量——那雙曾經飛天遁地的腿——爆發出最後一點氣力，閃過羅素，拿穩球，跨步：一個至為樸實無華的擦板上籃。本場第43分。公牛85比86。

還剩37.1秒。

爵士底線開球。史塔克頓運球到左翼。「郵差」卡爾‧馬龍在右側腰位跟羅德曼糾纏，喬丹盯防神射手何納塞克。郵差和何納塞克做了一個檔拆掩護，亮起一身背降落傘逆風奔跑的肌肉，擠到左腰，羅德曼緊貼隨之。何納塞克則向右翼跑去，想帶開喬丹。

但何納塞克轉身時，才發現喬丹沒有跟過來。

郵差沒有看到喬丹這次的賭博防守。他接到史塔克頓的傳球，以為何納塞克已帶走了喬丹，沒注意到一個黑影從身後潛地隱來。然後他才發現，球被拍了一下：喬丹和羅德曼包夾郵差，抄下了球。

依然是85比86。公牛的球權。

喬丹沒把球假手任何一人。他獨自運球過半場，在前場左側站定。剩14秒。他運球，看籃框，等布萊恩·羅素過來貼住他。

剩10秒，喬丹啟動。

羅素貼住喬丹，喬丹右手運球直入三分線，然後，猛然，一個大幅度急停。懸崖勒馬。羅素猝不及防，被喬丹晃倒。他還來得及抬眼看：喬丹收球，空檔無人盯防，剩7.5秒。

喬丹起手。一個最純粹、最基本、毫無花樣的跳投。長達兩秒，他的右手高高豎在空中。

然後球進了。個人第45分。公牛87比86領先。

這是職業體育史上最經典的時刻之一，是NBA史上被重播最多的鏡頭。之後的事天下皆知：公牛贏球；喬丹舉起雙手怒吼；第六個總冠軍；第六個總決賽MVP；偉大的劇情，上帝的傑作，一項運動史上最偉大人物為其偉大職業生涯劃上句號的最偉大一擊，於是註定被反覆播放，多過NBA史上任何一個鏡頭。而布萊恩·羅素，如果沒有這個球，也許他只是悄然無聲，作為一個前NBA球員退役……但現在，因為有了那次摔倒，他的照片、姓名和錯愕的表情，註定在

所有搜索引擎上歷久不衰。

但對我來說，那段記憶是這樣的。

在他投進那球時，右手高懸，然後很輕地放下，退回半場。那時，他離第六個冠軍還有5.2秒。他將手放下時，輕鬆得彷彿是摘下一朵花。

再往前一年，一九九七年總決賽第一場的絕殺—就是「郵差星期天不上班」那場，他投進球後，右手握拳，抿嘴，橫掃全世界。

一九九五年，在亞特蘭大絕殺老鷹隊後，他握拳，跪地，然後輕敲地板。

一九九一年奪冠時，他抱著獎盃嚎啕大哭了17分鐘。

一九八九年，對騎士完成「The Shot」時。他落地就起跳、揮拳、怒吼，然後就是連續揮拳、張牙舞爪—他都承認，自己沒看清球進沒有，但是「看周圍觀眾反應我就知道解決了」。

再往前，一九八二年他在北卡幹掉喬治城、拿NCAA冠軍那記絕殺跳投，他說：「我都沒看到那個球進，我都不敢去看，我就是不停地祈禱。」

我看到的喬丹，是晚年醇厚得體的喬丹。他不可戰勝，隨心所欲，他像上帝一樣操縱命運的劇情。但你了解他越多，越會發現：他的醇厚得體，也來自他的天真浪漫。

你了解他越多，越會知道他不是神，是凡人，也會哭，也會有打不好的棒球、處理不好的事，也會有球投出去就不敢看籃框的時候。

最初，那棕色的球旋轉著，在木地板上敲出「咚咚」之聲，加上球鞋摩擦地板的吱吱聲，在空蕩蕩的球館裡尤其寂靜。我坐在場邊地上，看著他們跑來跑去，有時是我爸爸和他的同事們，有時是體育老師們。球飛向籃框，一次又一次。那時，我覺得球框像一個碗，每個人都在朝碗裡扔一個乒乓球。有時進了，有時沒進，球彈到碗邊緣，高高蹦起來，會有手抓到球，再把它投進去……然後，一切周而復始。

後來，我摸到了這個棕色的球。拍在地上，它能彈起來，厚實，柔軟，結實，順手。拍熟之後，它像身體上多長出來的一部分。投出去，穿過籃網，「唰」的一聲，很難形容的順滑爽脆。你會想聽第二遍，第三遍。離得越遠，投進的聲音越響亮明快。你會願意長時間地玩這個遊戲，就像吃花生一樣，唭嚓、唭嚓，一次又一次。

後來，我看電視，看影片，看到了投進一個球可以有多麼不容易。在看到一個球穿過籃網、耳邊聽到「唰」一聲之前，需要有多麼艱難的努力；我看到世上有那麼多人，跑那麼快，跳那麼高，可以用一隻手指就給球賦予靈魂，指揮它飛來飛去，有些人可以飛在籃框之上，把球、框和自己的手三位一體、萬無一失地拍在一起。

後來，我知道了麥可·喬丹這個名字，並且看到他打籃球的樣子。在那個時代，喬丹意味著這些：23號；紅色的芝加哥公牛隊標；憤怒的牛眼；一個身材健美的黑人籃球員；陽光燦爛的週末上午，電視裡播放的籃球賽；戰無不勝；以

及「籃球原來是可以這樣好看的呀」！

　　後來，我知道了，在這個時代，世上的籃球有個金字塔般的舞臺。在最高的舞臺上，在聽到「唰」那一聲之前，你得經歷許多許多。高中聯賽，球探挑別，大學聯賽，選秀前的爭議，選秀，訓練營，新教練，新隊友，面對媒體抨擊，考慮薪水，簽約商業計畫，制訂戰術，爭吵，失望，敗北，憤怒，妥協，屈服，再一次失望，再一次失望，一次又一次的失望，新技術的掌握，訓練，日復一日的訓練，最初是一個人，然後是團隊。把球拍打著，厚實，柔軟，結實，順手，投進球時能聽見「唰」的一聲。然後穿過黑暗的走道，看見明亮的燈光，上場。你將看到數萬球迷的歡呼、燈光、攝影師、鼓勵的標語、謾罵的口號，你將聽到全世界的聲音：爭吵、質疑、謾罵、讚頌、評論、金錢的聲音、雪茄剪的咔嚓聲。

　　但在最後，麥可‧喬丹與籃球，最簡單最美好的魅力，就是這個：當你經歷了一切之後，你重新看到那個紅色的23號運著球，聽到球鞋摩擦地板吱吱聲，聽到球拍打木地板的咚咚聲，看著他高高把球拋起，「唰」一聲，穿過籃網。你會知道，他經歷過了多少。你會知道，在最後成為那個舉重若輕風雲過眼的神，在擊敗那個少年時期的普通北卡州少年、成為麥可‧喬丹之前，他也會有投出去球不敢看、投進一個關鍵球就怒吼、取得一點成就便號啕大哭的時候。

博雅文庫 132

麥可喬丹與他的時代

作　　　者	張佳瑋
發 行 人	楊榮川
總 經 理	楊士清
總 編 輯	楊秀麗
主　　　編	王正華
責任編輯	金明芬
封面設計	簡愷立
出 版 者	五南圖書出版股份有限公司
地　　　址	106 台北市大安區和平東路二段 339 號 4 樓
電　　　話	(02)2705-5066
傳　　　真	(02)2706-6100
劃撥帳號	01068953
戶　　　名	五南圖書出版股份有限公司
網　　　址	http://www.wunan.com.tw
電子郵件	wunan@wunan.com.tw
法律顧問	林勝安律師事務所 林勝安律師
出版日期	2015 年 5 月初版一刷
	2020 年 3 月初版二刷
定　　　價	新臺幣 450 元

本書由華東師範大學出版社有限公司授權五南圖書出版股份有限公司在臺灣地區獨家
發行繁體字版。版權所有，盜版必究。

國家圖書館出版品預行編目資料

麥可喬丹與他的時代 / 張佳瑋著 -- 初版 .-- 臺
北市：五南，2015.05
　　面；公分

ISBN 978-957-11-8086-1（平裝）

1. 喬丹（Jordan, Michael, 1963-）　2. 運動員
3. 職業籃球

785.28
　　　　　　　　　　　　104005321

14

十四次 NBA 全明星球員

九次入選 NBA 最佳防守陣容

五次 NBA 最有價值球員

11

十一次入選 NBA 最佳陣容